クラクフ・ゲットーの薬局

タデウシュ・パンキェヴィチ
田村和子【訳】

APTEKA W GETCIE KRAKOWSKIM

TADEUSZ PANKIEWICZ

大月書店

この回想記を薬局の従業員だったイレナ・ドロジヂコフスカ、ヘレナ・クリヴァニュク、アウレリア・ダネク＝チョルトヴァに献呈する。彼女たち三人はクラクフ・ゲットーが存在した全期間、自らの身を危険にさらしながらゲットー住民に手を差し伸べた。

目次

凡例
〔　〕は訳者による註である。

初版まえがき

クラクフに「ユダヤ人居住区〔ユダヤ人ゲットー〕」が設けられた時、和合広場十八番地にある「鷲」薬局の所有者だったわたしは、思いもかけずにゲットーの住民となった。ポドグジェ地区には四つの薬局があったが、ユダヤ人居住区に入ったのは「鷲」薬局だけで、最初のうち、ドイツ当局はポーランド人のわたしがユダヤ人居住区の住民になったことを見逃していた。ところがその後、わたしをゲットーから追い出して、代わりにそれまでクラクフの街中でユダヤ人が経営していた薬局をわたしに宛てがおうと画策した。

しかし、わたしは自分の力が及ぶかぎりそれに抵抗し、ドイツ当局の決定を遅らせようとした。その際、確実な結果を得るために手を替え、品を替え、「わいろ」という手段をとった。ドイツが戦争に負けるであろうこと、わたしの薬局が破壊されるであろうことはよくわかっていた。そして戦争が終わったら、合法的な所有者、あるいはその家族が返却を要求するであろうこともよくわかっていた。その予測は当たっていた。もしもドイツ当局の画策に応じていたら、ゲットー撤収の際、薬局はゲットーにあったあらゆる事業所、あらゆる住宅と同じ運命をたどっていたことだろう。つまり、壊滅という憂き目に。

わたしは天命に身をゆだね、引き延ばし作戦を決行し、悲劇的なユダヤ人居住区で二年半の年月を持ちこたえた。

おぞましく、忘れがたい年月の回想の記を残すことは当然の責務であると考え、ゲットー撤収の後、わたしはそれに取りかかった。ユダヤ人居住区が存在した全期間、さらにその撤収の際にも住民たちの中で働き、生活した唯一のポーランド人としてその歴史を記すようにと、住民たちからも幾度となく勧められた。和合広場に面した薬局の当直室の窓から、わたしは無防備なユダヤの民に向けられたこのうえなく残酷な占領者の犯罪を目にした。たまたま耳にした事柄に関しては何度も確認したうえで、可能なかぎり正確に表現したつもりだ。

この回想を記すにあたってわたしが特に大事にしたのは、起こった出来事を時を追って詳細に記録することであり、さらに支配者の残虐行為と偽善がまかり通っていた暗い時代にわたしたちが味わった感情、感覚を忠実に伝えることである。

第二版まえがき

『クラクフ・ゲットーの薬局』初版が出版されてから、かれこれ三十五年が経った。初版はすぐに売り切れたのに、なぜ再版されないのかと幾度となく質問された。外国からもこの問題で手紙を受け取った。その一方で、シオニスト〔ユダヤ人の国家再建運動を信奉する者〕に好意的であるとの理由で、わたしは一部の人々から非難を受け、ヒトラーに占領された悪夢の時代に果たしたわたしの活動を誤解している若干の同国人から不愉快な思いをさせられた。

それでも親友たちは、クラクフ・ゲットーにあった「鷲」薬局でわたしが働いた歳月の回想を記して出版するようにと勧めてくれた。というのは、初版は様々な観点から一部を削除して発行されたからだ。この第二版には全文が入っている。より厳密にいえば、第二版は初版全文、初版で削除された部分、さらに新しく補足した部分から成っている。

今、長い年月を経て歴史的な視点から原稿の黄ばんだページに目を通すと、当時と同様の力強さで出来事、光景、様々な行為がよみがえり、薬局に出入りしたすべての人々の姿がまるで生きているように見えてくる。彼らのうち何人がすでに天に召されたのだろうか、生き残った何人が世界中に散ったのだろうか？

たくさんの招待を受け、わたしは多くの国に出かけた。一九五七年にはイスラエルに数か月間滞在し、一九六五年にはニューヨークに招かれ、ポーランド系ユダヤ人が開催した多くの集会に参加した。そしてそのような場で彼らの戦争体験、彼らの報告をわたしの回想と突き合せた。

わたしはドイツ連邦共和国〔かつての西ドイツ〕で行われた様々な戦争犯罪を審理する法廷の場でもかつてのゲットーの友人たちに出会い、彼らと同じようにわたしも証人として出廷した。

わたしは歴史学的研究書のつもりでこの回想記を残したのではない。ただ、占領の歴史、ポーランド人とユダヤ人の受難の歴史の補足的資料になるのではと考えている。これは、戦争直後、いまだにまだすべての出来事、人物に対する生々しい記憶が残っている時に書いた確かな、真実の報告書である。占領時代にしたためた簡単な覚え書きの類も利用した。

ユダヤ人にとって悪夢だった、そしてわたしにとってももちろん悪夢だった、さらに絶滅を宣告された人々に可能なかぎりの手を差し伸べ、幾度となく彼らの命を救った薬局の従業員たちにとっても悪夢そのものだったクラクフ・ゲットーでの歳月をしっかりと記憶に留めること、そのことこそが回想記を残すにあたってわたしが強く望んだことである。

ゲットーには普通ではない独特の空気が漂っていた。そんな中で亡霊のようになった人々が実際にどのように行動し、何を感じ、考えていたのか、それを彼ら自身が正確に記述することは不可能だったに違いない。彼らはまさに「地獄」の中にいたのだから。あくまでもわたしの考えではあるが、この回想記は、脅威、恐怖、絶滅の瞬間を迎えた人間がどのような態度をとり、どのような振る舞いに出るのか、そのメカニズムに対して補足的な光を当てることはできていると思う。同時に、不幸の元凶を作り出した側の人間がとった振る舞いのメカニズムをも照らし出している。犯罪者とその犠牲者の心理を知るための補足的資料になりうるのではないだろうか。

この報告書において、わたしは自身の体験を回想録風に解説するつもりはない。自らの体験と他の人々の体験を統合することを試みたこともない。最大限忠実であろうと努めたのは、時には感傷的になっていたかもしれないが、自分が目にしたことを忠実に記述しようとしたことだ。

第二版は全文が収められただけではなく、時代の雄弁なドキュメントになってくれる写真を多く入れ、そのことで内容の濃い作品になった。

出版に際して支援を惜しまなかった親友たち、とりわけフリデリク・ネデリ氏とユゼフ・ヴロンスキ氏に感謝する。

第一章

ゲットーの設置と編成――新しい生活
――新しい知人たち

一九四一年初頭、ゲットーがつくられるという噂が頻繁に立つようになった。様々な地区がその候補地に挙げられ、様々な憶測が流れた。その中で最も多かったのは、ユダヤ人が集中していて歴史的伝統もあるカジミェシュ地区がゲットーになるであろうという説だった。中にはヴィスワ川べりにあるグジェグシュキ地区を挙げる者もいた。ヴィスワ川が一方の側の自然境界になり、取り囲む壁の長さを削減できるという、何よりも経済的観点がその理由だった。

一九四一年三月三日、ドイツ系『クラコー新聞』に総督府クラクフ地区長官ヴェヒターの指令が公示された。それは「ユダヤ人居住区〔ユダヤ人ゲットー〕」設置に関する指令だった。衛生上、政治上の観点からというのが設置理由で、場所はヴィスワ川の対岸にあるポドグジェ地区とされ、アーリア人側から隔てる境界線が定められた。

ゲットーとなる地域からはすべてのアーリア人が退去し、そこにユダヤ人が（クラクフにはそれまで八万人いたユダヤ人のうち、一万五千人が残っていた）一九四一年三月二十日までに移り住むこととされた。

人々はこの指令に驚いた。指令の最終決定の対象者、つまり、ゲットーになる区域内に住んでいるポーランド人とゲットーになる区域外に住んでいるユダヤ人は誰も信じようとはしなかった。ポドグジェ地区住民は代表団を作り、会議を開き、請願書を提出した。請願書には、移転先には大小様々な製作所や機械工場に適した収容施設がないことなどが記された。

聖ユゼフ教会の教区司祭、ユゼフ・ニェムチンスキ神父もまた直接的に、あるいはローマ教皇庁を通じてこの問題に異議を唱えた。新聞に掲載された地区にゲットーを設置することはポドグジェ教区の利益を損なうものだった。なぜなら、大部分のカトリック教信者がヴィスワ川の向こうへの移転を強いられることになれば、教区を奪われるからだ。それだけではなく多くの教区民は教会に行くのが困難になるであろう。ヴィェリツカ通り、ザブウォチェ通り、プワシュフ通りなど、ゲットーの南東に位置する地域から教会に行くには、ゲットー全体を迂回しなければならなかった。

ところが、この問題への異議、代表団の派遣、陳情そして請願は何の役にも立たなかった。あらゆる請願に対するドイツ当局からの返答はどれも同じ強い内容だった。「クラクフには多すぎるほどの教会がある。そのどれ一つとしてゲットー域内にはないことに満足せよ。万一、教会がゲットーの中にあったとしたら、教区の全信者を失うことになるであろう」。ドイツ当局の決定が覆ることはなかった。ゲットー設置地区および設置期限はドイツ当局の決定から外れることはなかった。

移動が始まった。夜明けから夕方暗くなるまで通りには、新たな住まいに家財を運ぶトラック、家具運搬車、荷馬車、荷車の列が続いた。人々の慌てようときたら、今まで目にしたことのないほどのすさまじさで、限られた移動時間の中でそれなりの住居を手に入れようと、彼らは必死になった。

移動初日そして二日目も人々の不平、慌てよう、騒動、悲嘆、泣き声が続いた。かなり遠くから手押し車を引いて来る者もいて、中には疲労で失神する者も出た。それまで多くのユダヤ人が住んでいたカジミェシュ地区の様相は日々刻々と変わり、何百年もの間に積み重ねられた特徴的な姿はその面影を急速に失っていった。昔から住み着いてきた一族がカジミェシュ地区を離れ、商店やレストラン、そして長年自らの痕跡を印してきたユダヤ教会堂〔シナゴーグ〕は閉鎖された。

古きカジミェシュの風俗画的な独特の光景は消え、ゆるやかで長い黒衣、フェルト製のつば付き帽子、おわん型の帽子、輪光型の帽子などをかぶり、あご髭《ひげ》や、ペイスィ〔顔の両側に垂らした髪の束〕の姿で通りの角、広場でおしゃべりしたり、散歩をしたり、独特な身振り手振りのユダヤ人は見られなくなった。狭い小路や薄汚れた集合住宅の中庭、木造の玄関口や広い玄関ホールをキャッキャ叫びながら駆け回っていた貧しい身なりの子どもたちの一団も姿をくらました。夕方遅くなると、どんな品物も手に入らなくなった。それまでは店の前に立つ店主から難なく買うことができていたというのに。

暗くなって人けの消えた大通りから、小路から、あの独特の神秘的な雰囲気は失せた。通りに弱い街灯の光が落ちることもなかった。

ユダヤ人の祖先がエジプトを脱出した時に砂漠でテントに住んだことを記念して中庭に、バルコニーに、玄関口に建てた、モミの木の枝で覆った仮の庵も永遠に消えた。新年〔ユダヤ歴では九月に当たる〕二日目の祝日にヴィスワ川の岸辺で祈るユダヤ人の姿もなくなった。この祝日は幸いにも有名なギェリムスキの『トロンプキ』というユダヤの伝統を伝える絵画〔アレクサンデル・ギェリムスキ作の『トロンプキの祝日』はクラクフ国立美術館に収納されている〕に永久に留められている。占領者はユダヤの歴史、伝統、文化の根絶を望んでいた。

ところが軍需産業用の大きな工場および施設、裁判所建物、そのわきにある拘置所、そしてわたしの薬局だけは、一九四一年三月二十日までを期限とするゲットー域からのポーランド人住民と事業所の移転命令にはさしあたり含まれなかった。わたしと三人の従業員であるイレナ・ドロジヂコフスカ、ヘレナ・クリヴァニュク、アウレリア・ダネク－チョルトヴァの三人はゲットーに入る通行証を入手した。

ドイツ当局が指定した期限までに人々の移動は終了した。わたしの両親、そして本来ならばわたしもゲットーの向こうに移ることが義務付けられた。「アーリア人」は誰一人としてゲットー内に住むことが許されなかったのだから。例外となったのは裁判所わきにある拘置所の看守（裁判所と拘置所は一九四二年の六月移送の際にゲットー域から離された）とわたしだった。わたしの場合は薬局わきの当直室に住んでいたおかげでドイツ当局の干渉を免れた。しばらくすると、ドイツ衛生当局からゲットーに唯一ある薬局の夜の当直を恒常化するようにとの指令が下り、わたしのゲットー住まいは法的にも認められた。まさに「鷲」薬局はゲットーのど真ん中に配置される運命となった。さらにそこは、非人間的移送、恐怖の犯罪、そして占領者が日常的に人間の尊厳を貶める行為の目撃現場ともなった。

ゲットーには約三百二十戸の石造り集合住宅があり、住民数はおよそ一万六千人ほどとなった。

一九四一年三月二十日、わたしは一人で薬局にいた。十八時頃、急に人の動きが増え、数分後、薬局の入っている集合住宅が人でいっぱいになり、玄関ドアが閉まらなくなるほどだった。じきにわかったことだが、ゲットーから続く通りの出口にドイツ人哨兵《しょうへい》が立っていて、誰一人ゲットーの外に出さないようにしていることがわかった。人々は苛立ち、様々な意見を言い合った。しばらくすると人々はドイツのその指令がユダヤの復活祭の祝日〔過ぎ越しの祭日〕と関係しているのではと考え始め、落ち着きを取り戻した。なるほど、祝日はその日に始まっていた。わたしは二十時に薬局を閉店し、ゲットーを出ようとした。もちろん、ゲットーに戻れるかどうかが気にかかった。ドイツ人哨兵はわたしを引き止め、わたしのゲットー出入りの自由を認める書類に目を通した。

わたしは哨兵に、今夜、ゲットーに戻ることができるかどうかを尋ねた。「ナイン」という短い否定の言葉が返ってきた。しかしながら、わたしは二十二時頃、ゲットーに戻ることにした。徒歩ではなく、アーチ状にリマノフスキェゴ通りを折れている路面電車に乗った。ルヴォフスカ通りとリマノフスキェゴ通りの交差点で、わたしは走っている電車から飛び降りた。他の乗客の驚きの視線が返ってきた。

こうしてゲットーでの一日目は終わった。

復活祭が過ぎ、ゲットーは新しい、実に不思議な姿をとり始めた。数十人の労働者とレンガ積み職人と大工が日夜、壁づくりに当たり、「アーリア人」側に面する住宅の窓には格子がはめられた。さらにゲットー入り口には杭が打たれ、門が作られた。人々は次第に高くなってゆく壁に驚きの目を向けた。壁はユダヤの墓標の形をしていた。

ゲットーを壁で囲み、窓に格子を入れる作業が完了した。ゲットーに入る三つの門が立てられ、正門はポドグルスキ市場広場から通じていた。門の上部には大きな六角形のダヴィデの星、そしてヘブライ語で「ユダヤ人居住区」と書かれた銘がつけられ、両側から暗青色のランプで照らされた。路面電車がこの門をくぐり、ゲットーの主要通りであるリマノフスキェゴ通りとルヴォフスカ通りを走った。

この門のわきにはドイツ警察の中央哨所《しょうしょ》とユダヤ人評議会（ユダヤ郡役場の場所にドイツ人によって設置された）もあった。正門からは最初の数週間は誰でも比較的簡単にゲットーに入ることができた。入る理由として一番多く使われたのは、ユダヤ人から現金を受け取るためというものだった。

第二の門はリマノフスキェゴ通りとルヴォフスカ通りの交差点にあり、さらに和合広場の出入り口にある第三の門はヴィスワ川の三番目の橋に通じていた。この二つの門のわきには紺色の制服を身に着けたポーランド警察の哨所もあった。労働を終えた大部分の人々は第三の門から和合広場を通って帰宅するのが常だった。この門で通行証などの検査を受け、配給食糧の分量を調べられ、夜になると様々な品物の密輸人がこの通路で入ってきた。

数日が過ぎ、さらに数週間が過ぎた。最初の頃、人々は高くなっていく壁を恐ろしげに見つめ、しばしば暗い言葉を口にした。「彼らはわたしたちを飢え死にさせようとしているのではないだろうか」と。わたしは、かわいい飼い犬を伴って頻繁にわたしの薬局にやってきた女性を今になって思い出す。彼女はボレスワフ・ドロブネルという人物の親類で、来るたびにわたしに質問した。「答えてちょうだい。クラクフの街の人たちは何て言ってるの？　わたしたちがどうなるって言ってるの？」　彼女は精神的に打撃を受けていた。そのショックはゲットー生活の最後まで、六月移送を経て一九四二年に亡くなるまで、消えることはなかった。

時間が人々にそれなりの落ち着きをもたらした。それまでとは大きく変わった環境の中で、人々は新しい生活に順応し、新しい視点から自らの生活を見つめるようになった。ゲットーに開設された労働局《アルバイツアムト》がクラクフの街中で働くゲットー住民のケンカルテにスタンプを押した。ケンカルテはそれまでのアウスヴァイスに代わる身分証明書で、ゲットーを出て仕事に通う権利を与えてくれた。ダヴィデの星の付いた白い腕章を右腕にはめ、ケンカルテを持って何千人もの人々が日々、ゲットーの門をくぐってクラクフの街に労働に出た。したがって、朝になるとゲットーはがらんとなり、夕方になると人で溢れた。それは午後九時の夜間外出禁止時刻まで続いた。街中で働いていない高齢者、病人、子どもはゲットーの外に出ることができず、ゲットー内に留まるしかなかった。

こうして日々は流れた。新しい指示や命令が毎日出されたが、それはどれもが決して明るくはないゲットー住民の生活をさらに困難にするものだった。ドイツ当局は二十四人のメンバーからなるユダヤ人評議会《ユーデンラート》を組織した。委員長はアルトゥール・ローゼンツヴァイク博士。この評議会はユダヤ人を代表する公的機関で、ポドグルスキ市場広場にあるドイツ警察中央哨所が入る同じ建物で執務に当たった。設立当初からユダヤ人評議会はゲシュタポ〔ナチス・ドイツの秘密国家警察〕の支配下にあった。ゲシュタポのゲットー問題を処理する部署はポモルスカ通り二番地の第三部局三〇二号室にあった。ユダヤ人に対するこれ以上ないほど残酷な犯罪計画はこの建物で生まれ、殴る蹴るの拷問付き尋問がここで行われた。ここの地下室には戦後になっても人間の血の跡が見られたし、壁には爪によるひっかき傷が残っていた。さらにポーランド人やユダヤ人が撃たれた弾丸跡もあった。

ユダヤ人評議会の任務はゲシュタポの指令を第一線で果たすことだった。やがて、行政一般、統計作業、人口調査、商店の登録、住民用の食料と燃料の配給、占領当局の指令文章の編集、公示などす

設置当初のクラクフ・ゲットー地図（1941年）

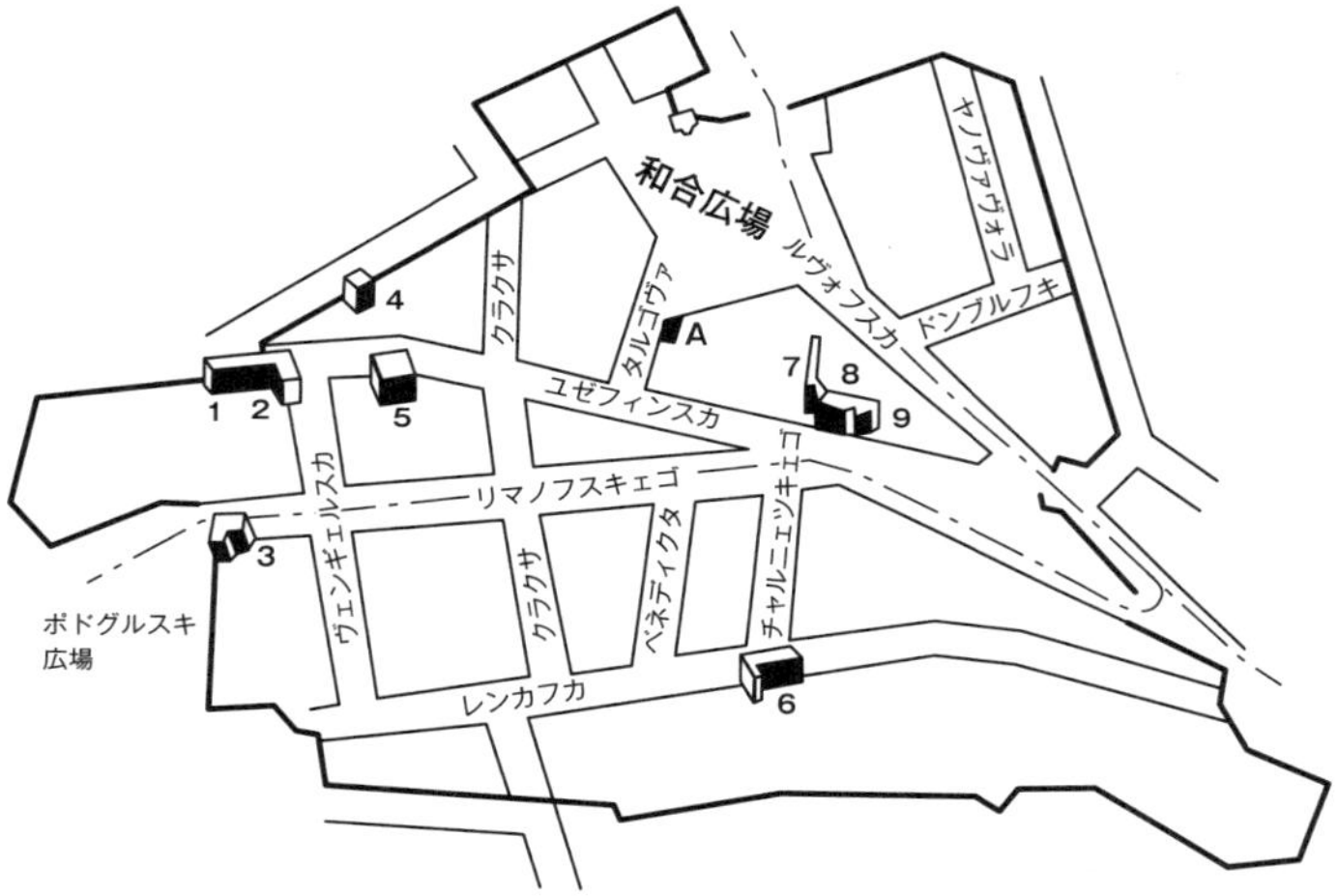

主な建物

A　「鷲」薬局

1　労働局（アルバイツアムト）

2　中央病院

3　ユダヤ人評議会が入る郡役場

4　公衆浴場

5　ユダヤ社会互助会
（ポーランド略語ŻSS、ドイツ略語 JUS）

6　感染症病院

7　拘置所

8　ユダヤ警察（OD）

9　福祉施設

クラクフの旧市街およびカジミェシュ地区とポドグジェ地区

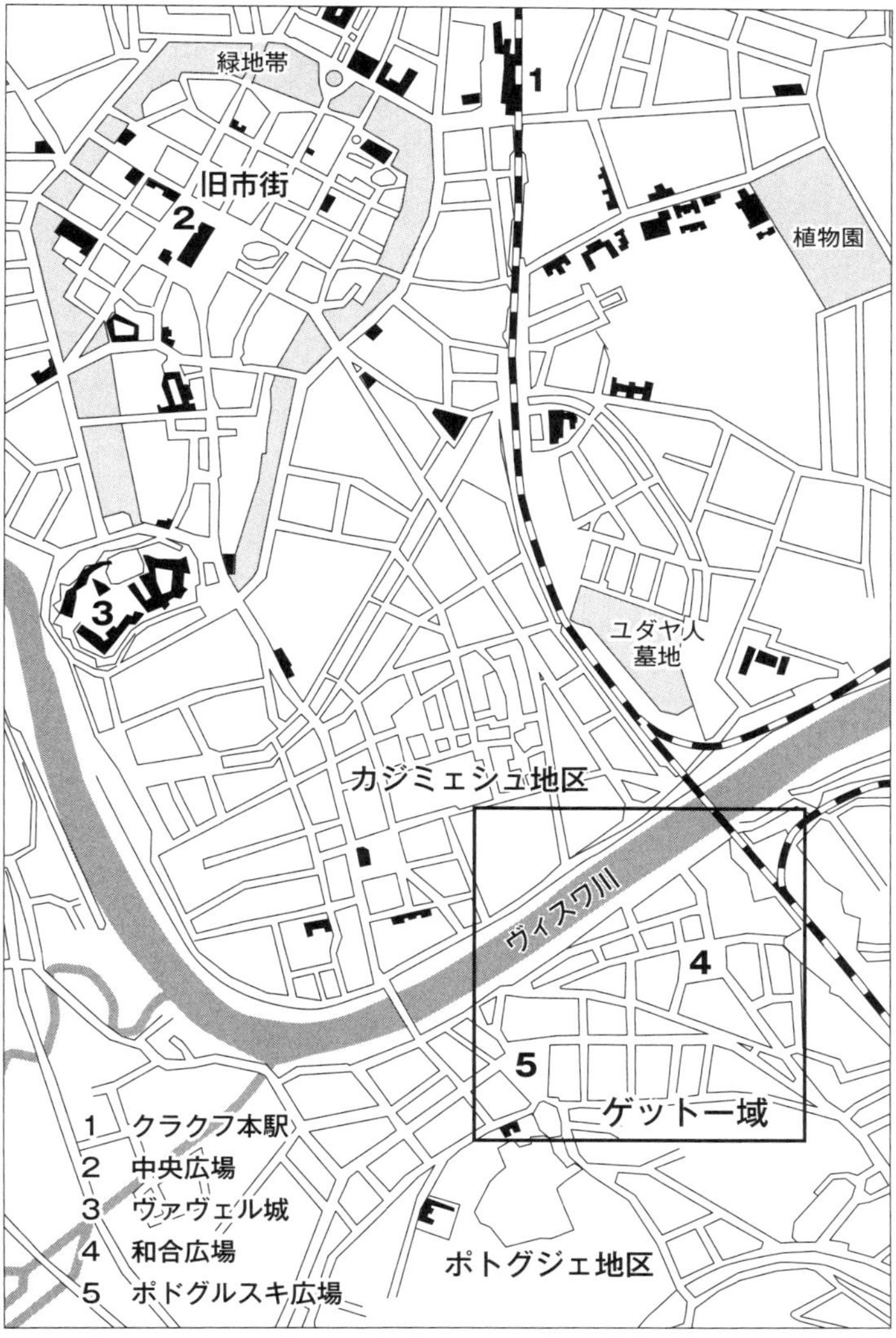

原書の地図を元に訳者と編集部で作成

クラクフ・ゲットー正門（撮影：Włodzimierz Zemanek）

べてを担うようになり、時と共にますます困難でつらい任務がメンバーの肩にのしかかった。

ズィムヘ・シュピラをリーダーとする、略して「OD《オーデー》」と呼ばれたユダヤ警察も組織された。元ガラス工のシュピラは様々な階級章をつけた立派な制服に身を包んでいた。戦前はあご髭をはやし、ユダヤ人が好んで着る幅広の黒衣を身に着けていたのが、戦争が始まると突如として選ばれたお偉方となり、ユダヤ警察の制服姿になったのだ。ユダヤ人警官の通称はオーデーマンだった。この組織の中で「民間隊《ツィヴィルアップタイルング》」と呼ばれたメンバーは、他のメンバーが首の下でボタンをかける上着を着ている中、Vネックの上着の下にネクタイをつけていて、際立って見えた。どのメンバーも右袖にはヘブライ語で「ユダヤ警察《オルドゥヌングスディーンスト》」と書かれた縫いとりを付けていた。民間隊のメンバーはとりわけゲシュタポの愛顧を得た。

ユダヤ人警官の任務は無条件かつ盲目的にゲシ

ユタポの命令を果たすことだった。そのほかに彼らはゲットー内の秩序を監視し、犯罪をあばき、ユダヤ人評議会の指令を技術的手段で履行した。時と共にユダヤ警察はゲットーの住民にとって厄介な存在になっていった。

ゲットーには病院、児童施設、高齢者施設が設けられた。リマノフスキェゴ通りには独自のユダヤ郵便局も作られ、投函した手紙にはヘブライ文字のスタンプが押された。小規模の税務署も存在し、署長はライスキだった。さらに浴場、シラミ駆除所、消毒隊も設けられた。一般科目やユダヤ教を教える秘密の授業があちこちで開催された。ユダヤ教を教えたのは偉大なタルムード〔ユダヤ人の口伝を集大成した聖典〕研究者のラツァール・パンツァー、そしてユダヤ教儀式の優秀な専門家にして神秘主義者のシャイン・クリングベルクだった。クリングベルクはプワシュフ〔クラクフ・ゲットーの南にある地区。ここでは一九四二年末からプワシュフ収容所の建設が始まった〕で、ゲシュタポのストロイェフスキによって射殺された。通行証を提示すれば壁に囲まれたゲットーの出入りが可能だった間は、十数人の生徒が音楽や美術のレッスンを受けるために街中に通っていた。彼らの多くは、グロツカ通りに住むクラクフで名の知れた画家のホミチ教授の元で無料レッスンを受けた。支援の手をおしまず、たくさんの誠意を示してくれたホミチ教授と今も連絡を取り合う人々がいる。

ゲットーの若い正統派ユダヤ教徒たちは「タルムード・トーラ」という組織を作り、結集した。ゲットー内には三つのユダヤ教会堂があり、宗教生活にそれほど大きな変化はなかった。礼拝を行い、大部分の住民は宗教的な規範を守り、断食をし、土曜日の安息日、そして祝祭日を祝った。ユダヤ教の祝日の期間は彼らの信心深さを観察する絶好の機会だった。熱心に祈る者たちの顔には感動の涙が流れ、祈りに込めた願いが余すところなく現れていた。薬局の窓は別棟の広い中庭に面していて、わたしはそこから、儀式用の衣を身に着け、白髪のあご髭とペイスィを垂らし、リズミカルに体をゆすって先唱者の物悲しい歌声に耳を傾ける高齢者の姿を目にした。ゲットーの集合住宅にあるほとんどの住まいで、人々は「カディシュ」と呼ばれる死者を悼む祈りを唱えていた。刺繍《ししゅう》の施されたレースのショールを羽織り、ガラスのように固定した目でじっと立ちつくし、自らの、そして近親者の痛みと不安に身を硬くし、単調な祈りの歌に耳をすます年老いた女たちの姿を目にした。

わたしはしばしば、特にユダヤの祝日の期間に、宗教をテーマにした会話や議論に耳を傾けた。薬局に集まった人たちの真剣で神秘的な雰囲気は、薬局の中の薄暗さによってさらに増幅され、強い力でわたしに伝わってきた。その雰囲気はミツキェヴィチ〔一七九八―一八五五年。ポーランドの詩人、思想家〕の作品『ジャディ（父祖の祭）』〔かつてリトアニアやベラルーシで祝宴を開き霊を呼び出して行われた民俗的儀礼〕を連想させた。その儀礼には頻繁にメシア信仰が現れた。

戦後数年が経った頃、わたしのもとをカロル・ヴォイティワ神父、今の教皇ヤン・パヴェウ二世〔ヨハネ・パウロ二世〕が訪れた。神父はわたしがクラクフ・ゲットー存在中、ずっとゲットーにいたことを知り、次のような質問を発した。「殺害、そして人間の尊厳を貶める残忍な行為が横行したゲットー存在期間、住民がメシア信仰について考えていたのをご存じではないでしょうか？」。この質問はたまたま間接的にわたしに向けられたものであって、確かな答えを返すことができるのは、わたしではなく優れたタルムード専門家だと思い、わたしはこの分野の大家とコンタクトを取ることにした。たどり着いたのは、アメリカの画家、ゴットリープの肖像画からそのまま出てきたような威厳のある人物だった。その人物は長めの白髪、人の心を見通すような黒い目、長老が付けるようなあご髭をはやしていた。黒い目は物思いに沈み、寂寥感《せきりょうかん》に満ちていた。

その人は質問を聞き終えるとしばらく沈黙した後で人を引き付けて離さない不思議な視線をわたしに向けた。口の端に軽い笑みを浮かべ、威厳のある静かな声で話し出した。「メシア到来の問題、そうですな」。ここで一瞬、彼は言葉を切った。そして再び話し出した。「どのように、あなたに、話したらいいものか？　しかるべく話したとしても、あなたはどっちみち理解しないことでしょう……想像してみてください、金曜日の後にすぐに金曜日が来る、と。ありえないことです。でも、不可能ではない。別の言い方をしてみよう。もしも、世界中にいるすべてのユダヤ人が一人残らず、子どもも、若者も、高齢者も、男も女もすべてが今と同じようなおかしな時代にあって、考えることも話すことも、そして行動も良識に背かないとする。もし、そうできれば、そんな時にこそ、わかりますかな、そんな時にこそ、メシアが現れる可能性があるのです。メシアは来ます。いつか来ます……だが、あなたには理解できないでしょうな」。その後で彼は視線を遠くに移し、手入れの行き届いた長いあご髭をなでながら、前よりも静かな声で、まるで自らに話すように言った。「金曜日の後にすぐ金曜日が来る。ありえないことではないのです。そんな日を待つとしよう。そう、待つとしましょう」。彼は再び活気を取り戻した。「そうです、パンキェヴィチさん、答えは簡単ではありません。単純なものではありません。だが、あなたが来てくださって、よかった。あなたが訪問してくださって嬉しいです。どうか、お元気で」

その人物が話した内容、出会いの最初から最後まで、そして彼の存在そのもの、それらすべてがわたしに忘れられない印象をもたらした。

今もその正義の人を思い出す。彼はラビ〔ユダヤ教指導者〕で、ディエトロフスカ通りに住んでいた。前述の会話はミョドヴァ通りのテンプル教会堂で行われた。わたしは後の枢機卿《すうききょう》、現在の教皇に、メシア信仰について語ったこのラビの話を伝えた。

ゲットーが存在した初期の頃、月に数回、しかもいつも土曜日に、クラクフの街中で裁判官をしている親友が薬局にやってきた。彼は法廷審議の巧みさと、整った容貌で知られていた。この夕食にはゲットー住人のマリラ・シェンケルーヴナさんも加わった。ブロンドの髪のマリラさんは憂いに満ちた目をした美しい人だった。明かりを消し、カーテンを下ろした静かなわたしの部屋に二本のロウソクを灯し、近くのレストランから取り寄せたユダヤの魚料理を一緒に食べた。小さなグラスで数杯のハタンキョウ酒、ワイングラスに変えて白ワイン。世界は笑い声に溢れ、まるで天国にいるように思えた。しかし、そんな気分でいられるのはお開きまでだった。現実がそれまでの楽しかった時間の痕跡を無理やり壊した。親友の裁判官は通行証を手にゲットーを後にし、マリラさんは足早に自宅へと向かった。ゲットーが不安に満ちた時、逮捕が続いて移送行動が近いとの噂が流れ始めた時、毎日ゲットーを出て、クラクフの街中で働いていたマリラさんはゲットーには戻らずに、裁判官の所に立ち寄って情報を待った。一方、わたしは約束した時刻に裁判官の家を訪れ、ゲットーの今の状況を話した。やがて、裁判官はゲシュタポに逮捕され、オシフィエンチム〔ドイツ名はアウシュヴィッツ〕に送られた。そこで殴られ、腕を折られるなど、つらい体験をしたが、奇跡的に戦争を生き延びた。マリラさんは裁判官の様子を知るために頻繁にわたしの薬局にやってきたが、オシフィエンチムからの情報は乏しく、偽りのものが多かった。
もう一人の親友、ダッハウ収容所から帰還したヤギェウォ大学教授、アレクサンデル・コツヴァと
の夜も忘れられない。ゲットーを見たいというコツヴァに通行証を入手させ、一緒に壁で閉じられた
ユダヤ人居住区の通りを歩いた。その後で彼を薬局に連れてきた。カーテンを下ろした当直室で安息
日に使うロウソクに火を灯し、わたしの従業員たちも加わって、素晴らしい夜を彼と共にした。有名
なバイオリニストのロスナー兄弟も来て、見事なハーモニーのウインナーワルツを奏で、テーブルに
はユダヤ料理が並んだ。わたしたちは時間の経過を忘れ、夜間外出禁止令も、戦争も、壁に囲まれた
地区のことも、屈辱と悲劇に見舞われている住民の不幸な運命も忘れ、夜の宴は朝まで続いた。戦後
何年も経た今になっても、それは忘れられない夜になっている。
時の流れはその速度を増した。つい最近まで、この先、どう生活してよいものやら理解できないで
いた人々は、次第に順応し、最も原始的な文明の要求をさえ諦め、まだそう遠くはない過去の生活を
忘れ始めていた。日々のパンを手に入れる心配は尽きなかった。日中はクラクフの街に出て働くこと
が多くの住民の願いだった。街中での労働はほとんど収入にはつながらなかったけれど、一時的にせ
よゲットーを出る機会を与えてくれた。ウィーン出身のシェペスィが局長を務める労働局では、職員
が朝早くから夜遅くまで執務に当たっていた。ドイツ人、ポーランド人、ユダヤ人から成る職員は、
労働者のカード目録の作製、仕事の割り当て、ゲットーの外に労働に出る人員の届け出などに当たっ
た。どれもドイツ当局の命令によるものだった。
一週間に三回、ゲットーには『ユダヤ新聞』が届けられた。ポーランド語で書かれたユダヤ人のた

めの新聞で、主な内容は無敵のドイツ軍の新しい成功を知らせる軍事報道だった。「すべての前線でドイツは勝利している」と書かれていた。

かつてはカトリック系の児童施設が入っていて、後にユダヤ協会「ツェントス」の児童施設が入ったユダヤ警察の建物の壁には次のようなドイツ語スローガンの張り紙があった。「Deutschland siegt an allen Fronten（ドイツはすべての前線で勝利する）」ある時、ゲシュタポのユダヤ警察部門の管理者で親衛隊特務曹長のヴィルヘルム・クンデは〝s〟が〝l〟に変わっていることに気がついた。「Deutschland liegt an allen Fronten（ドイツはすべての前線で倒れている）」と。クンデは見なかった振りをしたものの、張り紙はすぐに消えた。

街の壁、さらに政府系出版物と同名タイトルの地下新聞『クラクフ伝令』にも、皮肉と恐怖が一緒くたになったような広告が載るようになった。それは占領者を馬鹿にし、恥をかかせる目的を持っていた。

たとえば、次のような。

「血で汚れを落としたユダヤ人の装身具を売っています」

ユダヤ人収容所所長ゲート、ヴォラ　ドウハツカ地区在住

「ゲットーの乳飲み子たちを弾丸一発でお陀仏させます。酔いにまかせてポーランド人の中にいる陰謀加担者を暴き出します」

監視員ヨアヒム・トウン、クラクフ市プロコチム地区バラック小屋

「ドイツ人の能なしが略奪した衣類を売ります」

陸軍兵站部《へいたんぶ》、クラコー

ゲットーで最初に出された指令の一つは、ポーランド語の文字をすぐに取り去ってヘブライ文字に変えよ、というものだった。薬局は唯一の例外だった。ゲットーの様相は一変した。ヘブライ文字のアルファベットを知らない者には、まるで外国にいるような感じがした。あらゆる銘文、あらゆる看板、あらゆる標識がわけのわからない記号と化した。特に医師には最大の厄介をもたらした。なぜなら、ゲットーにはヘブライ語を知らない人間が大勢いたのだから。それだけではなく、医師はひっきりなしに住まいを変えられ、それが実務に悪い影響をもたらした。

ゲットーの経済生活は活発化し始めた。雨後の筍《たけのこ》のように次々に新しい店がオープンした。レストラン、菓子屋、牛乳の集配・加工所、大衆食堂、それどころかゲットー在住のアーティストのダンスショー、すでに述べたバイオリニストのロスナー兄弟の指揮によるオーケストラ演奏をするレストランまで現れた。

正常とは異なった新しい環境での生活は目が眩《くら》むほど早いスピードで進んでいった。常に付きまとう緊張、生活に対する不安に人々はイライラを募らせ、意気消沈することが多かった。

時折、通りかかる親衛隊員は自らの粗野な本能に息抜きを与えるかのように通行人を殴ったり、蹴ったりした。中でも最大の屈辱を味わったのは、あご髭やペイスィを垂らした高齢者だった。親衛隊員は彼らを建物の門口に引っ張り込むと、そこであご髭を刈り、ペイスィを切り取り、毛髪を引っ張った。このゲームにはほとんどいつも執行者の殴る、蹴る、怒鳴るが付き物だった。そんな出来事が頻度を増した結果、ユダヤ人評議会はあご髭とペイスィを禁じる指令を出した。

信心深い者たちは髭をそってしまうことができず、禁止命令を出し抜く手段を考え出した。頭と顔にショールを巻き、目と鼻だけが見えるようにしたのだ。髭禁止令が出た翌日、ゲットーでは歯痛という伝染病が蔓延《まんえん》したかのように顔と頭にショールを巻き付ける何十人もの人の姿があった。それは、命令や脅迫より伝統に忠実であることのほうが彼らにとってはずっと大事なことを物語っていた。最初のうち、この出来事はセンセーションを引き起こし、住民の怒りは限りなく大きくなった。しかし、すでにこの時、悲観論者は将来に対する不吉な予兆を感じ取っていた。

仕事場で殴られるユダヤ人が次第に増え、親衛隊員の群れがゲットーに通じる橋のわきでユダヤ人を待ち伏せ、虐待する事件が頻発するようになった。ある日、わたしは薬局の窓のすぐ前で繰り広げられたそんな場面の目撃者となった。

午前十時頃、走ってきた一台の車が薬局前で停まった。車のシートには私服の二人の人間が座っていた。玄関口に向かったわたしは、そのうちの一人がグスタフ・ベックマンであることに気がついた。彼はポドグジェ地区では名の知れたゲシュタポの一員で、戦前は安全カミソリの刃を製造する工場「トレド」の所有者だった。でっぷりと突き出た腹、雄牛のような首、不格好な頭、典型的なナチス党員の外観をしていた。このロンブローゾ的タイプ〔十九世紀イタリアの犯罪学者チェザレ・ロンブローゾが犯罪者は生まれつき犯罪者となるべく宿命づけられていると自説を唱えた〕のベックマンはいつも他人を突き放し、ポドグジェ地区住民の恐怖の的になっていた。戦前、彼はポーランドに対する侮辱罪で懲役一年の刑を言い渡されたことがあった。その後、ベックマンは検事局において、彼の訴訟に当たったアンジェイ・ビェンコフスキ、ヴワディスワフ・ボビレヴィチ、コンラド・フロンキェヴィチ各裁判官に血の復讐を実行した。

薬局前に停車した車の窓から、ベックマンは通りがかった一人のユダヤ人を呼び止めた。近寄ったユダヤ人は、上着の折り襟《えり》に鉤《かぎ》十字の記章を付けたでっぷりと太ったドイツ人に気がつき、帽子を脱いだ。その瞬間、ベックマンはそのユダヤ人をこぶしで思いっきり殴り、悪魔のような笑みを浮かべると、車を出し、去って行った。

ゲットー設置後の最初の数か月はこのように過ぎていった。そして住民はそんな環境に、あたかも馴れ始めたかのように、どんな蛮行に対してもまるで普通で、正当なことと思っているかのように見えた。

時は飛ぶように過ぎ、それまで知らなかった未来を運んできた。その未来は目に見える現実を前に、次第に暗さを増していった。ゲットーには、「しかしながら……」と前向きにとらえようとする楽観主義者もいた。彼らはそんな環境の中にあっても何とか持ちこたえることができると信じ、ゲットーが存在した全期間を通じ、戦争の早期終了を、ドイツの必然的敗戦を、今すぐにもアメリカ、イギリス、フランス、トルコが最終的に腰を上げ、それによって解放の日が来ると、頑《かたく》なに信じていた。

多くの人の言葉を借りれば、壁に囲まれ、格子をはめられたユダヤ人居住区の中にあって、薬局は固有の自由世界を代表する大使館であり、外交機関だった。そして、薬局は興味深くて好感の持てる人々の日々の集合地点でもあった。様々な身分の様々な世代の人が常にやってきて、早朝からここでドイツ系新聞や非合法の地下新聞を読んでは最新の軍事報道を解説し、政治状況を分析し、日々の心配事、困り事を話し合い、夜遅くまで議論をして、思案と予想の糸を紡いだ。そして「どうか動いてくれ」と言った。彼らには、この非人間的時間が止まったままで、歴史の時計が絶滅という最悪の時刻で停止していると思われた。

ゲットーには「鷲」薬局の他にもう一か所、ポーランド人従業員が雇われている就労施設があった。それは光学ガラス製作所で、場所は薬局のすぐ隣、タルゴヴァ通り六番地にあった。所長はポーランド社会党の活動家として知られているフェリクス・ジューバで、彼は同時に時計に使うガラスと車のウインドウを制作している「スペクトルム」社の社長でもあった。本社はゲットー域から遠く離れた所にあった。この製作所も会社もどちらも軍のために稼働していた。フェリクス・ジューバは立場上、自分用と作業所で働く従業員用の通行証を比較的容易に入手できた。さらに彼は従業員のヴァンダ・クオソヴァ、ユゼフ・ミカ、トマシュ・ペルスキとともに、ユダヤ人支援者名簿に自分たちの名前を記入した。フェリクス・ジューバの活動成果として挙げられるのは、当時の労働局の局長のK・シェペスィから「スペクトルム」社の部署十数か所にユダヤ人を雇用する許可を得たことだ。熟練労働者として雇われたユダヤ人たちは決してその仕事のスペシャリストではなかった。そしてジューバは実際には彼らを雇ったわけではなかった。それでもゲットーに戻る時刻まで彼らが安心して時間を過ごせるように計らった。ところがしばらくして、シェペスィが通行証を発行したことが密告者のマーセル・グリューナーによってゲシュタポに告げられ、シェペスィは逮捕されて数週間後に射殺された。一方、ジューバは屈することなく、協力者のユゼフ・ザヨンツと共にユダヤ戦闘団の一員だったベニ

ドイツ占領当時の「鷲」薬局（撮影：Włodzimierz Zemanek）

アミン・ハルブライヒをゲットーから脱出させ、「スペクトルム」社の労働者として雇った。

光学レンズ製作所の仕事は早朝から晩まで続いた。ドイツによる強制移送行動の際には製作所は操業を停止し、ゲシュタポが権力を独占したゲットー撤収直前には閉鎖された。そしてゲットーが完全に撤収された後、製作所は再び操業を始めた。フェリクス・ジューバはクラクフ市マテイコ広場にあるグルンヴァルト記念像〔一四一〇年、ポーランド・リトアニア連合王国軍がプロイセンのチュートン騎士団との戦闘に勝利したことを記念し、その五百年祭に建立された記念像。ナチス・ドイツによって爆破されたが、一九七六年に再建された〕が爆破された時、その断片を救出した一人としても知られている。

一九四一年が終わろうとしていた。十二月二十七日、拡声器を取り付けた車がゲットーに入ってきた。拡声器から流れたのは、市守備隊長《シュタットハウプトマン》の命令に従い、すべてのユダヤ人はリマノフスキェゴ通り二番地のユダヤ人評議会の建物に毛皮コート、およびあらゆる毛皮製品を供出せよ、という通知だった。同時に同じ内容の通達があちこちに張り出された。抵抗する者は死刑を含む重い刑罰を免れないという脅しの文章もそえられていた。その後、死刑が占領者の命令に違反した際の唯一の刑罰となった。ゲットー住民は朝から暗くなるまで、厳寒と雪の中、何時間も命令を果たすための行列に並んだ。中には、ドイツ人に毛皮を渡すのが嫌で、細かく切って小片にし、燃やし、燃えカスを地下室に埋めてしまう者もいた。あるいは、行列に並ぶのは嫌だが、そうかと言って見つかるのも怖くて切り裂くことはできず、羽毛を地面に投げ捨てて、その上に雪を振りかける者も現れた。さらに、地下室に毛皮を投げ捨てる者もいて、地下室の所有者は後で重い罰を受けた。捜索の際、警察は地下室所有者を毛皮隠蔽《いんぺい》の全責任を負うべき者とした。毛皮の密輸、そして二束三文での販売も横行した。

一九四一年十二月二十八日、日曜日、朝からゲットーにドイツ人警官がやってきて、綿密な捜索を行った。建物、住居、屋根裏、地下室を調べ回り、ストーブをのぞき込んで、毛皮が燃やされた痕跡がないかを探した。詳細な捜索はわたしの薬局にも及んだ。ドイツ人警官は、わたしが毛皮製品を何一つ持っていないことを理解できなかった。もし、わたしが所持していたら、取り上げられていたことだろう。ゲットー住民は毛皮部分の縫い目をほどき、そこに毛布を縫い付けたり、女たちはせめて見かけだけでも子羊の毛皮に見えるようにと、コートの襟に毛糸で模様を刺繍したりした。この毛皮の供出はユダヤ人にとって物質的な痛手となった一方で、ドイツ人に対する多くのジョークを生んだ。ロシアの前線にいるドイツ人兵士が寒さで震える頭にユダヤ人のきつねの毛皮の帽子をかぶり、女性用の毛皮コートをまとっている風刺戯画が現れた。

一九四一年大晦日、薬局では馴染み客の挨拶の言葉と握手が交わされ、温かくて心地よい空気に満ちた。夕方、集まった人々は日々の不安と困難を忘れた。なにしろ薬局にはアルコールがあった。もちろん量は少なかったが、中には、アルコールのお陰で時がさらに早く流れてくれる、と言う者もいた。

わたしの薬局には思慮深くて、かつ、興味深い人たちが集まってきた。話題は音楽、文学、戦前の政治、そして未来予想図と多岐にわたった。人々は興味に駆られてわたしの従業員が持ち込んだ非合法の新聞を読んだ。ゲットーの外とは違って、人々は新聞の内容には懐疑的だった。

わたしの所にやってくる常連、フィリプ・ショアはかつてウィーンの銀行の法律顧問をしていた人物で、彼自身、声が良いわけではなかったが、あらゆるオペラとオペレッタのアリアに通じていた。まさに驚異的なその音楽的知識と絶対音感には驚くばかりだった。彼には口ずさむことのできないメロディーなんてなかったし、どの作曲家の誕生年も知っていて、どのようにその曲が生まれたかについての経緯を述べることもできた。音楽だけではなく、あらゆる分野において博識で、記憶力も抜群、ユーモアと辛辣《しんらつ》なジョークにも通じていた。ユダヤ人警官が夜ごと住民の狩りこみをするというニュースがあらかじめゲットーに流れると、わたしは彼と共に廊下のわずかに開けたドアのそばに腰を下ろし、警官がリストを見ながら住宅から逮捕者を連れ出す様子を目で追った。

窓の鎧戸《よろいど》から漏れる明かりに誘われ、ドイツ警察パトロール隊もしばしばわたしの薬局に立ち寄った。その隊員は主にウィーン出身者から成っていて、先客であるユダヤ人たちとの会話に加わり、ウォッカも口にした。そのせいか、彼らは夜遅くに薬局にいるユダヤ人たちに過度の関心を払わなかった。オーストリアについて、皇帝に関する思い出について、シュトラウスのワルツについて、そんな話題でおしゃべりは始まり、最後は議論となって終わった。事実として認めなければならないのは、この時、薬局に立ち寄ったドイツ人警官たちがすでに集まっていたユダヤ人たちに対して実に申し分ない態度で接したことだ。彼らはユダヤ人に対して常に姓名の前に敬称をつけて話をしたし、まるでユダヤ人に対する差別なんて耳にしたこともないかのように、ともにおしゃべりに興じた。

いつも一緒だった仲間の一人が、ダイヤモンドに詳しいM・イズラエラーだ。もともとの職業は研磨師で、長年その道で外国暮らしをしていた。わたしたちが知り合ったきっかけはかなり風変わりだった。ゲットーが設置された当初の数週間、彼は毎日のように薬をとりにやってきた。処方薬ができるまで、彼は新聞を読んだり、従業員の一人、イレナ・ドロジヂコフスカとおしゃべりして待っていた。ある日、彼は現れるなり、イレナに大きなお願いがあると言った。そのお願いとは、聖母のポートレートの入ったメダルを彼女に受け取ってもらうことだった。

その時からわたしたちは彼と強い友情で結ばれた。イズラエラーは水晶のように清らかな心の持ち主で、夫としても父親としても申し分のない人間だった。彼は毎朝十時頃にやってくると籐《とう》椅子の上に『クラコー新聞』最新号を広げ、一時間近く黙って新聞読みに没頭した。それが終わると、今度はその内容を解説し、議論し、戦争の終わりがいつになるかを予想した。イズラエラーは信じられないほどの楽観論者だった。妻のアンナは細身で濃い茶色の髪と身なりをいつも整えていて、実直な女性だった。そしてますます可愛らしさを増す大きな青い目とブロンドの髪の幼い娘とともに理想的な素晴らしい家庭を築いていた。

イズラエラーと彼の姉のグトマノーヴァはゲットーの高齢者施設で働いていた。二人の働きぶりは非常に献身的で、人々の苦痛を和らげようと最大限の努力していた。グトマノーヴァはユゼフィンスカ通り十二番地の児童施設で子どもたちの世話もしていた。彼女は施設の無防備な子どもたちが射殺された時には、その目撃者となった。一方、イズラエラーはドイツ人の弾丸に倒れ、生きて終戦を迎えることはできなかった。夫の死後、いつも黒い服を身に着けていたアンナ夫人と娘のドリナ、そしてグトマノーヴァは戦争を生き延び、終戦直後にアメリカ合衆国に渡った。ニューヨークではグトマノーヴァの娘が彼らを待ち受けていた。アンナ夫人とドリナは異国でも苦しい時代を過ごしたという。イズラエラー一家の高潔な姿勢は今でもわたしたちの脳裏に焼き付いている。

わたしたちと非常に親しくなった薬局の客にギゼラ・フェンドラーがいた。褐色の肌の持ち主で、いつもエレガントな服装をしていた。戦前、彼女はクラクフの知識人グループに属し、高級車と高級画廊を所有した最初の女性の一人だった。彼女は非常に困難で絶望的な状況下にあってもそれに対処できる天賦の才を持っていた。その才能は大胆さと表裏一体で、彼女の勇敢さと沈着さを示す次のようなエピソードがある。

突然、しかも強制的にクラクフの自宅を離れることになったギゼラはクラクフのその家で生まれ、輝くような子ども時代と青春時代を過ごした。彼女はゲットーに入る時、自宅の数多い部屋の一つに金庫を残した。その金庫の中にはさらに隠し場所があり、それを開けられるのは開け方を伝授された者に限られていた。隠し場所にはギゼラの高価な宝石類と多量の金歯が入っていた。ギゼラの夫はクラクフで評判の有名な歯科医だったのだ。ドイツ人は彼女の家を押収すると、長年、家政婦として働いていた高齢の女性、ヘルチャ・コハンを一人、そこに残した。ある秋の雨の夜、ギゼラはかつての自宅のドアを叩いた。驚きの余りにショック状態になったヘルチャはドアを開けた。

「まあ、奥様、何をしていらっしゃるのですか、早く逃げてください。酔っぱらったドイツ人が建物の中を歩き回っています。彼らに出会ったら、奥様は殺されてしまいます」

「シーッ！　黙って」。ギゼラは口に手を当てて制した。「そっと行って、彼らがどんな状態で、何をしているか、見てきてちょうだい」

ヘルチャがその場を完全に離れる前に、ギゼラは金庫のある暗い部屋に忍び込み、金庫を開け、隠してあった品物を全部取り出した。そして階段の暗闇に紛れて出口へと降りた。要した時間はほんのわずか。その時、ドイツ人が一人、階段を急ぎ足で降りてきて、闇に紛れているギゼラのわきを通り過ぎた。

ギゼラ・フェンドラーの驚嘆に値する行動は他にもある。クラクフにドイツ軍が侵入してから数週間が経った頃、彼女はポーランド国立銀行に預けてある私物を金庫から引き出したいと、市守備隊本部に申し出た。当時、占領ドイツ当局が最初に出した命令の一つは、あらゆる銀行口座と金庫の凍結だった。ところがドイツ語に堪能なギゼラは担当者を巧みに操り、自分のことをポーランドに市民権を持つドイツ出身者であると担当者に思い込ませた。すると、担当者は彼女に私物を引き出す許可を与えただけではなく、銀行まで同行するよう職員に命じた。ポーランド国立銀行幹部の驚きをよそに、ギゼラは同行した職員に説明させ、その裏付けを得た書類を示し、落ち着き払って金庫を開けると中身を取り出した。そして鍵を銀行の管理者に返すと難なく外へ出た。

ギゼラ・フェンドラーと彼女の愛息はゲットーでの生活と占領を生き延び、戦後はポーランドを出てアメリカに永住した。

日に数度、わたしより年長の仕事仲間、ヘルマンも薬局に立ち寄った。白髪まじりの頭、温和な笑みを絶やさない人だった。戦前はルヴフ〔現在はウクライナのリヴィウ〕で薬品監査官をしていた。ゲットーでは衛生部門の指導をしていて、その関係で、いつもくわえタバコでゲットーの通りを歩き回っていた。薬局の近くまで来た時には必ず寄って、面白い話をしてくれた。時には政治的な内容だったり、時にはゲットー内のニュースだったりした。移送行動の一つが始まった時、彼はゲットーから消え、音信は途絶えた。

日々、薬局で繰り広げられた政治論議において冷静な現実主義者としての意見を述べたのは、クラクフでは有名だった弁護士のナタン・オーバーレンダーだった。彼は六年以内に戦争が終わることはないと信じていて、いつも口癖のように言った。「この戦争は、最短でも前の戦争と同じくらい長く続くに違いない。だから六という数字を出したのだ」と。しかし、ナタンの意見は、ポドグジェ地区にあるランプ工場の所有者だったE・ヴァクスの猛烈な反対に遭った。ヴァクスは改めて新聞記事の言外の意味をくみ取り、一文一文を説明しながら、ドイツの敗北が避けられないと述べた。「そのことはここに明確に書かれているではありませんか。それを読み取ることができなければなりませんよ」と彼は諭した。

ヴァクスがたった一つ、望んでいたことがあった。それは、一九三九年九月に占領を逃れて東へと向かった息子たちに再会することだった。「希望があるから、人は最悪の事態を持ちこたえることができます」と彼は言った。しかし、その願いはかなわなかった。一九四二年十月二十八日の強制移送の際、ヴァクスは命を落とした。

有名なクラクフの医師だったローマン・グラスナーも毎日のように薬局にやってきた。少し猫背で、鳩みたいな白髪頭、いつも笑みを浮かべ、あらゆる分野の知識に長けていた。クラシック音楽の通であり、愛好家だった。彼は一杯のシャルトルーズ〔フランスのリキュール〕を飲むために、そして自身が言うには「おとぎ話」をするために薬局に立ち寄った。生まれついての快活さと生きる喜びを失わない気質はゲットー生活においても失われることはなかった。ところが、誰よりも愛していた娘、スタニスワーヴァの逮捕の知らせがそれを打ち砕いた。娘のスタニスワーヴァ・スキミノーヴァも医師で、彼女の夫も医師をしていた。ところが卑劣な密告によってスタニスワーヴァは逮捕され、夫と引き裂かれた。彼女はまず、尋問のためにモンテルピフ刑務所〔第二次世界大戦中、ナチス・ドイツは多くのユダヤ人、ポーランド人政治犯をクラクフ市内のこの刑務所に連行し、残虐な尋問、殺害を行った〕に連行され、その後、ゲットーのユゼフィンスカ通りの病院わきの独房に入れられた。そこには、コペルニクス通りの植物園の一部、「イギリスの庭」にあった施設から連れてこられた、額の半分まで毛におおわれた「デビル」と呼ばれた精神病患者も入っていた。スタニスワーヴァの独房は昼も夜もユダヤ人警官に監視された。グラスナー先生は残っていた全財産をつぎ込んで娘を助けようとした。そして奇跡が起きた。これを奇跡と呼ばずに何と言おうか。夜陰に紛れ、驚くべき手段でスタニスワーヴァは独房から脱出した。逃亡を手助けしたのは二人のポーランド人、ゾフィア・クシジャンスカとオルガ・ケンプリチだった。この二人はアレクサンダー・フェルスター〔この人物に関しては四六頁で後述する〕との交友関係を用いて、ポーランド人やゲットーのユダヤ人を救出していた。

　ゲットーにはマーセル・グリューナーという貿易会社の取り次ぎをしていた無名の男がいた。年齢は三十二歳くらいで、背の高いがっしりとした体格で、整った顔立ちをしていた。薬局には様々な化粧品を持って頻繁に現れるようになった。彼は生来の臆病者で、わたしはうさん臭さを感じずにはいられず、最初のうち、どう対応してよいかわからなかった。話をしていると、彼の話題はいつも、誰がいくら稼ぎ、どんな取引をし、どんな生活スタイルを持っているかを知るための質問へと向かった。薬局に毎日やってくるようになり、しかも夜の遅い時刻においしい食べ物を土産にして現れた。周囲の人々は、わたしが彼に良い影響を与え、それが彼の行動に出るようになっている、と言った。ある時、ゲットーで路上生活をしている一人の女性とその子どもを彼の二部屋ある住まいの一部屋に住まわせてやってほしいと、わたしは彼に頼んだ。彼は受け入れたものの、しばらくすると子どもの病気を理由に彼女を追い出した。わたしは、いつまでたっても女性を再び受け入れようとしない彼をののしり、もう関係を持ちたくないと告げた。グリューナーは薬局にやってきて、謝り、彼女を連れ戻した。

　マーセル・グリューナーはドイツ人のために働いていて、いろいろな状況下で我が物顔に振る舞っているとの噂が広がっていた。わたし自身もユダヤ人に義務付けられた腕章を付けずにいるグリューナーを街中で見かけたが、見なかった振りをした。わたしたちは一大決心をして、彼がナチス・ドイツ政権に対していかなる役割を果たしているのかを突き止めることにした。ある晩、薬局に立ち寄った彼にアルコールをたっぷりごちそうし、そのうえで調べてみることにした。グリューナーは立派な体格で、健康も申し分なかったが、アルコールにはからっきし弱かった。すぐに酩酊状態になり、赤ん坊のように眠ってしまった。彼の札入れにはドイツ課報機関のスパイを示す資格証明書が入っていた。その証明書は腕に腕章をはめずにクラクフの街を歩くことができる権限を与えていた。二、三時間後に彼は目を覚ましたが、何も覚えておらず、挨拶をして帰っていった。

後でわかったことだが、グリューナーは最初は税関で仕事をしていた。その後、ゲシュタポに逮捕されたものの、三日後に釈放され、その時から彼はゲシュタポに奉仕する、疑いようのないスパイになった。彼は悪人だっただけではなく底なしの愚か者で、恥知らずだった。ゲシュタポを通じてずる賢さを発揮し、何十人ものユダヤ人を占領者の手に引き渡した。わたしは彼との付き合いをその時点で終わりにした。わたしたちが彼の役割を知っていることは彼本人も自覚していた。それでも野心のほうがずっと上回り、彼は薬局で出会うことができる知人たちと完全に断絶することはせずに、来る回数だけを最小限に減らした。たまたまやってきた時、彼はわたしに次のように言ってのけた。もうしばらくしたら、外国に出て、そこから手紙を書くので、その時に自分の真の姿を知ってもらえるだろう、と。そうすれば自分を理解し、非難しなくなるだろう、と。わたしは早くそうなってほしいものだと願った。しかし、彼が出国することはなく、卑劣な仕事をいつまでも続けた。そしてついに報いを受けた。人々の話では、グリューナーと彼の妻は一九四三年五月過ぎ、反ナチス・ドイツの地下運動組織によって射殺されたという。

わたしとグリューナーが知り合った当初、彼が前述〔三三頁〕のショアとともに楽しいひとときを作ってくれたのも確かだ。グリューナーは美声の持ち主で、音楽に通じていた。ショアとともに素晴らしいオペラやオペレッタのメロディーを歌い、小さなコンサートを開いてくれたのも事実だ。

医師のレオン・シュタインベルクもまた足しげく薬局にやってきた一人で、レオンとわたしは揺るぎない友情で結ばれた。さらに悲観主義者のヴワディスワフ・シュテンツェル、そして豊かな口髭をはやし、穏やかで陽気な顔に活気のある目とエレガントに振り動かす手の持ち主で、古きポーランドのシュラフタ〔十四世紀にポーランドに生まれた士族階級〕を彷彿とさせる好男子フロイド、さらにW・アーマーも薬局によく顔を出した。

フロイドはいつも笑顔で、何事にも足るを知る人間だった。妻のフロイド夫人も同様だった。フロイドはベルリンのポーランド領事館に勤めていたことから、世界中を歴訪し、知識の宝庫だった。

アーマーは水晶のように清らかな心の持ち主で、タルムードとカバワ〔旧約聖書の神秘的解釈に基づいたユダヤ教の密教的神知学〕に非常に詳しかった。彼はゲットーにあった非常に貴重な十二巻のトーラー〔ユダヤの律法〕をわたしの所に持ってきて、保管を願い出た。後で詳しく述べるが、彼がプワシュフ収容所で射殺されたことを、わたしたちは深い悲しみと共に知った。アーマーはわたしに二人のポーランド人、ヴワディスワフ・シャウェクとローマン・ズブロヤを紹介した。彼らは仕事の関係でゲットーに入ることのできる通行証を持っていた。二人は月に数回、時にはそれ以上、大きな封筒を持って薬局にやってきた。封筒の中身は様々な偽造書類、身分証明書、正確に作られたスタンプ、地下組織発行の新聞などだった。多くの場合、夕方、あるいは夜中にそれらの受取人が現れた。新聞はわたしたちの常連客が読み終わると、次の人へと渡された。シャウェクの家には秘密の印刷所があり、彼ら二人の他に数人が仕事をしていた。その中にはゲットーに住んでいた有名なグラフィックデザイナーのヘンリク・タイヒラーもいた。彼は移送行動を予見し、それが終わるまでシャウェクの所に隠れていた。シャウェクとズブロヤ両氏は、ゲットーがゲシュタポ主導の統制下に置かれるようになった一九四二年五月十五日、あらゆる通行証が効力を失った時点で、ゲットー域での活動を止めた。

時折、訪れた客に法学・哲学の専門家だったラパポートがいる。ルヴフでは名の知れた文筆家でジャーナリストでもあった。年齢は六十八歳、白髪頭で長身、姉と一緒にクラクフ・ゲットーに住んでいた。知識は豊富で、興味深く、好感の持てる話し方をするので、彼が研究論文や旅行のこと、そして世界観などを話し出すと、わたしは喜んで耳を傾けた。面白かったのは、戦争にはまったく関心を示さなかったことだ。前線からの報道や日々の生活不安の問題は彼の関心の外にあった。まるで別の惑星に住んでいるかのごとく、学問にのみ没頭していた。さらに数学の愛好家でもあって、いつも数学の課題に取り組んでいた。

「わたしに退屈という言葉はありません」。ラパポートは言った。「たとえ千年生きたとしても、虜になるほどの興味深い問題がたくさんあるので、いくら時間があっても足りません」

ある時、ラパポートがやってきて、書留郵便をジュネーブ、あるいはベルリンにあるスイス大使館に送りたいと言った。ピタゴラスによって解決不可能とされた数学の問題を自分は解いてしまったと。つまり定規と製図用コンパスを使って角を三つの部分に分割したというのだ。可能なかぎりのすべての計算を行って、絶対に間違いはないと、自信に満ちていた。しかし、わたしはベルリンのスイス大使館には郵便物を送らなかった。送ることができなかった。そのことはラパポートには話さなかった。悲しませたくなかったからだ。

返事はないか、とラパポートは毎日、聞きに来た。この論文発表によって金銭的に豊かな人間になったら、ドイツ人は彼と姉をゲットーから解放し、自由人として生きていくことができるだろうと、彼は信じていた。そこでわたしは彼にクラクフ大学の数学教授を紹介した。その教授とラパポートが薬局で会って議論できるように、教授のための通行証を作る、とわたしは申し出た。彼はこの提案を非常に喜び、二人の数学専門家の話し合いは実現することになった。

数学教授のタデウシュ・ヴァジェフスキに話し合いのお願いをすると、教授は言った。まるで永久運動のようにこの問題は絶対に解決不可能ではあるが、喜んでゲットーを訪れ、ラパポート博士と話し合いましょうと。話し合いは二度にわたって行われた。

論文に丹念に目を通したヴァジェフスキ教授は、ラパポート博士が考えた方法は問題を完全に解決しているとは言えないが、これまでの中で最良で、最も詳細な方法であり、専門誌に掲載されるだろうと答えた。しかし、この論文が専門誌に掲載されたのは、戦後になってからだった。ラパポートはこの栄誉に浴さないまま、六月の移送行動の際に死んだ。

国内外で名の知れた画家のアブラハム・ノイマンとは面白いおしゃべりをした。彼はほとんど世界中を歩き回っていたが、パリには長い間逗留し、何回か個展を開いて、大きな評判を得ていた。疑いようもなく彼は絵画の分野でたぐいまれな才能の持ち主で、並外れた個性の持ち主だった。老年に差し掛かっていたが、情熱的気質と生を楽しむ気持ちは色あせてはいなかった。

ノイマンはゲットーでは質素な暮らしをしていた。将来、再び世界に羽ばたくことができると信じていたし、ドイツの敗北まで生き延びなければと考えていた。ゲットーで描いた作品は多くはなかった。彼は写真をもとにして肖像画を作る仕事に精を出し、今はそれを糧《かて》に生きていくと自分に言い聞かせた。写真を大きな肖像画にしてほしいと有名な画家に頼むのだから、無学の者には——彼はよくこういう言い方をした——しっかりと金を払ってもらう、と。

「あんたの奥さんを三十歳は若く描いてやるよ」。ノイマンは言った。「あんたが望むなら、という話だがね。同じ金額でいいし、写真を持ってくる必要もない」

その場に居合わせたフィリップ・ショアがノイマンに言った。

「話に割って入ってすまないが、あなたにある出来事を教えたい」

ノイマンは口を閉じ、はすかいにショアを見つめながら言った。

「ああ、いいよ。でも、さっさと話してほしいね。どうせ賢い話ではないだろうから」

フィリップ・ショアは話し出した。

「あのですね、かつてあなたたちのように今風に絵を描く絵描きがいましてね、そこへ三日前に未亡人になった田舎のばあさんがやってきた。夫の肖像画を描いてくれと頼んだのです。ばあさんは故人の写真を一枚も持ってなかったし、絵描きはばあさんの夫を見たことは一度もなかった。ばあさんは夫がどんな目をしていたか、どんな鼻だったか、口はどうだったか、どんな額だったか、言葉で表現し始めた。絵描きは白い紙きれを引っ張り出して、未亡人が言うことを書きつけると、十日後に受け取りに来なさい、と言った。十日が経ち、ばあさんは絵描きの家の戸を叩いた。絵描きはイーゼルの前にばあさんを腰かけさせた。イーゼルに立てかけてあった肖像画には黒い布がかけられていた。『注目……注目……』。絵描きはまるで催眠術にかかっているかのようにばあさんの目をじっと見つめながら言うと、絵に近寄った。一方、ばあさんのほうは微動だにしなかった。一、二、三……絵描きはさっと絵にかかっている布切れを取った……ばあさんはぴくっと身震いして絵を見た。そして目をぱちぱちさせ、口をぽかんと開け、頭を抱えて叫んだ。『ああ、何てこった、死んでからまだ二週間しかたってないというのに、すっかり変わっちまって、誰がこんなに変わると想像したかね、いったい誰が？』」

ショアは話を中断してノイマンの肩をぽんぽんと叩いた。ノイマンのほうは不快そうな目でショアを見ると、無作法な身振りをして腰を下ろし、温かいお茶を飲み、一言だけ言った。

「この門外漢にはもう出会わないことを望みますな」

ショアは嬉しそうだった。彼はユーモアのある人物だったけれど、決して人を傷つけなかったし、言い合いになりかけても、最後はすべてをジョークで収めた。

ノイマンはわたしの薬局で手の相、顔の相を見てその人の過去未来を言い当てたりもした。それがまたよく当たった。話術の才も持ち合わせていて、自ら喜んで、面白い話をした。ただ、一緒に住んでいるパートナーとの生活だけを愚痴った。彼はそのパートナーにモデルになるようにと強いた。しかも裸体のモデルに。彼女は地味で、年齢は六十歳前後。ポーズをとったままじっとしていることがその女性にできるわけはなく、嵐のようにわめいて終わりを迎えても不思議はなかった。

ノイマンとの思い出の中で、特に楽しかった夜を覚えている。ノイマンが有名なユダヤの民衆詩人のゲビルティヒを連れて薬局にやってきたのだ。そしてゲビルティヒは素晴らしい自作の詩『燃えている』を朗誦《ろうしょう》した。二年後、この詩はワルシャワ・ゲットー蜂起の闘争歌となった。ユダヤ人蜂起兵はこの歌をうたいながら戦い、死んでいった。今もわたしの耳にはゲビルティヒがつぶやいた歌詞が耳に残っている。それは抒情性と物思いに満ちていた。詩人はわたしに言った。「わたしはこの詞を涙とともに書きました。書きながら子どものように泣きました」と。

薬局の常連客として名前を挙げる際、欠かせないのはアブラハム・ミロフスキだ。有名なクラクフの眼科医で、見事な手術の腕を持っていた。穏やかで、節度をわきまえた人物だったが、いつもどこか寂しげで、物思いにふけっていることが多かった。ゲットーに現れたのは一九四二年の二月のことで、彼が妻の死を知ったのはゲットーに来てからだった。母親を失った彼の息子の面倒をみていたのは、高潔な心の持ち主のアマイセン夫妻だったという。しばらくするとミロフスキの息子はドイツ人によって連れ出され、行方不明になった。ミロフスキは息子を探し続けているが、いまだに行方はわかっていない。しかし、彼は息子の生存を信じ、今も帰りを待っている。

その後、ミロフスキはゲットーで再婚した。結婚式を執り行ったのは、偶然にも身元不詳のラビで、ラビは自分の職業を秘密にしていた。一九四三年五月六日、式は行われた。ゲットーに閉じ込められた人々は何よりも孤独であることを恐れていた。独りで移送されることを恐れ、独りで死を迎えることを恐れていた。戦後、ミロフスキ夫妻はイスラエルのハイファに住み、一九五七年、わたしはイスラエルに数か月滞在した時に夫妻に会うことができた。

ゲットーで最も謎に満ちた人物は、前述〔三八頁〕のスタニスワーヴァ・スキミノーヴァの逃亡の際に触れたアレクサンダー・フェルスターだ。ゲットーには彼のように謎に包まれた人間が何人かいた。フェルスターはリプスコ〔ワルシャワの南東、ルブリンの西にある小さな町〕のピアノ製作工場主の息子だった。ドイツ系のユダヤ人で、ポーランド語には弱く、ハスキーボイスの持ち主だった。年齢は四十歳くらい、中背で、黒い頭髪は薄くなりかけていて、身なりはエレガントだった。腰のあたりを軽く揺すりながら歩き、指には大きな金の指輪をはめ、腕に腕章はなかった。数か国語を操り、ほとんどの国を歩き回っていた。戦前はダンサーたちの興行主をしていて、一九三九年八月にはイギリスのダンサーたちを招き、クラクフの「フェニックス」ホールで公演した。わたしはその年に彼と知り合った。

クラクフ・ゲットー設置直後、フェルスターがドイツのスパイとして重要な役割を果たしているとの噂が立った。特権を利用して腕章なしでゲットー内外を歩き回り、ゲットー正門に近い集合住宅の三部屋のフラットに一人で住んでいた。彼はその集合住宅でダンシング・レストランを経営し、後にそれを賃貸にした。

フェルスターは、日中であろうと夜であろうと、自由にゲットーに出入りする権利を持ち、外出禁止時間を無視していた。クラクフの街中の「ロイヤルシティ」ホテルに第二の住まいを持っていたし、ゲシュタポのメンバーに挙手したり、お互いに手を差し出したりして挨拶をし、多くのメンバーとは敬称なしに名前を呼び合っていた。自宅でゲシュタポ高官のためにパーティーを開くこともあり、パーティーは夜遅くまで、時には朝まで続いた。帰りがけ、客たちはピストルを発砲して、ゲットー住民に自分たちの存在をアピールした。

真偽のほどはわからないが、フェルスターはポモルスカ通りのゲシュタポ本部に執務用の個室を持っていて、ドイツの制服で仕事に当たり、ゲットー住民がどんな精神状態で生活しているかの報告書をまとめているということだった。ゲットーの移送行動の際、移送か、それともゲットー残留かのスタンプ押しの時に、彼の人となりをより詳しく知ることができると人々は言い、多くの人は彼と近しくなろうと努めた。彼の取り計らいで良い結果が得られると信じていたからだ。実際、彼の持つ特権は大きかった。多くの住民のためにゲットーに残ることを許すスタンプを押すことが、彼なら可能だった。六月の移送の時、あらゆる階級のゲシュタポ・メンバーの間を自由に動き回っているフェルスターをわたしは目にした。出発を待って和合広場に並ぶユダヤ人たちの列に彼は割って入り、幾人かのユダヤ人を列から引き出し、救出していた。多くの場合、その見返りを求めることはしなかった。

ある日、ゲットーに電撃的情報が流れた。フェルスターがゲシュタポからの電話による命令で逮捕され、ユダヤ警察の拘置所に留置されたというのだ。翌日、ゲシュタポ・メンバーがゲットーにやってきた。その一人はハインリヒ・ヘルマンで、彼はユダヤ警察の建物に入ると、フェルスターが入っている房を開けるように命じた。しばらくたってから、フェルスターとハインリヒは上機嫌で笑い、冗談を言い合いながら出てきた。

後のポドグジェ地区ドイツ防護警察副隊長ブスコが（ブスコについては後述する）、ある時、フェルスター逮捕のいきさつをわたしに話してくれた。それによれば、ハインリヒはポモルスカ通りにあるゲシュタポ本部で自分の昇進を祝う会を催していた。贈り物の中にはフェルスターからの大きな赤い籠に入ったメッセージ付きのバラもあった。ハインリヒがユダヤ警察に電話をして、フェルスターを逮捕するように命じたのは冗談だったという。そんな手段を使って、ハインリヒ・ヘルマン、つまり上級民族を代表する者と、ユダヤ系の劣等人間であるフェルスターの間には相違があることをわからせたかったのだとわたしたちは解釈した。

ゲットーでの二つの出来事、フェルスターの逮捕、そしてユダヤ警察リーダーのシュピラが親衛隊員ホルスト・ピラルツィヒに殴られたという事件は、ドイツ人がユダヤ人を大事になんて思っていない、彼らに盲目的に従っている人間であっても虫けらのようにしか思っていない事実を明らかにした。ゲットー域内に限って言えば、あくまでもわたしの考えだが、フェルスターを非難する材料は何もないと思う。彼は金銭や贈り物を代償にしてはいたが（一切の代価を求めないこともあった）、ドイツ人の行動に割って入り、ユダヤ住民にゲットーに残留する権利を獲得させたり、時には逃亡の手助けをしていたのだから。

一九四三年三月十三日、十四日のゲットー撤収後、フェルスターはクラクフの街中に住んだ。彼はハンガリー出張の任務を受けて出かけ、三週間後に戻ってきた。しかし、イギリスの諜報機関に協力した疑いが浮上した……彼は再度ハンガリーに出かけたものの、帰国後に逮捕、モンテルピフ刑務所に拘置され、その後、痕跡は消えた。殺されたのは周知の事実だ。しばらくしてからゲシュタポは、フェルスターの拘留理由となった告発は誤っていて、彼は釈放されたという噂を流した。さらにドイツのスパイとしてブリテン諸島に流された、という噂も広がった。それらもまたドイツの数多い虚言の一つだった。

ある日、わたしはアメリカ合衆国にいたバイオリニストのロスナー兄弟から手紙を受け取った。ロスナー兄弟は、フェルスターと一緒にモンテルピフ刑務所に拘留されていた人物と話をする機会があり、その人物の証言から、フェルスターはゲシュタポ・メンバーによって棍棒《こんぼう》で殺されたことを知ったと、手紙には書いてあった。

ゲットーが設置されて間もなく、わたしの薬局に興味深い客が現れた。ヒトラーが権力の座についた時にドイツから逃げてきたドイツ系ユダヤ人のドーラ・シュメルツラーだ。クラクフのドウゥガ通りの製紙会社で働いていた。美しい女性で、クリーム色の肌に、サファイア色の目、赤っぽい髪の色をしていて、服装のセンスも抜群、まるでスタニスワフ・ヴィスピャンスキの戯曲『婚礼』に登場するユダヤ人女性ラヘラを彷彿とさせた。強制移送行動の時にゲットーを離れたものの、その行動が終わった後に再びゲットーに戻ってきた。六月の強制移送行動の際にもまたゲットーから消えたけれど、わたしたちと別れる時には、数日後に戻ってきて薬局に立ち寄るとの言葉を残した。彼女はゲットーに残る権利を得る青色証明書《ブラウシャイン》を手に入れることができなかった。そのためにクラクフを離れ、ザビェジュフ〔クラクフの北西方向の郊外にある小さな町〕に移って、そこで数人のユダヤ人グループと一緒に隠れ住んでいた。そのユダヤ人グループに手を貸したのは、気高い心の持ち主、ビェジンスキだった。

さらにドーラを支えたのはわたしの若い仕事仲間で、思いやりにあふれたアルトゥール・ビーバーシュタインだ。彼はドーラのために然るべき書類に押すスタンプとゲットー残留権限を与える青色証明書を奇跡的に手に入れた。アルトゥール・ビーバーシュタインがドーラのための必要書類を入手すると、彼女はゲットーに戻ってきた。後になって知ったことだが、ドーラがザビェジュフを出た翌日、ゲシュタポは彼女と一緒に隠れていたユダヤ人全員を逮捕し、銃殺した。その時に殺された者たちの中にイグナツィ・ガンガーおよびボバーがいた。ドーラがザビェジュフにいた時、彼女とアルトゥール・ビーバーシュタインの手紙のやり取りを手伝ったのがこの二人だった。彼らはザビェジュフ以外でも活動をしていた。

ある時、ゲットーではよく知られている親衛隊兵長のリチェクがアルトゥール・ビーバーシュタインの捜索を行い、彼の住まいでドーラへ宛てた書きかけの手紙を見つけた。リチェクは彼を殴り、逮捕した。これで一巻の終わりかと思われた。ところが親衛隊特務曹長クンデがそれに割って入り、アルトゥールは釈放された。弁護に当たったのはユダヤ社会互助会の会長、ヴァイヒャートだった。アルトゥールはヴァイヒャートの事務所で働いたことがあった。ヴァイヒャートのようにドイツ人と話し合える人間はゲットーには他には誰もいなかった。彼はドイツ人の気質をよく知っていたし、彼らと話し合う術を心得ていた。多くの人が、時には無意識のうちに、ヴァイヒャートによって命を救われていた。

わたしたちの薬局に時々、ロムアルド・ラックスがやってきた。腕の良い泌尿器科の医師で、背が高く、洗練された身なりをしていた。ゆっくりと考えながら話をし、いつも何らかの困難な問題を解決しているような、そんな印象を与える人物だった。ゲットーにおけるユダヤ人の問題、ユダヤ人を待つ運命に関して、彼は確固とした不変の考えを持っていた。「ユダヤ人は滅亡するだろう。そうなるに違いない。それは明らかなことだ。ただ、周囲で起こっていることに目を向ける能力を持たなければならない。わたしは今は待つことにする。ここで屈服することはできない」。ラックスはそう言った。そして何回目かの移送行動の前日、ラックスは消えた。詳細は誰も知らなかった。後になってわかったことだが、彼は家族と共にワルシャワに移り、ワルシャワ蜂起〔一九四四年八月一日に始まったワルシャワ市民の闘争。多くの犠牲者を出して十月二日に敗北し、終了した〕の際に捕らわれの身となった。仲間もろともドイツ軍の戦車によってバリケードまで追い込まれ、英雄のように死んだ。

薬局には次第に、今まで現れたことのない人物が出入りするようになった。ヴィクトル・ケプラーもその一人で、高い背を少し屈《かが》め、頭を下げ気味の姿勢をしてやってきた。大きな目は黒く、口元にはとってつけたような笑みを浮かべていた。低い声で一語一語をゆっくり、相手の目をじっと見て話をした。年齢は四十五歳。内科の医師として働いていた。薬局では決して腰を下ろすことなく、いつも立ったままで話した。「これからどうなるのか、わたしは悲観的に考えている」と繰り返し言った。ケプラーは、五月の移送でゲットーを離れることになった妻と決して離れようとしなかった。自らの意思で広場の移送者の列に並んだケプラーの姿がドイツ兵の目に留まり、一度は列から引き出された。そのケプラーが何とプワシュフ収容所にいて、そこからシェブニェ収容所〔クラクフの東南、ウクライナとスロヴァキアとの国境に近い小さな町。第二次世界大戦中、ここにはナチス・ドイツが設置した強制収容所、捕虜収容所、労働収容所があった〕に移された。戦争終了直前、このシェブニェ収容所が撤収された時に彼は射殺された。

ヤギェウォ大学の助教授だったヤン・ラックスは七十三歳の婦人科医だった。年齢のわりには精力的で、いつも手術を成功させた。彼は医学史に通じていて、いつも古い医学書を読み込み、そこに隠れている知識の宝を掘り出した。ゲットーで彼が広く推奨した治療法は有名になり、数か月間その方法を使うと、長年続けられていた儀式的処置が意味のないことと判明した。

ゲットーの存在期間中に数回、薬局を訪れたのは、ポドグルスキ・ギムナジウムでユダヤ教を教えていたサロモン・シュピッツァー先生だ。わたしはそのギムナジウムに通っていた。先生は優れた東洋学者だった。

最後に名前を挙げなければならないのは、広く名を知られ、みんなに尊敬されていたアレクサンダー・ビーバーシュタインだ。ゲットーの感染症病院の院長だった。この病院は、最初はレンカフカ通りにあったが、その後、和合広場わきの小路に移された。彼は優秀な臨床医であり、素晴らしい組織者、社会活動家だった。人間的にも優れていて、ポドグジェ地区だけではなく、戦争前の長い年月、クラクフ全域でその名を知られていた。ゲットーには妻と息子と住んでいた。彼とわたしとの付き合いが始まったのは戦争が始まる何年も前のことだ。しかし、ゲットーで会う機会はそれほど多くはなかった。ゲットーでの生活は普通ではなかったのだから不思議はない。いつも時間は少なく、日常生活を維持する不安に付きまとわれ、各医師の肩にのしかかる仕事は多かった。とりわけビーバーシュタイン医師の果たさなければならない任務は多く、友達付き合いにあてる時間はなかった。彼はイスラエルに出国するまでの長い年月、クラクフ社会保険局の局長の職についた。彼が亡くなるまで、わたしたちは文通を続けた。

クラクフ・ゲットーが存在した期間、多くの人物がわたしの薬局を通り過ぎていった。それはわたしの親友であったり、近しい人であったり、ただの知人であったり、見知らぬ人であったり、様々だったが、多かれ少なかれ、興味深い人たちだった。せめて二言三言、すべての人々の思い出を記しておきたいところだが、残念ながらそれは不可能だ。他にも魅力的な人たちは大勢いた。しかし、彼らと接する機会はなかった。

第二章

比較的平穏だった日々——最初の移送行動
——ドイツの秘密諜報機関員
——一九四二年六月二日から四日にかけての移送行動

ゲットー設置から約二年間、薬局の仕事は昼も夜も続けられ、多くの人々が訪れて、時は足早に流れていった。わたしたちはゲットー住民と悲しみや痛みを共有し、占領者や地区当局が出したゲットーにかかわるすべての指令に強い関心を寄せた。一つ一つの重大事件の後、各々の強制移送行動の後、わたしたちの親友や知人はまずは薬局にやってきた。外出禁止時間中の夜の時間をわたしが一人で過ごしたことは滅多にない。多くの人たちが逮捕を恐れて薬局に泊まった。彼らは朝になると別棟の出口から帰っていった。移送の後、わたしたちはゲットーに残留することを許された人々の幸運を祝って乾杯し、アルコールを口にすることで悲運を味わった人々の痛みと涙を吹き払った。誰が退去させられ、誰が怪我をし、誰が殺され、誰の家族が連れていかれたかを、その時に知った。人々は天命、あるいは奇跡的な偶然の一致について、幸運と不運について語り合った。自分の体験を感極まって話す者、移送行動にかかわる多くの事柄について自分の見解を述べる者、ユダヤ警察官の愚行をののしる者、場合によっては誉める者など、様々だった。

ゲットーには時々、非ユダヤ人も立ち寄った。そんな一人に医師ルドヴィク・ジュロフスキの名前を最初に挙げなければならない。彼は「公務医」としてゲットーに入る権限を持っていて、それを利用してゲットー住民に食料品、油脂類、その他を持ってきた。その他とは、ユダヤの人々を若く見えるようにする材料、つまり、白髪染めだった。労働能力がないと見なされた高齢者、白髪の者、中でも一番先に始末される恐れのある者たちは然るべき化粧を施すことで労働能力《アルバイツフェーイヒ》のある者になった。わたしたちも薬局の試薬室からその目的で数百リットルの液体を持ち出した。

　わたしのギムナジウム時代の学友、弁護士のミェチスワフ・コセクもしばしば薬局に顔を出した非ユダヤ人の一人だ。わたしがこの回想記を書くための資料を集めていた時、彼は「薬局での集い」という自身が書いたレポートを手渡してくれた。その一部を紹介しよう。

　初めてポドグジェ地区の裁判所に行くことになり、わたしはゲットーに入った。その時、わたしは不快で不安な感情に襲われ、過酷な生活を強いられている人々に深い憐《あわ》れみを覚えた。青白い顔のやせ細った子どもたちが石蹴りをしていた。わたしのことをドイツ人とでも思ったのか、見馴れぬ姿を認めると、子どもたちは遊びを止めてじっとわたしを見つめ、どんな振る舞いに出ようかと様子を窺《うかが》った。わたしは裁判所の秘書官たちにごちそうするつもりで持ち歩いていたキャンデーを子どもたちに渡し、公判時刻が迫っていたので、急いでその場を離れた。裁判所の建物はゲットー内のチャルニェツキェゴ通り三番地にあった。わたしは「鷲」薬局の横を通り過ぎた。公判終了後、その薬局に立ち寄り、わが目を疑った。白衣姿の旧友、タデウシュ・パンキェヴィチがいたのだ。わたしたちは長い時間、話をした。一九四一年のことだった。それ以来、週に数回、裁判所で公判があるたびにわたしは薬局に立ち寄った。他の旧友たちも来ていて、彼らと言葉を交わし、ＢＢＣ〔英国放送協会〕の情報や地下新聞を分かち合った。

どんな手段で知人のユダヤ人をゲットーから出すことができるかの申し合わせをしたのは、その時だった。わたしはパンキェヴィチに民事裁判への召喚状を二、三通届け、それを使って何人かのユダヤ人がドイツ人監視兵によってゲットーから放免される手段をとった。公的法廷文書の召喚状には裁判所秘書官であるアレクサンドラ・ヴィソツカとミェチスワヴァ・コブィラシュの署名が入り、召喚者の氏名を入れる部分だけは空欄になっていた。召喚者氏名はその時の必要に応じてパンキェヴィチが書き入れた。この手段で多くのユダヤ人がゲットーを出ることができた。

裁判所への行き帰りに薬局に立ち寄った者がもう一人いる。ポドグジェ地区で教師をしていたアントニ・ヴロンスキだ。彼は戦前、ボレスワフ・タシツキ（有名な言語学者ヴィトルド・タシツキの父親）と一緒に毎日のようにわたしの父親が経営していた時代の薬局に、薬草で作った薬を求めにやってきた。ポドグジェ地区で名の知れたヴロンスキ先生は立派な人で、生徒たちにはあだ名で「ヤギ髭《ひげ》」と呼ばれていた。ヴロンスキは裁判所に拘束されている文盲の囚人たちにボランティアで文字を教えていて、時には彼らにタバコを配っていた。ある時、先生はわたしの所にやってきて、紙きれを渡しながら言った。

「タデウシュさん、あいつたちときたら！　わたしのポケットからタバコをくすねるだけではなく、まあ、どっちみち彼らに渡そうと思っていたタバコなんですがね、わたしのことをからかうんですよ」

紙切れには次のように書かれていた。「先生、安物のタバコをありがとう。今度はウォッカを持って来てください。そうすればもっと頑張って勉強するよ」と。

時にはヴロンスキ先生の息子でわたしの親友であるユゼフ・ヴロンスキにも会った。ユゼフはプロレタリア階級が多く住むポドグジェ地区で地下ギムナジウムを組織していた。なぜならナチス・ドイツは全総督府〔ナチス・ドイツに占領されたポーランドは西部と北部がドイツ本国に編入され、ワルシャワとクラクフを含む残りの部分は総督府として植民地化された〕のすべてのギムナジウムを閉鎖したためだ。

わたしと一緒に薬局で働いていたのはイレナ・ドロジヂコフスカ、ヘレナ・クリヴァニュク、アウレリア・ダネク‐チョルトヴァの三人の女性たちで、ゲットー設置当初からユダヤ人居住区に閉じ込められた住民たちを支援する運動に参加した。通行証があればゲットーから出ることのできた時点まではユダヤ人は多くの問題を自分たち自身で処理していた。ところがゲットーが完全に閉鎖され、特例以外には外に出られなくなると、三人の女性たちの役割が目につくようになった。彼女たちはユダヤ人に代わってクラクフの街中での用事を果たし、郵便物を届け、ゲットーの外に住むポーランド人と中に住むユダヤ人との間の様々な事柄の仲立ちをした。食料品や贈り物を買うこと、ポーランドでは入手できず、ドイツ帝国から秘密裏に持ち込まれた薬を手に入れること、さらに知り合いのポーランド人の元に残してきた品物を所有者のユダヤ人に持ち帰ったりもした。なぜなら、ゲットーに入る前、多くのユダヤ人は閉ざされた居住区がどんな環境下にあるのか、家宅捜索を受けないで済むのか、まったくわからなかったので、高価な宝石や金銭を近しいポーランド人の所に預けてきたのだ。それらを後に「わいろ」として使い、ゲットーやプワシュフ強制収容所、あるいはクラクフからは遠く離れた地域の収容所においてさえ、多くのユダヤ人がつらい時期を比較的楽に持ちこたえることができた。その仲介役を果たしたのがユダヤ社会互助会の会長M・ヴァイヒャートだった。ヴァイヒャートはゲットーやプワシュフ収容所以外の小さな収容所にも入ることができた。

ユダヤ人のために支援をすること、短い手紙や貴重品を渡すことは危険な行為であることを誰もが知っていた。

決して大げさではなく記しておかなければならないのは、わたしたちがすべてのゲットー住民に愛されていたことだ。ゲットー存在期間中、彼らと諍《いさか》いがあったことは一度もない。関係が不和になったことも、彼らから迷惑を受けたこともなかった。わたしたちはいつも大げさなほどの、決して裏のない感謝のしるしに出合ったものだ。収容所から、そして解放後にもヨーロッパの国々から何十通もの手紙が届いたし、今も届いている。それはゲットーに共に住んでいた時代の共感の糸が恒久的に結ばれていることを証明している。

ゲットー設置からの最初の数週間、日曜日には店を閉めることもあった（祝日や日曜日に関係なく日中も夜も薬局を開けておくようにとの指令が出されたのは、ゲットー設置から八か月後のことだ）。そのために住民はゲットーの外にある別の薬局に行く通行証を得ようと努めた。それだけではなく、「鷲」薬局にはこの薬はない、とわたしたちが処方箋に書き加えるだけで、最初の頃はゲットーの外に出る許可がもらえた。客に求められれば、わたしたちはそのようなスタンプを押していた。

休みの日曜日、わたしたちは時々、知人たちとリマノフスキェゴ通りのカフェに行った。本格的なコーヒーと手作りケーキで有名な店だった。ルヴォフスカ通りの門のわきにあったレストランにも出

薬局店主と従業員たち。左より、ヘレナ・クリヴァニュク、アウレリア・ダネク－チョルトヴァ、タデウシュ・パンキェヴィチ、イレナ・ドロジヂコフスカ（提供：ヤギェウォ大学薬学博物館）

かけた。ファーフェルキ〔ユダヤのゆでだんご〕とソーセージ、ユダヤの魚料理、そして土曜日にはチョレント〔ユダヤ教の安息日に食べる煮込み料理〕など、ゲットーの特別メニューをよく食べた。住民たちは暖かい好天の日曜日や仕事の後、新鮮な空気を求めて外に出た。ユゼフィンスカ通りやユダヤ警察署のわきにある小さな緑地帯、あるいはゲットーの壁の内側にあるクシェミョンキ通りわきの斜面で、わずかでも幻の自由を味わおうとした。

そんな時、ゲットーでちょっとした騒動が起きた。ある晩、わたしたちは有名なクラクフの眼科医、エトムント・ローゼンハウフ博士がゲットーに連れてこられたことを知った。ローゼンハウフは和合広場のわきに住み着いたのだが、軟禁状態で、ユダヤ人警官に見張られ、外出を禁じられていた。博士の所には私的な患者として親衛隊大将のクリューガーが来ることになっているとの噂が流れた。しかしその訪問の実現はなかった。ある時、ローゼンハウフは密かにゲットーから消えた。後でわかったことだが、彼はワルシャワのある修道院に身を隠し、修道士の衣を身に着けて占領時代を生き延びたそうだ。彼の逃亡とワルシャワ行きの支援をしたのはアレクサンダー・フェルスターだったという。

一九四一年秋、近辺のいくつかの郡がクラクフ市に合併したことに伴い、そこに住んでいたユダヤ人が速やかにゲットーに転入することになった。今でも鮮明に覚えているのだが、移転最終日となったのはユダヤ教の最大祝日の一つ「贖罪の日」に当たっていた。ドイツ人の陰険さには限りがなかった。その日の晩は雨降りで、ことさら寒かった。寒さに震える何十人もの大人と子どもが、鍋などの生活道具をまとめた包みと包みの間にはさまるようにしてゲットーへ入る許可を待っていた。すでにゲットーは過密状態で、およそ一万七千人の住民がいた。

ゲットーでは摩訶不思議な日々が過ぎていった。早朝から失業者、病人、高齢者以外の人々が門の前に集まり、ゲットーの外に労働に出る準備をし、夕方になるとゲットーは再び人で溢れた。通りのわきに立ったまま、あるいは連れだって歩きながら、前線からの最新ニュースについて話し合ったり、買い物をしたりした。レストランやケーキ屋は混雑し、通りはタバコやクッキー、カナッペを売る路上販売でにぎわった。

同じような日々が続いた。人々は次第に新しい環境に慣れ、このまま持ちこたえることができるだろうと、信じ始めていた。少なくとも今より悪くならなければいいと思うようになっていった。そんな状態で数週間、数か月が過ぎた。

ある日、ドイツ当局は、およそ千人のゲットー住民を減らすようにとの命令を出した。理由はゲットーの人口が過密になっているからとのことだった。最初に目をつけられたのは、高齢者と失業者で、ユダヤ人評議会はユダヤ警察と合意のうえで実行することを迫られた。

命令遂行の権限がズィムヘ・シュピラに与えられた。シュピラはドイツ人に盲目的に従う人間で、どんな命令も用意周到にこなした。ドイツ人の考えを見抜き、見越し、それを先取りした。自分自身の考えは持たず、質問することもなく、従順に実行するシュピラにドイツ人は一目置いていた。シュピラにとってはドイツ人からの命令がすべてで、それ以外に関心のあることは何もなかった。彼は誇大妄想者にして夢想家、典型的な性格異常者、神経衰弱者、気難しがり屋で、たびたび結石症の発作に襲われた。そしていつも新しい女性とのロマンスを探し求めていた。ほとんど読み書きができず、ポーランド語もドイツ語も下手だった。さらに自己中心的で、思考力のないロボットのようにゲシュタポの命令を実行した。個人秘書を抱えていたが、その女性も愛人の一人だった。

シュピラはゲットー住民を減らす仕事に取り掛かった。このニュースはたちまちゲットーの隅々まで伝わり、住民は恐怖に襲われた。ユダヤ警察は名簿を作ると、それにそって人々を夜中に家から、ベッドから引っ張り出して哨所《しょうしょ》に連行した。翌朝、彼らの身分証を調べ、誰が、どこで働いているかを確かめた。もし、どこにも雇用されていないことがわかった者は拘束され、ユダヤ警察の中庭に連行された。ドイツ当局が出した命令では、連行された者たちは単に他の所に移動させられることになっていた。しかし、すべての人がそれを信用したわけではなかった。

夜中、薬局は不安と不確実さに満ちていた。再び拘束があるのではないかとの不安に駆られ、自宅以外で過ごしたいと思う知人たちが薬局で夜を明かした。ほとんどの人がまんじりともしなかった。明け方、人々は薬局の裏口を出て別棟の庭を抜け、一人ずつ、少しずつ時間をおいて自宅に戻っていった。あらゆる裏道に危険がうようよしていた。早朝の大声での会話も、人々が集まって歩くことも危険極まりなかった。

翌日、午前十時頃、ゲットーの様子がおかしかった。人々が通りの角に集まり、これから何が起きるかを話し合っていた。彼らの目は、連行した人々をいずこへともなく移動させているユダヤ警察のほうへと注がれていた。

いよいよ行列が出発する……人々はその恐ろしい知らせを互いに伝え合った。すると集合住宅からさらに住民たちが出てきた。窓が開けられ、ゲットーに残っている者たちは通りで起きていることをじっと見守った。半分気が狂ったように、動かない視線が移送者の行列に注がれた。行列はタルゴヴァ通り、和合広場を通って、プワシュフの方向へと進んだ。高齢者、女たち、男たち、子どもたちの行列。肩に背負っているのは最も貴重な品物、これから続く未知の道中で最も必要であろうと考えた品物だ。彼らのそばをユダヤ人警官が悠然と歩いていた。周囲は異常なほどの静寂に包まれ、怒鳴ったり、小突きあったりする者はいなかった。まるで葬列のように行列はゲットーの門へと向かい、通過した。家族や知人を連れ去られた心痛と恐怖で呆然とした人々の目が移送者に注がれた。行列がゲットーを出た。その後に続いたのは残された者の泣き声、別れの痛み、再会へのむなしい期待だった。移送者はプワシュフ駅で貨物列車に乗せられ、道中の食事としてパンが与えられた（パンはゲットーのパン屋で一晩かけて焼かれ、その費用は郡役場がまかなった)。貨車は動き出し、彼らはクラクフから数百キロメートル離れたルブリン地方〔ルブリンを中心都市とするポーランド東部地方〕に運ばれた。目的の駅に到着すると車両のドアが開けられ、人々は降ろされた。次に出された指令は、近くの集落まで散らばって進め、というものだった。人々は茫然自失の状態になり、できるかぎり早くクラクフ・ゲットーの家族の元に戻ることだけを強く望んだ。できることならみんな一緒に。ドイツ当局は、クラクフに戻った者は死刑に処すると脅した。

ある者は数日後に、ある者は数週間後にゲットーに密かに戻ってきた。占領者の命令を破ることで厳しい処罰が待っているにもかかわらず、腕章を外し、列車で、あるいは荷馬車で、あるいは個人の車で、中には軍の車で、残りの者は徒歩で、ゲットーに戻ってきた。

その後もゲシュタポの手先、シモン・シュピッツがユダヤ警察リーダーのシュピラと協議して作ったリストに基づき、移送対象者が夜中に家から引っ張り出された。その後、ユダヤ警察に連行され、警官の監視の下、早朝にドイツ人の車でポモージェ地方〔ポーランドのバルト海沿岸地方〕、あるいは見知らぬ方向へと運ばれて彼らの痕跡は消えた。こうして時折、ゲットーのユダヤ人は消えていった。消えたのはユダヤ人だけではなく、最初の頃はゲットーで事業所を経営していたポーランド人まで消えた。わたしも一度そのリストに載ったらしい。ところがリストがユダヤ警察に送付される前に情報が女医のカティア・ブラウ先生に届き、先生、そして他の知人たちが尽力してくれたお陰でリストの作成者のシュピッツはわたしの名前を削除せざるを得なかったのだという。わたしをリストに載せた理由としてシュピッツが挙げたのは、夜になるとわたしの薬局にいつも大勢のゲットー住民が集まっていることだった。数か月が過ぎてから誠実なブラウ先生はそのことを話してくれた。

ブラウ先生の取り計らいでわたしは命を救われた。そのブラウ先生にはゲットーに幼い弟のカルロスがいた。カルロスはかすかにわたしの存在を記憶していた。最初に両親を失い、その後、ブラウ先生も殺害され〔一七八―一七九頁参照〕、一人になったカルロスはドイツの強制収容所に行き着いた。そして戦争が終わり、自由を手に入れた。その後、様々な苦境を味わったカルロスはポーランドを離れ、ヨーロッパへ、そこから永住の地、コスタリカに行き着いた。今、彼は立派な実業家として活躍している。スペイン女性と結婚し、数人の子どもがいて、幸せに暮らしている。

戦後、カルロスはわたしの住所を突き止め、心のこもった長い手紙をくれた。自己紹介に続いてクラクフでの思い出が記され、どこで生まれ、どの通りで遊んだかが書かれていた。わたしたちや薬局のことは自分の両親から多くを聞いていた。ポーランドを出てこんなにも長い年月が経っているのに、彼は正しいポーランド語で書いていた。これまでに二度、妻を伴ってクラクフにやってきた。クラクフのすべてが二人を魅了し、わたしは彼らと忘れられない時を過ごした。カルロスはいつも言い、いつも書いてくる。「クラクフにはもう近親者も知人もいないけれど、でもこれからはあなたを訪ねてポーランドに行きます」と。何と感動的な言葉だろう。わたしたちは文通を続け、再会の日を待っている。

同じような出来事は他にもあり、一九五九年、わたしはヒルシュ・パリサーから手紙を受け取った。パリサーはゲットー時代のわたしの顔を覚えていた。彼の父親は近親者とともにヴィスワ川沿いの大通りで、粉、穀物、米、そのほかの農産物を扱う大きな店を経営し、裕福だった。店の名前は「農産

タデウシュ・パンキェヴィチ（提供：ヤギェウォ大学薬学博物館）

物商会ドレンガー・パリサー」。ゲットー時代のヒルシュ・パリサーはまだ若者だった。彼は両親を失った後で、ゲットーからドイツの収容所に送られた。戦争が終わり、待ちに待った自由を手にした。若いヒルシュは戦後、ベルギーに永住して結婚し、二人の息子をもうけた。わたしが最初にもらった手紙には彼がゲットーで体験した悲劇がしたためられていた。最愛の両親と近親者の死。ドイツの収容所を出た後に味わった辛酸、そして最後の最後に届いた救援の手。手紙の末尾には次のような熱い招待の言葉が記されていた。「どうぞ、いらしてください。妻とともにあなたに再会できることを心より楽しみに待っています」。わたしはベルギーに出かけ、一か月まるまる、居心地の良いパリサー家に滞在し、晩になると、はるか昔の思い出を紡ぎ出した。わたしにとっても感動の日々で、夫妻から受けた親切はいつまでも心に残っている。

このように戦後、何年もたってから若い世代の人々がわたしの住所を探し出し、彼らから嬉しい言葉の手紙をもらったことが多々あった。

さて、拘束者リストにわたしの名前を入れたシュピッツとはいったい何者だったのか？　がさがさした浅黒い肌、背は高く、やせていて、幾分背の曲がった五十代半ばの男。唇にはいつも嘲《あざけ》りの笑みを浮かべていた。戦前のクラクフで、彼は仕事を斡旋《あっせん》する手口の詐欺事件を起こし、裁判にかけられたことは誰もが知っていて、数年の服役刑を受けた。シュピッツはゲットーの恐怖の的で、彼といざこざを起こした者には悲惨な運命が待っていた。しかし、この恥知らずな男にも悲劇の日は近かった。ゲシュタポの命令に進んで従った他のすべての者たち同様に彼もまた間もなくゲシュタポの手によって殺された。

ある日、シュピッツはラドム〔ワルシャワとクラクフの中間近くにある都市〕近辺で活動しているサボタージュ運動の指導者を突き止めるために、シュピッツ同様にゲシュタポに雇われているビャウォブロダとともに出かけた。しばらくしてから二人とも殺されたという噂が流れた。その情報はドイツ当局によっても裏付けられた。卑屈な裏切り者の従順な仕事に対してヒトラー信奉者はいかなる報いを与えるのか、この時に明らかになった。

シュピッツら密告者が作ったリストによって大勢の若者が拘束された。前述した〔二四頁〕マリラ・シェンケルーヴナもその一人だった。彼女の場合はあるドイツ人によって個人的に連行された。そのドイツ人はユゼフィンスカ通りの彼女の両親の住まいに入り、母親に尋ねた。

「ブロンドの髪の娘はどこだ?」

マリラが現れると、ドイツ人はしげしげと彼女を見つめて言った。

「おっ、娘はここにいるのか……一緒について来い」

マリラはユダヤ警察署に連行され、そこからオシフィエンチムに移送された。そしてそこで肺炎にかかり、亡くなった。彼女の父親が労力と金銭を尽くして娘の救出に努めたことを、わたしは覚えている。あるドイツ人がこの件に介入し、一定の金額を支払えば、マリラの逃亡に手を貸すと申し出た。そのドイツ人は、マリラを近親者のいるオランダに送り届ける親衛隊員を見つけた、と告げた。その親衛隊員は代金の一部をあらかじめ受け取り、残りは、彼女の無事の到着を知らせる手紙が届いてから受け取ることになっていた。しばらくして例の親衛隊員がマリラが書いた手紙を持ってきた。そこにはマリラがオランダに元気でいることが書かれていた。ところがそれから数週間後にオランダの近親者から手紙が届いた。そこにはマリラの到着には一言も触れてはおらず、すべてはドイツ人の詐欺だったことが明らかになった。そして数日後、父親はオシフィエンチムからの娘の葉書を受け取った。そこには、何と、「わたしは元気です。ここでうまくやっています」と書かれていた。

ゲットー内外で活動していたシュピッツ以外の密告者をここで挙げておくべきだろう。ドイツ人は彼らに様々な任務を委ねていた。まずはユレク・アッペル、そしてビャウォブロダ、ステファニア・ポクレフスカ、ヒロヴィチ夫妻、フィンケルシュタイン、フェルスター、マーセル・グリューナー、マーセル・ゴールドベルク、クラインベルガー、カーナー、ミハウ・パカノワ、シモン・ローゼン、マリアン・ロトコプフ、イグナツィ・タウブマン、ヴァイニンガー、ヴァイスマン。他にもまだ大勢いたが、彼らが密告者だったという百パーセントの確証はない。密告者はあらゆる事業所、作業場でも暗躍していた。関税違反摘発所ではブロドマンとシュタインフェルトがドイツ人にその身を委ねていた。

わたしたちは密告者の名前を処方箋に記載しておき、占領期間中、保管していた。彼らはそのほとんどが後にゲシュタポの手によって、あるいは地下組織によって殺害された。

ゲシュタポの手先として非常に危険な夫婦がいた。ゼリンガー夫妻だ。夫は中背で、黒い髪をいつもきちんと整え、良い身なりをしていた。妻は背が低く、髪をブロンドに染め、人形のような顔をしていて、ポーランド語を話すのは下手だった。彼らはゲシュタポ政治局の局長をしていた親衛隊中尉テオドア・ハイネマイヤーに手を貸していた。妻は喫茶店でドイツ人客の会話を盗み聞きし、夫はゲシュタポから託されたどんな仕事も忠実にこなし、書類にアーリア人と偽って氏名を載せているユダヤ人やユダヤ人と接触しているポーランド人をゲシュタポに突き出した。

ゼリンガー夫妻の最後はドイツ人の冷笑の的となった。遅かれ早かれ、ほかの密告者同様に自分も殺されると理解した夫は、助かる確率の高い逃亡先を調べるためにハンガリーに行った。まずは単独で国境を越え、一週間後、妻を連れに戻ってきた。その時、すべてを察知した親衛隊中尉のテオドア・ハイネマイヤーは彼を呼び出した。

「もし、お前さんが逃げたいなら、馬鹿な真似をして命取りになるようなことはするな。国境で捕まって一巻の終わりになるだけだ。もし望むなら、お前さんの逃亡を手助けしてくれるようにノーヴィ・タルク〔クラクフの南、スロヴァキア国境に近い町〕の警察トップに手紙を書いてやろう。お前さんは俺のためにいろいろと尽力してくれた。ドイツ人が信頼できる人間であることをお前さんに証明してやろう」

ゼリンガーは言葉にならないほどの感謝を示した。ハイネマイヤーは手紙を書き、ゼリンガーに渡した。数日後、ゼリンガー夫妻はノーヴィ・タルクに向かうと、そこの警察に出頭し、手紙を渡した。署長は手紙を受け取ると、座って待つようにと夫妻に言った。何しろ手紙は他でもなく、ハイネマイヤー本人からのものだった。手紙を読み終えると、署長は二人に中庭に出るようにと伝え、そこでハイネマイヤーの手紙を読み上げた。二人を射殺するようにとの内容だった。指令は実行された。ところが、後になってわかったことだが、死んだのは妻だけで、夫は戦争を生き延びた。その辺の詳細は不明である。戦後、ゼリンガーはクラクフに現れたが、その後、アメリカに向かったらしい。

ゼリンガーの動向をわたしに話してくれたのは防護警察の副隊長のブスコだ。彼自身はゲシュタポたちが開いたパーティーの場で耳にしたと言った。その席でハイネマイヤーはゼリンガーの抜け目のなさを試してみたかった、と自慢したそうだ。もしゼリンガーが抜け目のない男だったら、手紙を自ら開封し、読み終わったらすぐにずらかったことだろう。もし開封しなかったのなら、自らの運命に甘んじたのだろう。この件に関して、ゼリンガーは手紙の内容を知った後、妻と共にハンガリーに逃げたという別の説もある。

一九七八年、わたしはハノーヴァーで開かれたハイネマイヤーの公判に証人として出廷し、被告に相対した。ハイネマイヤーは高齢になり、でっぷりと太り、表面的にはいたって誠実そうに見えた。任意の身で尋問に答えていたが、ゲットー時代のあの恐ろしいハイネマイヤーを彷彿とさせる印象はもはやなかった。四時間の証人尋問の間、彼はまるで魔法にかけられたようにじっと前を向いていた。そして無罪となった。

ゲットーの雰囲気は表面的には平穏に見えたものの、悪化の一途をたどっていた。ユダヤ人評議会とドイツ当局との間では、ゲットーの領域を将来的に縮小しなければならないこともあって、人口過密の問題が繰り返し協議されていた。そして、そのことが住民の不安を煽《あお》った。「強制移送」という言葉はまだ出てはいなかったけれど、何か良くないことが起きるであろうことを住民は推測していた。日々のおぼつかなさが人々を苦しめ、安らぎを奪っていた。

その予測は現実のものとなった。一九四二年六月、ゲットーは特別奉仕隊《ゾンダーディーンスト》（ナチス・ドイツの準軍事組織）によって非常線が張られ、ゲットーの壁、および有刺鉄線の周囲に警察の見張り所が設置された。外側からは誰もゲットー境界に近づくことはできなかったし、ゲットー住民もアーリア人地域に面している家の窓に近づくことを禁じられた。ましてや窓を開けたり、バルコニーに出ることは許されず、窓から顔をのぞかせたりすると、銃弾が飛んできた。

ゲットーはパニック状態になり、強制移送とその期限が話題のすべてとなった。誰が移送され、誰が残るのか、確かなことは何もわからなかった。ドイツ当局は自分たちの計画を明かすことはなかったし、住民には質問するだけの勇気がなかった。それに、いつだってドイツ当局の返答は虚言だった。

一九四二年五月二十九日、三十日、三十一日、ユダヤ社会互助会の建物ではゲシュタポと労働局職員から成る移送行動実行委員会のメンバーたちが執務に当たっていた。その建物はかつての貯金局で、大ホールにはいくつもの机が並べられ、そのわきに委員が座り、机の前には自分の運命がどうなるかに慄《おのの》くゲットー住民の長い列ができた。人々は数百メートルにわたって並び、何時間も押し合うようにして待っていた。ゲシュタポはゲットーに残る者、ゲットーを離れる者をその場で決定した。ゲットーに残る許可が得られなかった者たちは、不安げに質問した。「われわれはどこに移されるのか?」、「われわれはどうなるのか?」、「何か持参することはできるのか?」と。

ゲットー住民は互いに互いを安心させ合った。まだ誰も絶滅なんて信じていなかったし、死体焼却炉やガスによる殺害、投げ捨てられた死体が火の中で焼かれるなんて、夢にも思っていなかった。最初に広がった噂は次のようなものだった。「移送者はウクライナに送られ、そこの開放的な労働収容所で働くそうだ。ドイツ人鉄道員が言うには、そこには巨大なバラック群があって、輸送車両の到着を待っている。新しく建設されたバラックの町では普通の生活が整えられ、誰もがレストラン、図書館、映画館を利用できる。働くユダヤ人には給料が支払われ、必ずや平穏の中で戦争を生き延びることができるだろう」と。

人々がその噂を信じ始めた一方で、新たな心配事も生まれた。食事はどうなるのか、多くの食料を持参できるのか。彼らはあらゆる手を尽くして身分証明書の上に親衛隊とドイツ警察署長のスタンプを押してもらおうとした。そのスタンプさえあれば、ゲットーに残ることができるのだから。しかしながら、当時、そのスタンプが生と死を決めるとまでは誰も想像しなかった。スタンプを押してもらえるかどうかは、ドイツ人の気まぐれで、その人間が仕事をしているかどうか、どんな仕事をしているかには一切関係なかった。理屈に合わないことも起こった。スタンプを拒否された者が、一時間後に再び同じ机の前に現れると、今度は難なくスタンプを押してもらえることもあった。また、ある机では押してもらえなかった者が、別の机の前では押してもらえたという例もあった。偶然と幸運、ゲシュタポの気分や気まぐれ、わいろの内容、金銭の額、ダイヤモンドの純度と大きさ、それらがゲットーに残るか、移送されるかを決めた。二日間にわたった登録作業が終わった。スタンプを押されなかった者たちは、不安の中で自分の運命を待った。

一九四二年六月一日、ドイツ当局はユダヤ人警官に対して、スタンプのない者たちを家から和合広場に連行するようにとの命令を出した。ユダヤ人警官は夜中に家々を回り、各住民の身分証を調べ、移送予定者を拘束した。翌日、一九四二年六月二日も早朝から同じことが繰り返された。薬局は夜中、再び知人で溢れた。その中には子どももたくさんいた。両親が子どもと離れることを望まなかったからだ。

まるで幻か、怪談に登場する亡霊のようにゆっくりと進む行列。肩には、最低限ではあっても、さすらうことを運命づけられた悲しみと同じくらいに重い家財を背負っていた。

和合広場は人間の他に包みやトランクなどの様々な荷物の山で次第に埋まっていった。太陽がじりじりと照り始めている。その日は猛暑になる予報だった。喉の渇き、苛立ちは最高潮に達し、人々の目は恐怖、驚愕《きょうがく》、そして狂気に満ちていた。

和合広場の門を通って二台の乗用車が入ってくると、わたしの薬局からおよそ五十メートル先で停車した。一台目の車から二人のゲシュタポ隊員が降りてきて、二台目の車に近づき、中にいる者たちと二言三言交わした。その後、二台目の車はユダヤ警察の建物のほうへ向かった。

その日、薬局は通常どおりに開店していた。わたしは店の奥に立ち、外の様子を窺っていた。その時、何と、和合広場に残ったほうの車に乗っていた二人のゲシュタポ隊員が腰のケースからリボルバーを抜き出して弾を詰めると、ゆっくりと薬局に近づいてきた。打ちつける靴底の音が静寂の中にこだました。どういうことだろう？　わたしは従業員に驚きの目を向け、目前で起きていることについて、二言、三言、彼女たちと言葉を交わした。何のためにこっちに向かってくるのか、理解できなかった。実に奇妙な瞬間をわたしたちは味わった。その時、ドアが開き、彼らは中に入ってきた。背が高く、顔立ちが整っている。立派な軍服を身に着け、頭にはどくろマークの付いた軍帽をかぶっている。二人は挨拶の言葉もなくカウンターに近づいてきた。「何かご所望ですか？」と、わたしは尋ねた。返事はなかった。鋼色の鋭い視線がしばらくわたしたちの顔の上を行き来し、次にゆっくりと薬局の備品に移った。しばらくすると彼らの視線は壁に移行し、ランプに照らされた聖人画の上でしばらく停止した。そして再びわたしと従業員たちに注がれた。陰鬱《いんうつ》な静寂が周囲を支配した。二人は黙ってリボルバーを大理石のカウンターの上に置き、弾倉を抜いて再び弾を詰め込んだ。カチャカチャと音がした。さらに、もう一度、弾を入れた。二人は軽い笑みを浮かべると、また挨拶することなく、黙って薬局を出て行った。わたしには彼らの振る舞いの意味がまったくわからなかった。

和合広場に入る何本かの通りから人けが消え、行列は門のほうへ移動した。シュピラは自分の部下たちとともに狂ったように走り回っている。先刻のゲシュタポ隊員は薬局が入っている建物を出た。そのうちの一人はリボルバーを手にゆっくりとユゼフィンスカ通りのほうへ向かっていた。ユダヤ人警官たちがお互いの名前を呼び合いながら集まってきた。その時、銃声がした。一発、二発、三発。さらにリボルバーは煙を吐きながら弾を発射した。銃声が止むとユダヤ人警官の走り回る足音だけが墓場のような静寂を破った。何のための発砲なのか？　誰を狙ったのか？　命中したのか？　恐怖を煽っただけなのか？　わたしの頭の中をそのような問いが駆け巡った。

怪我人が出た。幸い、命に別状はない。クラクフ・ゲットーで最初に銃を発射したゲシュタポ隊員は親衛隊特務曹長で犯罪部書記、保安警察《ズィポ》のユダヤ問題部局長ヴィルヘルム・クンデだった。そして最初の負傷者はユダヤ社会互助会の会長ヴァイヒャートだった。わきをそれて跳ね返った銃弾が彼の腕に当たった。

次第に車の数が増え、ゲットーには他のゲシュタポ・メンバーも集まってきた。様々な制服、様々な記章をつけている。彼らは種々の軍組織、警察組織の代表者であり、種々の行政省庁の役人たちだった。自らの目で非日常的光景を楽しもうとやってきたのだ。

和合広場にさらにユダヤ人が入ってきた。人々は隙間のないかたまりになって空間を埋め、最初は立っていたが、しばらくすると地面や荷物の上に座り込んだ。太陽は容赦なく照り付け、彼らの喉はからからだった。薬局向かいの集合住宅前には白衣姿の医師、看護師、担架を手にした医療技師たちが立っていた。白衣の白さが移送を待つ人の群れの黒と灰色の中で際立ち、ぞっとするような印象を与えた。薬局のドアがひっきりなしに開き、医師や看護師やユダヤ人警官が移送者のための薬を受け取りにきた。鎮静剤、そして心臓薬、それがゲットーを去って行く者たちへのわたしたちからの最後の贈り物だった。人々は立ったり座ったり、恐怖と不安の中で身を硬くして出発を待っていた。

　和合広場にトラックや車が乗り入れてきた。移送される者たちは座席や荷物のスペースを確保しようと押し合いへし合いしながら車のほうに駆け出した。人ごみを押し分け、優先権を得たのは力の強い者、そして若い年齢の者たちだった。数分間の間に車は人と荷物でいっぱいになった。親衛隊員たちは口元に嘲笑を浮かべ、周囲の状況を眺めていた。

　その時、薬局に、この日二度目のゲシュタポ隊員の訪問があった。二十歳半ばの若い二人連れだった。今度は「こんにちは《グーテン・ターク》」という挨拶の言葉が彼らの口からこぼれ、続いて質問した。この薬局の所有者は誰か、上の階のバルコニーにはどう行けばよいのか、と。わたしはきちんと答えた。二人は感謝の言葉を述べ、出ていった。バルコニーに上がった二人の若いゲシュタポ隊員はそこから写真を撮り始めた。ゲットーからの移送者たちがどのように扱われているかをドイツの人道主義的世界に見せるための写真だった。それは実際には、「強制移送者」ではなくて「強制移住者」なのだが、ドイツ語の「強制移住《アウスズィートルング》」という言葉は使用を禁じられていた。「ゲットー」もまた禁句で、使われていたのは「ユダヤ人居住区」だった。鋼色をした報道写真用ライカのシャッター音がカシャッと鳴り、続いてフィルムを巻き戻す音がした……写真は世界に出回り、いつか記録写真になるのかもしれない。

　人々は出発を待っていた。強い日差しが彼らを苦しめ、次々に倒れ、失神した。その時、耳をつんざくような声が上がった。「外へ出ろ《アレ、ヘラウス》！　早く《シュネル》！」　そして一瞬のうちにトラックは空になった。ドイツ人の命令でユダヤ人警官たちがトランクや包みをトラックの車外に放り投げ、車内に座っていた高齢者たちを引きずり下ろし、若い人々をも押し出した。それも大急ぎで。人々は呆気に取られ、どうなっているのかと問いたげに互いを見つめあった。人々をトラックに乗せたのは、プロパガンダ用の写真を撮るためだけの笑い話だったのだろうか？

　ドイツ人のぞっとするような怒声に人々の群れは立ち上がったり、しゃがみ込んだり、また立ち上がったりした。人の波が次第に集まって一つの塊をつくった。その塊は初めはゆっくりと、やがて急ぎ足で、最後は押され、殴られ、汚い言葉を投げつけられ、走りながら和合広場を出ていった。肩に背負い、両手に持つ荷物は重かった。中には重い荷物を放り出す者もいたし、親衛隊員が荷物を奪い取る場面もあった。プワシュフ方面に続く路面電車の線路に沿って移送者の列は続いた、まるで蛇のように続く行列だった。拷問者そのもののドイツ人はますます大声で怒鳴っている。「外へ出ろ《ラウス、ラウス》、進め《ロス》、早く《シュネル》！」　それは占領期間中、人々を悩ませ、あらゆる所で絶え間なく耳にした言葉だった。しいたげられた移送者は地面に倒れ、血を流し、立ち上がり、再び倒れ、血まみれの手からは荷物が転げ落ちた。中には落とした荷物を再び拾おうとはしない者もいた。死へと向かう道中にどうして重い荷物に苦しめられることがあろうか。

　やがて広場から人の姿は消えた。代わってパンを積み込んだ運搬車が入ってきた。ユダヤ人評議会の指示で前夜、ゲットーのすべてのパン屋がフル稼働で焼いたもので、ゲットー残留者から退去者への最後の贈り物だった。空虚と静寂。一瞬前までは人でごった返していた広場には投げ出された包みやトランクだけが残っていた。そこ、ここにビロードの布に巻かれた祈禱書《きとうしょ》も散らばっていた。ゲットー残留者の目にはすべてが現実のものとは信じ難かった。あまりの衝撃に、事実を客観的に受け入れることができなかった。

強制移送者の行列を追ってドイツ人高官および親衛隊とゲシュタポのお偉方が乗った車が出発した。ユダヤ警察の建物にまだ残っているのはユダヤ問題にかかわる役人だけだったが、二時間後には彼らも帰っていった。ただし、ゲットーの壁はまだ大勢の哨兵《しょうへい》たちに囲まれていた。ということは、この日の行動がまだ終わっていないことは明らかだった。

その夜は苦しく、つらい夜になった。誰一人まんじりともしなかった。ゲットーに残っても明日を見通すことのできない不安、絶望、そして野蛮な強権に対して否応なく思い知らされる我が身の無力さ、それらが人々の心を打ち砕いた。薬局に集まっていた知人たちは絶えず時計に目を向けた。針はちっとも動いていないように思われた。誰もが一睡もせず、朝を待った。

ゲットーに残留できるスタンプを押してもらえずに一度はすべてを諦めかけた者たちの中には一縷《いちる》の望みをかけ、行列には並ばずに、あらゆる手段を使って移送の決定を覆そうとする人たちもいた。ゲットー内では電話が行き交い、ユダヤ人を雇っている事業所の責任者たちとの会話が続いた。多くの場合、事業所トップの仲介で望ましい結果が得られた。責任者は自ら出向いてきたり、あるいは電話でゲットーの労働局、時にはゲシュタポと話し合い、問題を処理した。

移送者の数に、ドイツ当局はまだ満足していなかった。彼らの計算によれば、スタンプを押されなかった者の多くが移送の行列に並んでいないことが判明した。

再び全住民の書類が調べられ、ゲットーに残る許可を得てない者を拘束せよ、との命令が出た。一九四二年六月三日から四日にかけての夜、ゲシュタポと特別奉仕隊《ゾンダーディーンスト》とユダヤ人警官は住宅に入って住民の書類を調べ、通りで人々を引き止めて身分証を検め、病院や高齢者施設にも入って捜索した。この行動《アクツィオーン》は一九四二年六月四日の朝まで続いた。四日の明け方、ゲットーには武装した特別奉仕隊が入ってきた。ドイツ人警察隊のわきには今回、初めて紺色の制服のポーランド人警察隊、そして、ポーランド青年部隊が現れた。それはドイツの建設奉仕隊《バウディーンスト》に強制的に組み込まれた部隊だった。和合広場の建物に沿ってドイツ人警官が配置され、カラビン銃がピラミッド状に並べられた。薬局の窓のすぐ前には建設奉仕隊が立った。一方、薬局わきの小さな通りにはポーランド人警官が立ち、その向かい側にはユダヤ人の医師、看護師、そして担架を手にした技師たちが待機していた。医療従事者は身分証に容易にゲットー残留のスタンプを押してもらうことができた。しかし、それもいつまで続くのだろうか？　十人の医師、看護師、技師のグループはドイツ人の命令により、体力を失った人々に手を貸すことになっていた。

移送者の行列が動き出した。最初のグループが通りから出て和合広場に入ってきた。追い立てられ、足蹴にされ、殴られ、それでもまるで亡霊のようにゆらゆらとした足取りで自尊心だけは保って歩いている。別のグループはひとかたまりになって、また別のグループはまばらになって走ってきた。まるで狂人のようなグループもあった。彼らの周りを、カラビン銃を抱え、その引き金に指を当てていつでも発射できる態勢のドイツ人警官が取り囲んでいる。移送者はわたしの薬局前を進んでいった。怒声、情け容赦のない殴打、足蹴、発砲。多くの死者と負傷者が出た。それは移送行動の第一歩に過ぎなかった。

まるで死霊の列の万華鏡をのぞいているかのように、この世のものとは思えない光景がわたしの目の前を通り過ぎていった。あちこちで発砲音が上がった。兵士の手には煙を吐くカラビン銃。将校の手にはリボルバーや火かき棒、棍棒《こんぼう》、杖。絶え間なく銃火が上がる中、病院の技師たちが動き回り、死体や負傷者をどけている。ドイツ兵は誰それ構わずに狂ったように発砲している。どうやら血に煽られ、野獣性とサディズムが現れているようだった。

一回目の移送行動の際には、ドイツの公式命令に従って、移送者は荷物の持参を許された。しかも和合広場での荷物審査はなかった。しかし今回、和合広場では人々の面前で、あるいはゲットーの門で、あるいは店の中で、執拗な荷物審査が行われた。しかもたいていの場合、荷物は取り上げられ、審査には年齢も性別も関係なく殴打と足蹴が伴った。

わたしは今も覚えている。ほとんどの移送の列は和合広場から出発したのだが、ある時、他の人々と共に広場に追い込まれた一人の娘さんがとっさに薬局に飛び込んできた。彼女は店の中にいた人を押しのけ、薬局の他の部屋を駆け抜け、姿を消した。その間、薬局には次々に人が駆け込んできて、わたしたちに紙切れを渡した。そこには近親者に伝えてほしいこと、たとえば最後の伝言であったり、変更した自分の決心などが書かれていた。また、殴られ、けがをした人々は助けを求めてきた。

一九五六年、わたしはイスラエルから一通の手紙を受け取った。差し出し人は前述の娘さんからだった。あの時、彼女はどさくさに紛れて薬局の二番目の部屋のカウンター式テーブルの下に身を隠した。そこでしばらく待った後、裏口から集合住宅の中庭と木戸を抜けて別の通りに出た。名前はイレナ・ハルパーン。裕福な商家の出身で、父親はクラクフのグロツカ通りで毛皮を扱う会社を経営していた。両親は一九四二年十月の移送行動の際に殺された。彼女はプワシュフ収容所とスカルジスコ〔ワルシャワとクラクフのほぼ中間にある工業都市〕収容所を経て最後はチェンストホーヴァ〔クラクフの北西にあるカトリック教の聖地〕の収容所で終戦を迎えた。解放後はドイツを経てイスラエルへとたどり着いた。わたしはイスラエルを訪れた際、このイレナ夫妻の家に滞在した。

薬局には医師、看護師、ユダヤ人警官も飛び込んできて、けが人や失神した住民のための薬や包帯を所望した。わたしと従業員は鎮静剤や鎮痛薬、包帯などを渡し、死地へと赴く者たちから料金はもらえないと耳打ちした。重症者たちはユゼフィンスカ通りの病院に運ばれた。

移送から逃れるために、あちこちに身を潜めていた人たちが引きずり出され、広場に出てきた。年寄り、女、子どもたちの列がまるで幽霊のように薬局の窓の前を歩いていく。大きなグループから数歩遅れて小股で歩く七十歳くらいの高齢女性が目に入った。白髪をなびかせている。視線はガラスのように動かず、恐怖に満ちた目は大きく見開かれ、前方に注がれている。身に着けているのはワンピースだけ。夜間用のスリッパを履き、手提げバッグどころか、荷物は何一つ持っていない。ところが女性は老いた胸に両手で何か小さくて黒い物を抱えていた。それはテリア種の子犬だった。高齢の女性は自分に残された最後の最愛の者、決して離れることのできない者を抱えていた。

体の前に突き出した手を無造作に動かし、笑い声をあげながら十四歳くらいの少女が歩いている。ゲットーの住民なら誰でも知っている知的障害のある子だった。裸足、くしゃくしゃのネグリジェ姿。周囲で人々がバタバタと倒れ、恐怖に身をすくませている時、声を上げて笑い、楽しそうにしている少女の姿を見て、わたしの体に戦慄《せんりつ》が走った。

高齢者、そして若い人々が歩いていく。服を着ている者もいれば、下着だけの者もいる。ベッドの中からそのまま引っ張り出されたのだろう。大きな手術を受けた直後の病人や慢性病を抱えた者たちもいる。兵士たちの嘲笑の中、追い立てられ、殴打され、血にまみれた人々。

薬局の向かいにある和合広場二番地の集合住宅から、ゲットー住民に顔なじみの七十歳くらいの盲目の高齢男性が出てきた。一九一四年、イタリアの前線でドイツと戦った時に視力を失った人だ。その目に黒い眼鏡をかけ、左腕には三個の黒い輪がついた黄色い腕章をはめている。視力障害者であることを示す腕章だ。片側に息子が、もう一方の側に妻が付き添い、顔を上げて歩いている。

「彼は見えなくて幸いだよね。見えないほうが楽だもの」と、一人の看護師がわたしたちに向かって言った。盲目男性の胸には戦争でもらった勲章もとめてあった。勲章を付けることでドイツ人に何らかの計らいをしてもらえるのだろうか。わたしたちはそんなことを考えた。

盲目の男性に続いて片足の障害者が現れた。松葉杖をついている。盲目の者と片足の障害者の所に複数のドイツ人が近寄って行った。そのうちの一人がゆっくりと踊るような足取りで盲目の男性のそばに来て大声で怒鳴った。「急げ《シュネル》!」。それに釣られて他のドイツ人たちは奇妙な遊びを始めた。二人の親衛隊員が片足の老人に走れと命じ、もう一人の親衛隊員は背後から近づいて、カラビン銃の台尻で松葉杖をついた。片足の障害者は地面に倒れた。ドイツ兵は狂ったようにわめき、発砲して脅した。そのすべては盲目の男性の背後で起こり、彼には何も見えなかった。人間のものとは思えないドイツ人の怒声と怪我人のうめき声が聞こえるだけだった。うめき声は滝のような笑い声にかき消された。地面に倒れた障害者に一人のドイツ兵が近づき、手を貸して立ち上がらせた。この手助けは、「ユダヤ人の人道的移送の際に示すドイツ人の支援」の光景を熱心に写真に収めているドイツ人将校によって記録に残された。

わたしたちは一瞬、考えたものだ。この死刑執行者の中にせめて一人でも、最後の時を迎えた無力で無実の人間をいじめることに耐えられない者はいないのだろうかと。残念ながら、クラクフ・ゲットーの歴史の中でそんな者はいなかった。

片足の身体障害者を虐待することに満足したドイツ兵は、今度はいじめの対象を戦争で視力を失った障害者に移した。付き添っていた息子と妻をわきに押しやると、彼らは視力障害者の足をすくい、地面に倒れる様を楽しんだ。今度は手を貸すことはなく、自ら立ち上がれと、耳をつんざくような声で急き立てた。そんな遊びが数回繰り返された。まさに目をそむけたくなる光景だった。彼らにとって何がより面白かったのだろうか。地面に倒れる者に与えた肉体的苦痛か、それとも被害者の妻や息子が味わっている絶望か。ドイツ兵の愚行に対して無力な妻と息子は黙って立ち尽くすしかなかった。

わたしたちの目前で起こった一つ一つの虐待行為、ドイツ人の犯罪と無法状態を記述することは難しい。どれも殴打と足蹴で始まり、ほとんどが射殺で終わっていて、同じ表現になるかもしれない。しかし、実際はそれぞれがまったく違っていて、それぞれが独自の悲劇的な意味を持っていた。

ゲットーには銃声が鳴り響き、死者と負傷者がバタバタと倒れ、歩道と車道に残った血痕がドイツ人の犯罪を物語った。広場に集まってくるユダヤ人の数が次第に増えてきた。何日も猛暑が続き、まさに空から熱風が吹いてくるような感じだった。人々が水を手に入れることはできなかった。万一、そんなチャンスがあったとしても、与えることを禁じられた。人々は暑さと水分不足で弱り、気を失い、地面に倒れた。薬局の前には小型の軍用車が停っていて、親衛隊員がトランクを次々に車内に運び込んでいた。それは家宅捜索の時にユダヤ人から奪い取ったトランクで、中には指輪、腕輪、金時計、シガレットケース、ライターなどの貴重品が入っていた。

他の移送者グループを眺めているユダヤ人のグループ、出発の順番を待つグループ。彼らの顔には無感動と諦観の表情が浮かんでいた。もう何事もどうでもよかったのかもしれない。薬局には様々な情報が入ってきた。どこで、誰が殺され、誰が自殺し、誰が負傷したかをわたしは知った。病院は負傷者で溢れ、医師は怪我人の手当てに当たり、自殺を図った者の命を救った。多くの命がアレクサンダー・ビバーシュタイン医師によって救われた。アレクサンダー・ビーバーシュタインはレンカフカ通りにある感染症病院の院長で、この病院には多くのユダヤ人が病院職員になりすまして隠れていた。院長が彼らに白衣を着せたのだ。感染することを恐れ、ドイツ人は病院には入ってこないだろうとの院長の確信は当たったった。

終わりはいつ来るのだろう？　その問いはゲットー住民の心を苛んだ。わたしはゲシュタポのメンバーに見られないような位置に立ち、窓から外を見ていた。ドイツ人は自分たちの絶滅行動を見られるのを良しとはしない。強制移送行動の際には他の鉄道をストップしたし、ゲットーを通過しようとした同国人の車も通行止めにした。

親衛隊の高官たちが薬局に近寄ってきて、入り口ドアの前で足を止めた。声が聞こえる。彼らは落ち着いて話すよりは大声で叫ぶように話すことが習慣化していて、一語一語が聞き取れた。わたしはドア近くの壁のくぼみに身を潜めた。移送者の数が少ないこと、ユダヤ人評議会が間に入っていることが高官たちには気に入らないようで、その罪をすべてユダヤ人評議会の委員長にかぶせ、委員長の名前を何度も口にした。一瞬後、一人の親衛隊員の大きな声がした。そして彼はタルゴヴァ通りの奥に立っているユダヤ人警官たちに向けてヒューという合図の口笛を吹いた。警官の走り出す足音。さらに親衛隊員から一定の距離の所に立っていたシュピラの姿が見えた。シュピラは背筋をぴんと伸ばして立ち、親衛隊員に向かって敬礼すると、短い指令を受けた。それは、すぐにユダヤ人評議会のアルトゥール・ローゼンツヴァイク委員長を連れてくるようにとの指令だった。

四十歳前後の細身で、面長の顔の男が神経質な動作でドイツ人グループのほうに近寄った。男はドイツ人たちと完璧なドイツ語で話をした。ダヴィド・グッターという男だ。数分後にユダヤ人評議会委員長ローゼンツヴァイクがゆっくりとした足取りで現れた。帽子はかぶっておらず、ぼさぼさの髪に白いものが目立つ高齢の男性だ。ゲシュタポおよび親衛隊員の前まで来ると、ローゼンツヴァイクは軽く頭を下げた。一瞬の静寂の後、一人の親衛隊員の口から恐ろしい言葉が飛び出した。「ローゼンツヴァイク、この瞬間にお前を首にする。移送者の人数に関しても、広場に人を集める手腕に関しても満足のいく結果をもたらしていない。その責任はお前にある！」。そう言いながら親衛隊員はローゼンツヴァイクの頭を殴った。わたしはその様子を二メートルの距離からぞっとする思いで見ていた……それに対してローゼンツヴァイクは一言も答えることなく、再び軽く礼をして、その場を去った。ドイツ人たちはグッターに向き直り、今からすべての責任はお前がとれ、と言った。グッターは気をつけの姿勢で、「承りました《ヤヴォール》」と、答えた。

ゲットーに新しい委員長が生まれた。グッターはその時から「委員長」という肩書を得た。グッターとはいったい、何者なのか？　かつては旅行業に携わったり、モード雑誌を販売したりしていた。非常に神経質な男で、せっかちで、いつもちぐはぐな動きをし、抜け目がなく、雄弁で、エネルギッシュ、そしてシュピラ同様にドイツ人の命令に従順で、進んで実行した。ただシュピラと違っていたのは、グッターはシュピラよりも知的で、物事を批判的に見る男だった。自分の考えを持ち、演説においては、密かに格言を使ったりして考えの冷静さを正当化し、多くの聴衆の心をつかむ能力を持っていた。

ドイツ人によって「高位」に押し上げられたグッターはのぼせ上がり、シュピラ同様に熱に取りつかれたように全力で仕事に取り掛かった。移送行動の際にはドイツ人の間を狂ったように走り回り、身振り手振りしながら大声を上げていた。その様子を見ながら、わたしは彼の並外れた体力に驚いたものだ。

ユダヤ人評議会の委員長職を奪われたローゼンツヴァイクは家族とともに逮捕され、移送グループに加えられた。その後、ベウジェツ〔一九四一年末、ナチス・ドイツはポーランド南東部、ウクライナ国境に近いベウジェッ村に絶滅収容所を設置した〕に送られ、ガス室で殺された。

ローゼンツヴァイクは自ら望んでドイツ人の手下になるような指導者ではなかった。全うな人間で、決して手を汚したりすることのない知識人であり、法律学者だった。考えること、そして批判的に理解することのできる人間だった。ドイツ人によって与えられた地位など、彼にとっては意味のないことで、重荷でしかなかった。そもそも、あの時代、あの状況の中では自尊心のある人間には、どんな指導的地位も重荷でしかなかった。

ローゼンツヴァイクに対する一般的な評価はどのようなものだったのだろうか？　様々な事態に対し、彼の対応はあまりに受け身だったとの批判がある。困難を解決しようとしたのではなく、ある程度の軽減をもたらしたに過ぎないとの非難もある。たとえば、彼がより積極的に介入することによって移送から医師を救出したり、輸送中の者たちを脱出させることは可能だった、と。しかし、そう批判する者たちは、介入の実行性に真剣に思いを巡らすことはなかった。委員長は積極性の欠如を非難され、同時に頑《かたく》なな態度を持ち続けたこと、身近にいる協力者の異なった見解に耳を貸さなかったことが批判の的となった。それは、ローゼンツヴァイクの無関心、諦観、そして強権に対する無力感のなせるわざだと解釈された。わたしが思うに、ローゼンツヴァイク博士は自らの自尊心を捨てようと思えば捨てることはできた。しかし、それがいかなる脅しの結果であるかを彼はよく知っていた。

強制移送が始まり、広場からは次第に人影が消えていった。あるグループはトラックで、ほかのグループは怒声をあげるドイツ人にせかされながら徒歩で出ていった。ルヴォフスカ通り、ヴィェリツカ通りを押され、蹴られ、叩かれながらプワシュフのほうに進んでいった。その道中、特別奉仕隊の兵士は行列から遅れた者に向かって発砲した。通りには死体が横たわり、歩道には血が流れた。移送者はプワシュフ駅で生石灰を撒《ま》いた家畜用貨車に積み込まれた。車両の上部には格子のはまった小さな窓が付いていた。一車両に百二十人が押し込まれ、ドアがきっちりと閉じられた。車両はドイツ兵に警備されていたが、人々は水もパンも与えられることはなく、暑さは耐えられないほどだった。貨物列車は動き出した……。

この輸送では数人が生還した。彼らは金具を所持していて、車両の窓についている格子を外し、走っている車両から飛び降りたのだ。もちろん、鉄道標識にぶち当たるか、あるいは車輪の下敷きになるか、それとも車両を護衛している警官の銃弾を受けるかの危険に身をさらしながらである。また、別の手段で逃亡した者もいる。列車の走行中に車両の床板をはがし、駅に停車した時にそこから地面に降りたのだ。その後、貨車は動き出し、地面に伏せている者の上を通過した。その後は運次第だった。

顔なじみの少年が後で話してくれたことだが、少年は走っている列車から飛び降りた。ところが、ドイツ兵に気づかれてしまい、集中的に発砲された。彼は負傷し、意識を失い、線路の盛り土から転げ落ちた。どれほどの時間、倒れていたのかわからない。意識を取り戻した時、もう外は真っ暗で、雨が降っていた。はいつくばって数時間進み、最初の農家にたどり着いた。そして家から家へとふらふらしながら進んだ。すべての家が戸を開けてくれたわけではない。すべての人が温かい同情の言葉をかけてくれたわけではないし、すべての人が食べ物を恵んでくれたわけでもない。ただ、少年をドイツ人に突き出す者は誰もいなかった。彼は何週間もとにかく歩いた。時間が傷をいやし、ついにクラクフ・ゲットーに戻ることができた。少年は一九四三年三月十三日のゲットー撤収の日まで、ゲットーに残っていた。

この移送行動の時、わたしはユダヤ問題にかかわる親衛隊特務曹長クンデの訪問を再び受けた。クンデは薬局のカウンターで、シュピラやフェルスターの画策で移送を免れた者たちの身分証にスタンプを押した。

クンデという人間に関して、わたしは、時に理解不可能なある光景を思い出す。クンデはゲットーでは、やはりユダヤ問題にかかわっている同僚の親衛隊中尉ハインリヒ同様に、ある種の論拠に対しては物分かりの良いドイツ人として通っていた。この二人はユダヤ人を殴打することはなく、怒鳴ることもなかった。

クンデに関して思い出す光景を記しておこう。彼はスタンプを懇願する人々に取り囲まれていた。長い時間立ったままでスタンプを求める人々と話し合い、取り巻く群衆は次第に数を増していった。その時、通りの向こうからこっちに向かってくるドイツ人が目に入った。クンデはユダヤ人と話をしていることに疑いをかけられると思ったのか、玄関の外に出ると、リボルバーを引き抜き、まずは発射するぞと威嚇し、実際に引き金を引いた。地面から跳ね返った弾が近くにいた女医のジルベルガーを傷つけた。群衆はパニック状態になって散り、十二歳くらいの少女も狂ったように逃げ出した。クンデは走ってその少女を追いかけ、どうして逃げるのかと聞いた。そばにいた男性がクンデの質問を少女に伝えた。少女はぎょっとし、どもりながら、自分も撃たれるのではと恐れたからだ、と答えた。

「それで、君はわたしから何が欲しいのだね？」

「父さんと母さんのためのスタンプ」。少女は答えた。

「君の両親はどんな仕事をしている？」

「父さんは靴職人」

クンデは少女一家全員の身分証を持ってくるように命じ、薬局でそれらにスタンプを押した。わたしたちはその機会を利用し、薬局にたまたまいた人たちの身分証にもスタンプを押してもらった。わたしも従業員もクンデの機嫌の良さを利用した。何千人もの命がクンデのような人間の手にかかっていた。彼らの気まぐれが多くの場合に人々の運命を決めた。

ゲットーはいまだ特別奉仕隊に取り囲まれていた。ドイツ警察のパトロール隊が足並みをそろえて通りを行き過ぎた。時にはゲットーを取り囲んで立っている哨兵も発砲し、特に全ユダヤ人居住区が手に取るように見える高台のクシェミョンキ地区から銃声が上がった。そこからはヴィスワ川対岸のクラクフ市街、そびえたつヴァヴェル城の丘も見えた。ヴァヴェルの塔では人々に忌《い》み嫌われている鉤《かぎ》十字のついた旗がはためいていた。

第三章

陸軍中尉ブスコ――一九四二年六月八日の移送行動
――ゲットーの縮小――困難な生活環境
――一九四二年十月二十八日の移送行動
――迫害された人々の様子

六月の強制移送行動の際、ゲットーに不思議な人物が現れた。ポドグジェ地区ドイツ防護警察警察副隊長で、ウィーン出身のオズヴァルト・ブスコ陸軍中尉だ。

移送期間中の二日間、わたしは薬局にじっとしていた。その後、ゲットーの外に出かけることにしたのだが、年長のドイツ人警官の一人から、射殺される可能性があると警告された。警官は用心深く周囲を見回し、親衛隊員のほうに手を指し向けながら言った。「あなたがアーリア側の人間であること、そしてゲットーに留まる許可を得ていることは親衛隊員にとってはどうでもいいことだ。彼らはゲットーでは罰せられることなく、やりたい放題、何でもできる」

わたしは耳を貸さずに出かけた。誰もいない通りを歩き、ドイツ警察の哨所《しょうしょ》を過ぎた。ドイツ人はこっちにちらちらと視線を投げつけた。しかし、腕に腕章がないことから、どうやらわたしをドイツ人と思ったようだ。ゲットーの門までは何事もなかった。ところが、門を出た所でわたしの前に四十歳ほどの背の高いドイツ人が立ちはだかった。髪はブロンド、顔は面長、褐色の目、口の端に特徴的な渋い笑みを浮かべていた。彼はわたしの顔をじっと見つめると驚きの表情を浮かべた。身をかがめ、両手を背に回して指を組み、わたしの目を見つめた。そして身分証について尋ねた。わたしが身分証を渡すと、彼はそれに目を通し、返してくれた。ところが、突然、ののしり始めた。それは怒鳴るというよりは諫《いさ》めるような口調だった。いったい、彼は何を求めているのか。そのドイツ語がウィーンなまりだったため、わたしはよく理解できなかった。わたしは推測した。どうやら彼は、わたしがドイツ人警官の護衛なしにゲットーを出たことを問題にしているようだった。わたしはすぐにその場で射殺されてもおかしくなかったそうだ。どうしてそれほどまでにわたしの命にこだわるのか、それが不思議だった。これから先、ゲットーを出る時にはまずは哨所に電話をするようにと忠告してくれた。そうしたら、護衛のための警官をつける、と。わたしはその気遣いに驚いた。わたしは彼の知人ではないのだから。

わたしは大声でののしられたにもかかわらず、このドイツ人にある種の好感（多分そう言っていいと思う）を抱いた。この警官はいったい、何者なのだろう？　彼の名前はブスコ。ブスコについて、わたしは次第に興味深いことを知った。ウィーン生まれで、下級官吏の息子。修道士になるために、十代で修道院にあずけられた。数か月後、ブスコは修道院から脱走し、世界を周る旅に出た。徒歩ですべての南ヨーロッパを踏破し、トルコにたどり着いた。旅からウィーンに戻ると警察官になり、熱心な国民社会主義者になった。ヒトラーを神とみなし、オーストリアで最初にナチスに入党した警察官の一人だった。ところが、エンゲルベルト・ドルフース〔一八九二―一九三四年。オーストリア第一共和国の政治家〕の時代はまだ親衛隊の秘密メンバーだったが、オーストリア領土併合の後、転向してヒトラーとは相いれない敵になった。つまり、ブスコはナチスに加わった最初の一人であり、ナチスに背を向けた最初の一人だった。彼はユダヤ人に対して比較的、誠実な態度をとった。各移送行動の際には率直に同情を示し、可能なかぎりの支援を惜しまなかった。ただし、それは同僚に疑われないように、要領よく行われた。「わたしが怒鳴るのは偽装のためだ」と言い、そのことをみんなは知っていた。ユダヤ人は彼に対する偏見を捨て、信頼するようになった。ブスコはユダヤ住民が荷物を運び出すのを手伝ったり、時には逃亡にも手を貸した。周囲にはユダヤ人を囚人として護送しているかのように見せかけながら、彼らがゲットーの境界を越える手助けをした。困窮しているユダヤ人にはパンや油脂類を個人的に作業所に届けたりもした。もちろん無料で行ったわけではないが、代金を取らないこともあった。一方、誰かを傷つけたりすることは一切なかった。最後の強制移送行動の後、多くのユダヤ人がゲットー内に身を潜めたが、ブスコはいくつかの隠れ場所を知っていた。ブスコに命を救われた者は決して一人、二人ではない。彼はポーランド人にも手を貸した。

一九四四年六月、ドイツは東部で撤退し始めた。ブスコには前線に召集される危険があった。それを防ぐために、彼は自分でプロピドンの筋肉注射をしてわざと大きな腫物をつくった。熱も出て、医師は彼を入院させた。そんな状態で三か月ほどが過ぎたが、ブスコはそのままの状況を続けることはできないと考え、逃亡した。服装を変え、カルヴァリア〔クラクフの南方にある巡礼地〕の近くに身を潜めた。噂では、そこでポーランド人の恋人を持ち、ユダヤ人の子ども二人の世話もしたという。さらにゲットーで働いていた時に親切行為の代価として得た貴重品の入ったトランクも持っていたという。

ブスコが消えたというニュースは隠しおおせなかった。ポドグジェ地区のドイツ警察署長は捜索を開始した。その時期、ドイツ人警官が消え、ポーランドのパルチザンによって人質として捕らえられる事件がしばしば起こっていたからだ。

ブスコはそのことを知っていて、それを利用したのだ。彼は、自分はパルチザンに襲われ捕まったが、現在地はわからない、という内容の手紙を署長に送った。もっとも、万一わかっていても、そのことを書くことは許されなかった。ブスコの命は、ポーランドのパルチザンが作成した死刑執行予定者の最終リストから消えるかどうかにかかっていた。ところが彼が送った手紙が破滅の第一歩となった。大々的な捜索が始まり、しばらくして髭《ひげ》を剃り落とした姿のブスコが捕まった。彼はちょうど国境を超える寸前だった。クラクフまで連行され、モンテルピフ刑務所に収監され、その数週間後にはグダンスクに送還された。精神病を装ったが、効果はなかった。軍事裁判で死刑を言い渡され、一九四四年十月十八日、銃殺された。

ブスコの逃亡発覚後、ドイツ人はしばらく心穏やかではなかった。ブスコには熱い信頼を寄せていたので、自分たちの失態が許せなかったのだ。打って変わって、今度はブスコのすべてを疑った。ユダヤ人のどの逃亡もブスコのせいにした。ブスコが職務上の秘密をユダヤ人にばらしたと言って、ドイツの不首尾に終わった行動を全部彼の責任にした。ブスコの部下でウィーン人の元靴職人、エッセルは善良な男だった。そして同性愛者のブレチコもやはりウィーン出身者だった。シロンスク〔クラクフの西に位置する炭鉱の多い地方〕出身のヴィタは後に強盗の罪でドイツ人に逮捕された。そしてシューベルトは要領のいい男で、密かに地下新聞を持ち込んでいた。大体においてブスコの部下は誰もがまともな人間だった。

ゲットーはその後もひっきりなしに特別奉仕隊によって包囲された。薬局に戻る時、わたしは紺色の制服を着たポーランド人警官に護衛された。哨所にはカラビン銃を手にした四人組の見張り兵がいて、建物の窓辺に怪しげな人影を目にすると発砲した。

ゲットーでは身分証に親衛隊のスタンプがすでにある、ないに関係なく、新しい登録を受けるようにとの命令が出された。一九四二年六月六日、土曜日、全住民は労働証明書と身分証を持参のうえ、ユゼフィンスカ通りの建物に出頭することになった。目的は新しい青色証明書をもらうためだ。早朝から人々は行列に並び、登録してもらえるかどうかと不安になりながら待った。ゲシュタポ・メンバーから成る委員会は青色証明書を出してくれる場合もあったし、出さない場合もあった。それを決定するのは、労働能力にも、労働の割り当て数にも関係なかった。入手できなかった者はその場で拘束され、しばらくすると、他の非入手者たちと一緒にヴェンギェルスカ通りの「オプティマ」〔ゲットーにあるドイツ人事業所の一つ。戦前はチョコレートなどを作る工場だったが、ドイツ占領時代はユダヤ人労働者を使って衣類や靴などを製造していた〕の中庭に連行された。その際、何かを持参することは許されなかった。ゲシュタポに混じってユダヤ人警官が整理に当たり、フェルスター、シュピラ、パカノワ、ヴァータル、ズュサーがゲシュタポ・メンバーの指示を受けて、動き回っていた。ユダヤ人警官は住民から時にお金を握らされたり、金や宝石のプレゼントをもらったりした。そんな行為は効果てきめんだった。事業所を経営しているドイツ人は自分の従業員である優れたスペシャリストたちを拘束されまいと、彼らの能力を宣伝した。ところがそっちの努力は今回、それほどの効果をもたらさなかった。なぜなら事業主はわいろとして使うような品物を持っていなかったからだ。

新しい布告が出された。申請期限後に青色証明書の不所持で拘束された者は銃殺されるとの警告だった。結局、ドイツ当局のどの布告も、どの命令も死をもって脅迫した。しかし、もはや人々は動じなくなっていた。それどころか、ジョークまで生まれるようになったし、ベッドの上で自然死するのが幸運だと人々は思うようになっていた。

「オプティマ」の中庭はゲットーから退去させられる住民で溢れた。天気は皮肉にも晴天で、太陽は強い光を投げつけた。そのうえに湿度が高く、息苦しいほどで、特に高齢者や病人には耐えられないほどだった。水もなく、多くの場合、一切れのパンもなく、彼らは地面に座り込んで、運命を待った。すでに二度の移送行動を体験し、目撃者として多くの光景をかいくぐってきた人々は、今、何が自分を待ち受けているのかを意識的に考えようとはしなくなっていた。そのことは、ユダヤ人警官に自分たちの近親者への言付けを託していることが証明していた。暖かいコート、お金、石鹸などの品物を持ってくるように言付けたのだ。ユダヤ人評議会、ユダヤ警察そして移送行動実行委員会のドイツ当局に対する働きかけは続いていた。

「オプティマ」の中庭で出発を待っている近親者を助けてほしいと、薬局にはひっきりなしに人が押しかけてきた。従業員は薬や食べ物、タバコを渡すことに忙殺された。当時、実直なシュラング医師と彼の妻ドーラの活躍は大きかった。

すべてが幸運と偶然のなせる技であって、考え抜いたり、あらかじめ計画したりしたことではなかったのだが、クンデから青色証明書を得ることに成功した例もあった。その証明書のお陰で、わたしの数人の知人がゲットーに戻ることができ、夕方、奇跡的な救出を祝って祝杯を挙げた。しかし、それも数時間の喜びでしかなかった。

一回目、二回目、広場から移送者の列が出発した。その後、委員会が執務している建物から、再び人々の群れがユダヤ人警官に誘導されて広場に入ってきた。

土曜日から日曜日にかけての恐ろしい夜が過ぎた。特別奉仕隊は「オプティマ」の中庭で出発を待つ人々の持ち物検査を行い、人々が隠し持っていた貴重品をすべて没収した。六月七日、日曜日の朝、広場には再び新しいグループが連れてこられた。わたしは、ふらふらしながら進む高齢の男女、そして病院から引っ張り出された患者を目にした。手をとられながらつらそうに歩く身体の不自由な者も目にした。中にはほとんど二日間、飲み水も食べ物もなしに、猛暑の中にずっと座っている者もいた。

六月八日、月曜日、何回目かの移送グループが出発した。座り込んでいた人々は立ち上がり、ドイツ人哨兵に怒鳴られ、せかされた。「オプティマ」中庭の門が開かれ、最初のグループが中庭から出ると、残りの者たちはグループごとに並ばされ、特別奉仕隊の見張り兵に取り巻かれた。ドイツ人が手にするカラビン銃はいつでも発射可能だった。人々はリマノフスキェゴ通り、ヴィェリツカ通りを進み、プロコチム地区にある鉄道駅へと向かい、そこで待機していた車両に積み込まれた。多くの車両にはミェフフ、イェンヂュジェユフ、スウォムニキなど、クラクフ市の北にある小さな町からの移送者がすでに乗せられていた。この時のクラクフからの輸送では一握りの者が車両から引き出され、「ユーラク」と呼ばれたプワシュフの労働収容所に連れて行かれた。

各移送行動の際、病院からは入院患者が消え、病院建物は空になった。まだ余力のある患者は病院を抜け出して他人の家や隠れ場所に身を潜め、しばらく待って、行動《アクツィオーン》が収まってから再び病院に戻った。

残念なことに、どこから知ったのか、ドイツ兵は病院が再び満床になっていることを知ってしまった。ドイツ当局は三人の医師、フィシャー、ボーンシュタイン、エンゲルシュタインに、患者を選別し最小限まで減らすようにと命じた。この命令は人間の限界を超えていた。受け持っている病人の生と死を誰が決められようか？　誰がそれを自らの責任として受け入れることができようか？　どんな前提条件によってそれを決断するのだろうか？　ボーンシュタイン医師は威厳のある決断をし、寝たきりの入院患者の一人である自らの母親を他の患者の命を犠牲にしてまで助けようとはしなかった。そんな中、もう一人の医師ユリアン・アレクサンドロヴィチの妻マリラは大胆なアイデアを考え出し、ユリアンはそれを勇敢にも実行して、その舞台裏を知る者たちの称賛を浴びた。アレクサンドロヴィチ医師はドイツ人を欺き、歩くこともままならない患者を担架に乗せて連れ出し、ゲットーを出ようとしている移送者の長い行列に加えた。ドイツ人には命令の実行を済ませたと伝え、移送グループの中にいる患者たちを示した。ドイツ人はそれが病院から連れ出されたすべての患者だと思い込んだ。ドイツ人がその場を去ると、病人はまるで樟脳《しょうのう》が蒸発したようによろよろしながら列から離れ、個人の住宅、あるいは地下室や屋根裏の隅に隠れ、移送行動が終わるのを待った。

三段階で行われた六月移送行動において、ゲットーから七千人のユダヤ人が追い出された。後になってわかったことだが、彼らを詰め込んだすべての輸送車両はベウジェツ絶命収容所へと向かったのだった。

移送者がその後どうなったか、それがゲットーでのもっぱらの話題だった。残された家族はあらゆる手を尽くして貨車で輸送された近親者の具体的なその後を知ろうとした。様々な憶測が流れた。信じがたいような噂も広まった。その一つ一つには確実な出所があった。噂の作者はいつもドイツ人、それまでもドイツ当局の秘密をばらしている者たちで、ユダヤ人にとっては信頼できる情報源だった。それは警戒心を鈍らせ、移送者が生きているとの希望を与えるためだったし、人々が極限状態に陥るのを避け、反抗心を抑えるための常套手段だった。

移送者がウクライナに運ばれたという噂も広がった。そこで農業に従事するのだと言った。あるドイツ人鉄道員の話なのだが、彼はヨーロッパ中から集まったユダヤ人が住んでいるバラック小屋の集団を実際に目で見たと言った。彼らにとって仕事は大変だが、日常生活に必要な食料も衣類も得ることができ、安心できる所だとも言った。もちろん、監視下にあり、有刺鉄線に囲まれていて、誰も近づけないし、手紙を書くことも許されていない。だから消息が届かないのだと。こんな話をする者たちの元には「お願い」が殺到した。実際にそこに行って、そこから情報を得てきてほしいという「お願い」だ。ドイツ人は最初のうち、それは不可能だとか、もっと後でなら、と言って断った。そうやって大変さを示すことで「お願い」実行の代金の額を上げたのだ。人々はお金には代えられないと、ドイツ人の要求した額を支払った。藁《わら》にもすがる思いで。しかし、ゲットーには確実な情報どころか、慰めになるような情報も届かず、ドイツ人は金を手にすると消えた。それでも人々は待ち、信じ続けた。

タタールフというわたしの馴染みのポーランド人がいた。彼の妻はゲットーのユダヤ人で、強制移送行動の際にいずこへともなく輸送された。ところが、夫のタタールフは妻を探し出すためにあらゆる所へ出かけ、ついにウクライナにたどり着いた。しかし、バラック小屋どころか、そこで働いているというユダヤ人の姿もなかった。移送者を乗せた貨車はいったいどこへ消えたのか、理解を超えていた。数か月が経った頃、ゲットーにはベウジェツ、マイダネク、トレブリンカの名前が挙がるようになった。それはどれもが焼却炉の高い煙突から煙がもくもくと上がっている絶滅収容所だった。

それでも当時はまだ、クレマトリウムという施設での大量虐殺、死体焼却にまでは思いも寄らなかった。そのうちに様々なニュースが届くようになった。移送者が貨車に詰め込まれた際の恐ろしい出来事、名前のない秘密の駅、何日も水も食べ物も与えられない人々が乗り込んだ列車が入っていった行き止まりの線路、列車が有刺鉄線で囲まれた深い森の中に消え、そこから人の声が聞こえることはなかった、などなどのニュースである。いや、一方で、移送者はドイツ人が勝つために準備している新兵器工場に消えた、という噂が人々の頭の中をよぎり、全員が例外なく死地へと赴いたということは一切、口にはされなかった。

ある晴れた日、口伝えで衝撃的ニュースが瞬く間に広がった。移送された一人の男性がゲットーに戻ってきたのだ。輸送列車の最終駅はベウジェツだったという。この勇敢な男とは？　何千人もの移送者の中で彼はどうやって助かったのだろうか？　本人は何と言い、他の移送者の運命はどうなったのだろう？　彼に対する質問に終わりはなかった……この勇敢な男性とは歯科医のバフナーだ。彼は輸送車両から飛び降りたのだ。すべてを天運にかけ、近くにあった肥溜めに駆け込み、その中に胸まで身を沈めた。そうやったまま数日間耐え、周りが静かになってから肥溜めから抜け出し、少しずつクラクフの方向を目指して歩き出した。そしてついに未知の場所への出発点、クラクフ・ゲットーへと戻ってきたのだ。

ゲットー住民は、死地へと向かった輸送車両を抜け出したバフナーから真実を知った。捕らわれ人にガスを吸わせ、殺し、焼却する収容所があることを。バフナーの話は悪夢そのものだった。頭の中に納まろうとはしなかった。二十世紀にあって、有名なヒューマニストを生み出し、優れた思想家、哲学者を数多く輩出した国民の堕落がそれほど屈辱的なものになっていようとは。

今になってあの三回にわたった六月強制移送行動を落ち着いて考えてみると、人々の目を眩《くら》ませ、彼らの命だけではなく、私的財産までをも略奪するために、ナチス・ドイツ人が使った裏切り行為がはっきりと見えてくる。彼らは抜け目なく様式化した命令によって自らのために略奪行為を容易にしたのだった。

最初の移送命令は罪のない内容で、ゲットーの人口が過密になったために一部住民を移動させ、残った住民の生活環境をより良くし、伝染病の危険を回避するというものだった。そして移送者は誰もが持参可能な荷物を持っていくことを許された。実際、人々は最も大事にしている物をまとめて大きな荷物にした。前例どおりに自分たちもルブリン地方に移され、そこで解放されるものと推測していたからだ。そうでなければ、別のゲットーへの移動だと思っていた。一回目の輸送の際、人々は荷物を持ってゲットーを後にした。ところが、所持品の検査は行われなかったものの、大きな荷物はプワシュフ駅で没収された。確実な所持品検査が行われたのは目的地に着いてからだった。それは次の輸送が確実に実行されることを視野に入れてのことで、小さなものは所持できるが、大きな荷物は諦める必要があることを示す狙いがあった。そういう場合には誰もが宝石とか、現金とか、金とか、小さな、それでいて価値のある物を持って行こうとすることをドイツ人はよく知っていた。二回目の移送行動で、ドイツ人は一回目とは別の手段を使った。つまり、所持品検査を最初の集合地点で行い、可能なかぎり貴重な品を略奪した。その場で見つけることができなかった場合は、同僚が目的地で強奪した。大きな包みやトランクは通常、和合広場で奪い取られた。家に置いてきた物は、移送行動に投入された建設部隊の労働者が勝手に持っていった。

三回目の移送行動の際、青色証明書を所持していない者は即座に拘束され、荷物の持参は許されず、家はユダヤ警察によって封鎖、封印された。

一九四二年六月十日、ドイツ人哨兵はゲットーを去った。精神的に限界状態にあったゲットー残留ユダヤ人たちはほっと胸をなでおろした。一週間にわたった恐怖、翌日に何が起こるかわからない不安を味わった後、神経をすり減らした人々は表面的には落ち着きを取り戻した。しかし、その後も神経衰弱の症状を見せることが多かった。多くの人間が鬱の状態に陥った。三回の移送行動の間に多数の自殺者が出た。多くの場合は青酸カリ、あるいはガスを使った中毒死だった。初めのうちこそ毒物を手に入れるのは困難だったが、やがて人々は入手先を見つけた。ルヴォフスカ通りにあるランプ工場「ヴァクサ」は製品を加工する際にシアン化合物を使っていて、そこから致死量を何倍も上回る毒物を手に入れることができた。人々にとってそれは大事な宝物みたいな品物だった。家族全員が計量した毒物を小瓶に入れ、肌身離さず持ち歩いた。あらゆる場合に備えて。

強制移送行動終了後の数週間、人々はゲットー脱出の可能性を模索した。実際、かなりの人が成功した。薬局が入っている集合住宅からも多くの人が逃亡した。オーバーレンダー一家、ユトキェヴィチと彼の母親および妹、有名なクラクフの医師ユゼフ・フェリクスの妻で、やはり医師だったフェリクソーヴァと娘。そんな脱出者の一人にR・ラックスもいた。彼をゲットーから逃亡させ、ワルシャワにたどり着くように手はずを取ったのはあの謎の男フェルスターだった。前述のほとんどすべての脱出者はワルシャワ蜂起の際に、あるいはそれ以前に非業の死をとげた。たとえば、ナタン・オーバーレンダーは爆弾で亡くなり、妻は夫の遺体を住んでいた建物の中庭に埋葬した。妻は占領を生き延び、クラクフに戻った。わたしは戦後、しばしば彼女に会った。

ゲットーには極端な悲観主義者がいる一方で、起きている出来事を無批判に眺めている者、出来事の帰結を冷静に考えることのできない者、いまだにドイツ人を信じている者がいた。彼らは偏執狂的な頑固さで、移送行動をもってユダヤ人の悲劇は終わることをドイツ人が請け合った、と繰り返した。そう吹聴したのは主にドイツ人が経営する事業所で働いている者たちだった。ドイツ人は嘘をばらまいただけなのだが、そこで働くユダヤ人は彼らの虚言を信じ、それを真実としてゲットーに持ち帰った。しかし大部分のゲットー住民はそんな話に惑わされなかった。

移送行動が終わって数日後、ゲットー縮小の布告が出された。レンカフカ通り、クラクサ通りとヴエンギエルスカ通りの一部、裁判所と拘置所のあるチャルニェツキェゴ通り、そしてリマノフスキェゴ通りのポドグルスキ市場広場方面から向かって右側部分がゲットーから外れることになった。弁護士のヤクブ・ヴァッサーラウフを長とするユダヤ人評議会住宅部門は残留住民を再配置する仕事に取りかかった。すでに必要のなくなったゲットーの壁を部分的に壊し、代わりに杭を打って、そこに有刺鉄線を張り巡らした。ゲットーは少し外観が変わり、「アーリア人」側からはより見通しがきくようになった。布告が出るとすぐに家具を抱えた人々の引っ越しが始まった。それはゲットーが生まれた時の光景を思い出させた。ただ、その時よりスピードはより速く、みんなイライラし、不安に満ちていた。朝から夜遅くまで住民は狂ったように駆け回った。下着や寝具の入った袋、長持ち、籠《かご》、トランク、家具、そして何よりも大事な石炭や薪を運んだ。ごく少数の者だけがトラックや荷車を使うことを許された。それは高額な出費だった。数日にわたってそんな未曾有の光景が続いた。ゲットー全体が神経をとがらせ、精神的にも肉体的にも限界状態だった。

住まいの移動は当局の指定期間内に終わった。日常生活は外見的には普通に戻ったが、それはあくまでも見かけだけだった。時間の経過は傷をいやし、近親者が去ったことでもたらされた空虚感を消しはしたが、完全なものではなかった。それでも生の火花は消えず、人々は降参しなかった。ゲットーから外された通りにあった店は新しい場所で開店し、店主が移送させられてしまった店は多くの場合、新しい人の手によって再開された。しかし、以前の平穏が戻ることはなかった。不安が警戒心を倍にした。どんな些細なことでも不信の念を招き、ドイツ当局の指令ならば、たとえちょっとした内容のものであっても、それに対する意見、推測、予測が延々と続いた。生活はますます苦しくなり、住民の自由はますます制限され、クラクフの街へ出る規制はますます厳しくなり、通行証の入手もますます困難になった。労働局は新しい住民目録を作り、新しい労働の割り当てを決め、労働者に対する新しい管理体制を敷き、フル回転で仕事をこなした。病院は患者で溢れた。労働で消耗した者、栄養失調の者、肉体的にも精神的にも虐待を受けた者、そんな者たちが増えることで病人や自殺者も必然的に多くなった。

ゲットーにあった四つの病院を挙げておこう。

一　中央病院
ゲットーの外のスカヴィンスカ通りからゲットー域内のユゼフィンスカ通りとヴェンギエルスカ通りの交差点に移された。院長はクラクフの街でも高名な外科医として知られるニュッセンフェルト医師。

二　レンカフカ通りの感染症病院
院長は経験豊かなアレクサンダー・ビーバーシュタイン医師。ゲットー縮小後、レンカフカ通りはゲットー域から外れたので、病院は和合広場わきの小路に移った。

三　リマノフスキェゴ通りの高齢者用病院
院長はヤクブ・クランツ医師。彼は素晴らしい人間で、一九四二年六月の移送行動の際、患者と共に殺害された。

四　ユゼフィンスカ通りのリハビリ病院
ユリアン・アレクサンドロヴィチ医師とボーンシュタイン医師によって運営されていた。二人とも偉大な人道主義者で、多くの知識を持ち、献身的に働いた。

どの移送行動の際にも、また、血にまみれた別の行動《アクツィオーン》の際にも、これらの病院は人々をかくまう場所として大きな役割を果たした。人々は重病人を装って病院に助けを求め、偽の診断書と手際よく準備された隠れ場所を手に入れた。
わたしはゲットーにあったすべての病院と高齢者施設を訪れたが、院長や医師、看護師の独創的能力、さらに私心がないことに目をみはった。患者に対するユリアン・アレクサンドロヴィチ医師の親切で優しい態度をこの目で見たし、クランツ医師と彼の右腕のグトマノーヴァさんに向けられた患者の心からの感謝の言葉を耳にした。ゲットーの外のスカヴィンスカ通りからユゼフィンスカ通りに移った中央病院については賛嘆の思いを隠せなかった。引っ越しに際してドイツ当局はごくわずかな医療装置と備品を移すことしか許さなかった。ところが、改修され、壁を清潔な色に塗り替えられた建物には通常の病院にあるすべての診療科が入っていた。手術室では次々に手術が行われていた。ゲットー在住の医師であるニュッセンフェルト医師、フェルディナント・レフコーヴィチ医師、そしてブラウ医師だけではなく、クラクフの街からやってきた外科医たちも日夜、この病院で手術に当たっていた。彼らはゲットーが存在した初期の段階には特別の通行証を持っていて、例外的にゲットーに入ることを許された。幾度となく手術のためにやってきたのは、ヤン・グラツェル医師、ヤヌアリ・ズブジツキ医師だった。診断会議の席でわたしはタデウシュ・テンプカ医師、アレクサンダー・オシャツキ医師、スタニスワフ・ワピンスキ医師にお会いした。内科医長のブラスベルク医師、さらにグラスナー医師もいた。神経科を率いていたのはボルシュタイン医師、婦人科はJ・ラックス医師とR・フェニレゴーヴァ医師、泌尿器科はR・ラックス医師、眼科はアレクサンダー・ミロフスキ医師とミハウ・シェル医師、咽喉科はフェリクス・グリュンバウム医師とエトヴァルト・マハウフ医師、皮膚科はローゼンツヴァイク医師とヘンリク・エンゲルシュタイン医師、放射線科はオットー・シュヴァルツ技師とチェスワフ・ブリューバウム技師。感染症病院の院長、アレクサンダー・ビーバーシュタイン医師は患者に高い評価を受けていた。保健衛生部局の長はハーバー氏で、彼はドイツ当局と保健衛生部局の間の連絡役も果たしていた。前述した各診療科の長以外の医師はほとんどみんな無報酬で働いていた。

強制移送を免れた人々の集合地点はわたしの薬局だった。助かった者はまずは薬局にやってきて、ここで他の者たちを待った。死の淵から這い上がった人々は、どうやって逃げ、どこに隠れ、いかにして助かったかを話した。喜びと絶望。助かったことを素直に喜ぶ者、二度と帰ってこない近親者を失った痛みに体を硬くする者。ゲットーに残留した者たちは良心の呵責《かしゃく》にも苦しんだ。これまでの日常生活で近親者に与えた痛みを、その時になって許せなくなったのだ。それは、神経をとがらせた日常から、そして、いつも付きまとって離れない死への恐怖から生じた一時的な誤解による負の行為だったから、恋しさが一刻、一刻、募っていった。人々を包む空気はぞっとするもので、みんなささやくように話し、涙で言葉が途切れた。まるで、列車の車輪が線路をきしませる叫びのようだった。

こうしてわたしも、従業員も、友人たちと共に静かな絶望の中に沈んだ。それまで足しげくやってきていたスタニスワフ・アイベンシュツ、ドーラ・ハーバー、マウリツィ・ハーバー、ドーラ・ジルベルガーが薬局のドアを押し開けることは二度となかった。彼らは永遠に去ってしまった。

ユダヤ人評議会はつらい仕事を抱えていた。委員長のグッターについてはすでに述べたが、わたしはメンバーの一人、法学博士だったシュトライマーとも馴染みだった。年齢は五十五歳前後で、ずる賢いという表現があたっているだろうか、危険なほどに賢い男だった。多方面にわたる教養の持ち主で、数か国語を操った。わたしは彼とは何度か世間話をしたが、シュトライマーとドイツ人との関係には不明な点が多いから、付き合いにはとりわけ気をつけたほうがいいと友人のショアから助言を受けていた。したがって、うさん臭い話になると、わたしは努めて真意を探るようにした。彼の意見はいつも用意周到で、当今の話題に対してはあらかじめ返答を考えているような節があった。言葉や表現を念入りに選んで話をし、無駄がなかった。しかし、彼の話から確かなことを知ることはできず、特に政治的問題になると、結論には二重の意味が含まれていた。シュトライマーは非常な自信家で、ドイツ人の心理状態やドイツ人との付き合い方を自慢した。冷厳で、頑固で、一切笑うことなく、いつも顔を陰鬱《いんうつ》に曇らせていて、どちらかといえば、不愉快な人間だった。そして結局、彼はプワシュフ強制収容所でドイツ人に射殺された。そもそも何者だったのか、ゲットーでいかなる役割を果たしたのか、その秘密を彼は墓場まで持っていった。

ユダヤ人評議会のメンバーとして一番長く、ほぼ、この機関が誕生した時から仕事をしていたのはレオン・ザルペーターで、わたしより年上の仕事仲間だった。物静かで、穏やかで、献身的で、いつも冷静沈着、人当たりの良い人物だった。どうしてゲットーから逃げないのか、と聞くと、そんなチャンスがたとえあったとしても、わたしは逃げない、といつも答えた。そして最後まで彼はゲットーに残った。決めたことは実行する人間だった。そしてドイツの敗北を見届けた。戦後すぐに彼はロンドンで開かれたシオニストの大会にポーランドのユダヤ人代表として出席した。その後、イスラエルに移住してヤッファ〔イスラエル中部の旧港町。一九五〇年にテルアビブと合併〕に住み、そこで自分の薬局を開いた。一九五七年、わたしがイスラエルに行ったとき、彼の家に泊めてもらった。妻、エリザベスはわたしの滞在が快適になるようにと尽くしてくれた。一九六七年、わたしたちはキロニアで行われたクンデの公判審理に出席した。クンデは判決を待つことなく、まもなく癌で死んだ。一方、レオン・ザルペーターは一九六八年、大手術の後、亡くなった。

ユダヤ人評議会部局長のサロモノヴィチは五十七歳前後だったが、穏やかで賢い人間で、誰に対しても良い助言を与えたものだ。誠実で、可能なかぎりの支援を惜しまなかった。ドイツ人と話のできる人で、六月の移送行動の際には彼の仲介で数人が救出された。

誠実な人間にとってユダヤ人評議会での仕事は非常につらいものだった。自らの意思に反して命令を遂行し、法をだしぬき、ぐずぐずと決定を先延ばししなければならなかった。命令を出しているのはドイツ当局であって、評議会はそれを遂行しているだけであることを節度と平静さを持って何千人もの住民に納得させるのは、たやすいことではなかった。多くの人は、もっとも、いくつかの例外を除いて、評議会メンバーに具体的に非難を浴びせることまではしなかったけれど、敵意のこもった目で彼らの活動を見ていた。戦後、わたしは、こんな意見をよく耳にした。つまり、あの占領時代、高い地位に就くことを人は断念すべきだった、という意見だ。しかし、断念することはその人自身に、そしてその人の近親者に死刑の宣告をすることに等しかった。それに、どっちみち誰かがその地位につかなければならなかった。あっちでもこっちでもドイツ人に奉仕するような堕落した人間が多かった時代、そんな人間が評議会の席を占めるよりは然るべき立派な人間が占めたほうがよくはなかっただろうか？　英雄になること、理想のために我が身をささげることは立派なことだ。しかし、誰もが天才として生まれるわけではないように、誰もが英雄として生まれるわけではない。誰もが自らの命をささげるほどの能力を持っているわけではない。かつてもそうだったし、今もそうだ。これからもそうであろう。それに、わたしが最も象徴的だと思うのは、ユダヤ人評議会のメンバーに対する非難が声高に語られ始めたのは、ゲットーでの生活状況や雰囲気が急速に忘れかけられ始めた戦後になってからだ。しかも非難を浴びせた本人たちはポーランドからは遠い地で占領時代を過ごし、移送行動もテロ行為も知らず、要するに自らの体験としてドイツの占領を味わってはいない者たちが多かった。もしもユダヤ人評議会にあれだけ多くの良心的で、しっかりとした人間がいなかったら、ゲットー住民の運命はもっと悲劇的なものになっていただろう、とわたしは確信している。

ポーランドからは遠い地で戦争を体験した多くの者にはゲットーでの貧しい暮らしがどんなものだったか、理解できないことだろう。一九六五年、アメリカに行った時、わたしはギムナジウム時代の良き旧友、ヘンリクに会った。最初の日、会話はわたしのクラクフ・ゲットーの回想に向かった。

「タデウシュ、君の回想記を読んだよ。気に入ったけれど、ドイツ人のユダヤ人に対する殺害や虐待のシーンは、たぶん、大げさに書きすぎているよね。想像力が膨らみすぎたのはいい、彼らにはそうするべきだ。しかし、真実はわれわれも知っているよ」。ユダヤ人の親友はわたしにそう言った。

「ヘンリク、その時代、君はどこで生きていたんだい？　どんな世界で？　わたしを信じないのかい？　わたしはゲットーが存在していた間、ゲットー住民と共に生活していた。わたしは実際にこの目で見た目撃者だ。薬局の従業員たちとともに移送行動の際に和合広場で起きたことをこの目で見たんだよ。君はそれを大げさというのかね」。わたしは言い返した。

それでも、わたしの説明は功を奏しなかった。彼は軽い笑みを浮かべ、わたしの肩を叩きながら言った。

「もうその話は終わりにして、乾杯しよう。われわれの過去、今日、未来のために」

今日に至るもわたしはこの会話を忘れない。そして自らに問いかけた。あの親友と同じように考える人がこの世界にどれほどいるのだろうかと。

ユダヤ人評議会に対するドイツ当局の振る舞いは、ユダヤ警察に対する振る舞いよりも何倍も過酷だった。ドイツ当局にとってユダヤ人評議会の価値は疑う余地のないほど小さいもので、まったくといってよいほど、あてにしていなかった。その一方で、ゲシュタポは盲目的に従ってくるユダヤ人グループにはいうまでもなく、ユダヤ警察に対してもある程度の信頼を寄せていた。

ドイツ当局のユダヤ人評議会に対する態度は、ユダヤ警察リーダーのシュピラがよく知っていた。シュピラは自分の優位性を最初のうちはそれとなく示し、評議会や委員長のローゼンツヴァイクに、後にはドイツ人から「委員長《コミサシュ》」の称号をもらったグッターにも牙をむきだすようにして誇示した。グッターとシュピラの小競り合いはいつもシュピラのほうが勝った。二人の外見は似ていて、どちらも細身で、肌はガサガサしていたし、病弱だった。二人の気質も似ていて、どちらも神経質で短気、退廃的、野心的、性的に興奮しやすくロマンスの機会をいつも探し求めるタイプだった。ただ、知性、会話術、柔らかな人当たりの点ではグッターのほうがシュピラを上回っていた。ゲシュタポは自分たちの権力に対するシュピラの信頼を強固なものにし、彼の病的なほどの上昇志向を煽《あお》った。シュピラ自身も取り巻きの同僚と共に他のユダヤ人には手にできない特権――ゲットーの外に出かけること、腕章なしで歩くこと、辻馬車を乗り回すこと、ゲシュタポの建物に自由に出入りすることなどの特権を享受した。シュピラはほとんどすべてのゲシュタポのメンバーを知っていたし、ゲシュタポのメンバーもまた彼のことをよく知っていた。シュピラは彼らにプレゼントをしていた。どんなつまらないことに対しても、非常に些細なことで世話になってもそれに対する返礼としての贈り物を忘れなかった。直接の指導者であるクンデに対しては、さらに限度がなかった。シュピラの口からはたびたび、次のような言葉が漏れた。「他のやつは無理でも、シュピラ様だけは戦争を生き延びる。他は全員死んでも、シュピラ様は生きていくだろう」と。

部分的には彼の言うとおりだった。人間が生き、死んでいくのは自然の摂理だ。死者の名前が忘れられ、消えていくのは当然のことだ。しかし、シュピラの名前が人々の記憶から消えることはないだろう。クラクフ・ゲットーに関するどんな編年史も、どんな回顧録も、どんな記事も、かつてガラス工だったユダヤ警察のリーダーで何千人ものユダヤ人の生と死のカギを握っていた男、ズィムヘ・シュピラについては必ず触れることだろう。

絶え間なく続く苦しみの中、月日は過ぎていった。住まいの狭さが住民に次第に大きな苦痛をもたらしていた。一九四二年十月後半、ドイツは再びゲットーの縮小命令を出した。ルヴォフスカ通りの左側にある地区、通称は「ウクライナ」と呼ばれている地区住民はそこを離れ、たった一日の間に残りのゲットー域に移れ、という命令だった。人々は絶望に包まれた。また移動が始まった。住民はもう家具の移動はせず、日常生活に最低限必要な物だけを持って移った。ところが、驚いたことにクラクフ・ゲットーの歴史において初めて、人々は当局から命令の取り消しを勝ち取ったのだ。命令は撤回された。移動を始めていた住民は以前の住まいに引き返した。その喜びときたら！　この件に関しては様々な意見が飛び交った。ところが、それもつかの間、恐ろしい失望が住民を待っていた。

その時期、再び象徴的な出来事が起きた。それは六月の移送行動からわずか数か月が経った頃で、無防備なゲットー住民に対してドイツ人が犯した残酷で無慈悲な光景の記憶がまだ脳裏に焼き付いて離れない時だった。

ある朝、和合広場をリマノフスキェゴ通りに向かってドイツ軍の長い車列が走った。その時、一台の車が通りを渡ろうとしていたユダヤ人少年にぶつかった。車は停まり、後ろに続いていた車も全部がその場で停車した。誰かが少年を抱き起し、病院に運んだ。そのことはユダヤ警察署から電話でフランチシカンスカ通りのドイツ警察に知らされ、すぐにドイツ人警官が駆けつけて来て現場検証が始まった。事故現場の距離が計測され、運転手が出していた速度が質問された。一時間ほどかけて調書の記載が終わると、車列は再び動き出した。

この一連の出来事がわたしには理解できなかった。いまだに多くの住民の死が記憶に残っている時期に行われた単なる規則の遂行であり、前例のない官僚主義に過ぎなかった。少年は軽傷ですみ、すぐに元気になった。だが、健康を取り戻した少年を待っているのは、法律や調査体制が無視された大量虐殺の場で命を失うことだった。

苦しく、不安な日々が続いた。朝、ゲットーを出て街中の事業所で働き、夜、ゲットーに戻ってくる人々は様々なニュースや噂を持ち帰った。そんな情報に基づき、新しい移送行動についての話が再燃し、ゲットーの完全撤収について語られ、プワシュフやその他の収容所が話題になった。ドイツ当局は断固として否定したものの、そんな推測が住民を一層大きな不安に陥れた。親衛隊やゲシュタポが言っていることとはまったく別の状況になっていると誰もが思った。そしてそれは当たっていた。労働局で労働カードの見直しと補足が行われるとの指令が出され、それが悪の予兆として人々の不安を駆り立てた。

　ゲットーの雰囲気は日々悪化し、一九四二年十月二十七日、住民は明後日には次の強制移送行動が始まることをすでに知っていた。シュピラは何度も辻馬車でゲットーから出かけ、神経をとがらせ、顔を曇らせて戻ってきた。しかし、彼は一切口を閉じ、ゲシュタポと交わした話の内容を同僚にさえ伝えなかった。ゲシュタポのメンバーが入れ替わり立ち替わりゲットーにやってきたし、ユダヤ警察やゲットーの問題と緊密にかかわっているドイツ人が自分の部署のある建物へと入って行った。

　保安警察《ズィポ》に所属するユダヤ人問題部局の幹部には、親衛隊中尉ベッヒャー、親衛隊曹長ジーベルト、親衛隊少尉ブラントがいた。彼らがゲットーに現れるのは時々だった。一方、常勤していたのは、親衛隊特務曹長で犯罪部書記のクンデと助手のオルデ、そして親衛隊中尉のハインリヒ・ヘルマンだった。

　ゲシュタポに所属するユダヤ人問題部局の幹部には親衛隊中尉テオドア・ハイネマイヤー、保安警察部局長ケルナー、そしてパウル・マロトゥケがいた。一方、「親衛隊および警察」からは協力者として親衛隊上級大佐シェルナー、親衛隊少佐ハーゼ、親衛隊伍長ホルスト・ピラルツィヒ、親衛隊兵長ヴィクトル・リチェク、親衛隊兵長ツークスベルガーが加わっていた。

　ユダヤ人評議会の「委員長」を命じられたグッターはこの日、数度にわたってオレアンドリ通りにある「親衛隊および警察」本部を訪れ、クラクフ地区におけるユダヤ問題の最高権力者である親衛隊上級大佐にして警察指導者のシェルナーと話し合った。協議結果は不首尾に終わり、移送期限を先に延ばそうとしたグッターの尽力は水泡に帰した。

　グッターは逆に脅され、次の移送行動の予定日について他言を許されなかった。しかしゲットーに帰ってきた彼は秘密を隠し通すことはできなかった。数分後、明後日に何が待っているかをゲットー住民は知り、差し迫った移送の準備を始めた。以前の体験から、スタンプがなくても移送されない方法を知っていた。隠れることだった。しばらく身を潜め、その後でいろいろな手段を使ってスタンプを得ればいいのだ。そのスタンプが本物かどうかなんて誰も気にかけなかったのだから。死刑をちらつかせて威嚇するドイツ人当局の命令をそれほど気にすることはないことを人々は体験上、学んでいた。彼らは宿命論者になっていた。移送者の運命がどうなるかは明らかだった。「うまくいけば生き残るだろうし、うまくいかなければ殺されるだろう。遅かれ早かれ、いずれは死ぬ運命にある。二つの可能性があるならば、まずは隠れることを選択したい」。彼らはそう考えたのだった。

人々は隠れ場所を作る衝動に駆られた。周囲に響くドイツ人の怒声を耳にしながら十数時間、身動きのとれない態勢で耐えることのできる図太い神経の持ち主はゲットーから姿を消し、工夫し、考えぬいた隠れ家に身を潜めた。それは地下室であったり、屋根裏であったり、住まいそのものの中であったりした。ある知人女性は両親を納戸に隠した。棚を除け、開口部分を現代風の住宅なら普通にある洋服掛けや鏡と共に木製の間仕切りでふさぎ、釘《くぎ》で壁に打ち付けた。移送行動の際にドイツ人は隅々まで探し回ったけれど、洋服掛けの向こうに人が隠れているなんて思いもしなかった。

一方、多くの住民は親しい知人を頼ってクラクフの街中に逃げた。数日間そこに匿《かくま》ってもらい、移送行動が終わってからゲットーに戻ってきた。わたしはクラクフの街でそんな数人に会った。ナットローヴァさんの場合はわたしがミコワイスカ通りに部屋を見つけてやり、彼女は移送が終わるまでそこに隠れていた。もっともその時の移送行動は一日で終わった。

午後五時頃、わたしはゲットーに戻った。ゲットーには暗い空気が漂っていた。通りでは神経を高ぶらせた住民が集まり、この先に何が待っているかを話し合っていた。明日、移送行動があることは誰もが疑っていなかった。時間が増すごとに人々の不安は増し、女たちは子どもを案じて放心状態だった。薬局には人が溢れ、処方箋のないまま、彼らはもっぱら精神安定剤を求めた。明日の命はわからないのだから、誰も病院に行くことなど、思いもよらなかった。午後八時頃、完全武装した特別奉仕隊がクラクフの街からポドグジェ地区の方向へ進んでいることを、住民は仕事帰りの人やポーランド警察から聞き知った。薬局に集まった知人たちは妻や子どものことを案じた。安全を保証されている医師、そして独身者は比較的落ち着いていた。

午後九時頃、特別奉仕隊がゲットーの壁に近づき、武装兵がゲットーを包囲した。住民が逃亡することはもはや無理だった。一睡もできない長く苦しい夜になった。ドイツ当局は今度はどんな基準で住民の選別をするのか、誰にもわからなかった。人々は準備した隠れ場所に食料品を運んだ。薬局には子ども用の睡眠薬を求める客がやってきた。泣き声で隠れ場所がばれないように、保護者は小さい子どもたちに、乳児にまで睡眠薬を飲ませた。その同じ日、つまり、その日の夜遅くにドイツ当局から指令が出されると、主にユダヤ人評議会によって口頭で住民に伝えられた。それは、明後日の十月二十八日早朝、労働に出ている者は全員が事業所ごとにユダヤ人評議会の建物前に並ぶようにとの内容だった。

十月二十七日から二十八日にかけての夜はひどい状態だった。薬局には夜から夜明けにかけて興奮状態の様々な知人がやってきて他の人たちと相談し、出て行ったと思ったら、数時間後にまたやってきた。その夜は誰もがまんじりともしなかった。夜明け前、薬局から人は消え、わたしは一人になった。その日、従業員が薬局に来ることができないことはわかっていた。警察の哨所は強化され、ゲシュタポ発行の特別な許可証がないかぎり、誰もゲットーには入れなかった。

十月二十八日は小春日和だった。空には一片の雲もなく、六月の強制移送行動の日の天気に似ていた。ヴェンギェルスカ通りに通じる出口門わきのユダヤ人評議会が入っている建物の前には人々が集まっていた。労働に出る多くの者たちは小さな子ども連れだった。彼らはできることなら子どもを連れていきたいと思っていたし、必要な場合はドイツ人の移送行動実行委員たちが警察当局との間に入って取りなしてくれると期待していた。

朝六時、親衛隊とゲシュタポ高官を乗せた車がゲットーに入ってきた。移送行動の指揮をとる親衛隊少佐ハーゼも到着した。ハーゼは四十歳前後、年齢よりはずっと老けて見え、背は高く、細身で、白髪、鋼色の鋭い視線の持ち主だった。決して笑顔を見せない男で、妻帯者であり、四人の子の父親、一番下の子どもは二歳だった。このドイツ人が十月の移送行動の指揮をとった。

親衛隊、ゲシュタポ、労働局職員、そしてポーランド総督府クラクフ地区からの「客」がゲットーに入ってきた。その他にユダヤ人を雇っているドイツ人事業所の経営者もやってきた。彼らは移送を予定されている熟練労働者を解放するためにやってきたのだ。単に良心的な同情で、あるいはユダヤ人に手を貸したいとの思いから来た場合もあったが、多くのドイツ人経営者は自分の利益のために出向いたのだった。第一線で働いているユダヤ人熟練工を失うことになれば事業所を閉めなければならない。そうなれば、経営者は前線に送られるのだ。つまり、ユダヤ人を移送から守ることは経営者自身のためだった。

ヴェンギェルスカ通りわきの門の前ではゲットーの外に労働に出る者たちが並び始めると、ゲシュタポと親衛隊の隊員たちはいかなる方針にものっとらずに選別を始めた。年齢、態度、外見を見てゲシュタポ隊員は手を振り、労働者を出口門に向かわせるか、それともゲットーに留めるかを決めた。事業所の経営者が決定の変更に介入できた事例は多くはなかった。響き渡る大きな声で、ゲットーに残る者の名前が呼ばれると、その労働者はグループから外された。これらすべてはドイツ人のぞっとするような怒声の中で行われた。ひしめいている人々の体の上に何度も鞭《むち》が振り落とされた。ユダヤ人評議会のグッター、そして部下を引き連れたシュピラがドイツ人の間を走り回っていた。ゲシュタポ隊員の目を盗んで、ごく一部の親は連れてきたわが子をこっそり他の人に託した。子どもたちのほとんどは両親から引き離された。

ゲットーの外で働く労働者たちが出ていった後、ゲットーには完全武装した特別奉仕隊が二列に並んで入ってきて、和合広場で足を止めた。彼らの前にカラビン銃が組み立てられた。ユゼフィンスカ通りとルヴォフスカ通りのほうからは行進してくるドイツ人警官のリズミカルな足音がした。さらにゲットーには武装したシャウリシ〔一九一九年にリトアニアに生まれた準軍事組織〕と呼ばれ、ドイツ人部隊に仕えたリトアニア人とラトビア人から成る協力兵が入ってきた。彼らの残忍さは際立っていて、ゲットー撤収の際に彼らはドイツ人に利用された。

わたしは薬局に一人でいた。この日、従業員はゲットーの中に入ることはできなかった。わたしは店を閉め、必要な時には呼び鈴を押すようにと、入り口に張り紙をした。そしてドイツ人に気づかれないように窓から一メートル離れて部屋に立っていた。すべてのゲットー住民は例外なく午前十時までに家を離れ、ユゼフィンスカ通りに出て、ユダヤ人評議会の建物とユダヤ警察署の間に並ぶようにとの命令が出されていた。十時が過ぎてから家に残っている者は即刻、射殺されることになっていた。

人々はぞろぞろと家の外に出てきた。住まいに鍵をかけることは許されなかった。ユゼフィンスカ通りは人で溢れた。親衛隊員とゲシュタポ隊員は書類の一部に目を通すと、ある者は移送グループへ、ある者はゲットーに残るグループへと手を動かして振り分けた。この際にも判断の基準などなかった。どちらのグループに入れられるかを決めるのは、ドイツ人の気まぐれ、幸運、そして偶然だった。医師とユダヤ人評議会のメンバーは移送させられることのないように、そして自由に行動できるように、腕に特別の腕章をはめていた。ところが、彼らも行動の自由を行使できたのは例外的な場合だけだった。医師は病院内に留まるように言われ、腕章の効果などなかった。それに、わたしは実際に目にしたのだが、ドイツ人が気に入らないと、腕章をしている者でさえ移送のグループに入れられた。薬学の専門家イマーグリュックと妻は衛生委員をしていたにもかかわらず、移送グループに押し込まれた。いかなる説明をしても、書類を見せても何の効果もなかった。ドイツ人は落ち着き払って彼らの手から書類を受け取ると、それを読むこともなく、手の中でぐしゃぐしゃにした。さらに医師のジグムント・ラインクラムが蹴飛ばされ、移送グループに押し込まれるのをわたしは目撃した。

止むことのない親衛隊員のわめき声の中、銃の床尾で小突かれ、殴られながら人々は次々に広場に入ってきた。親衛隊少佐ハーゼは、すべてのユダヤ人を手の込んだ隠れ場所からおびき出そうとし、集合住宅が隣接する小高い場所に出ると、手を挙げた。周囲は墓場のような静寂に包まれた。ハーゼは言った。

「男も女も全員が落ち着いて家に行くように」

墓場のような静寂は、この言葉を耳にした何百人の人々の喜びの声で破られた。しかし、その喜びは長くは続かなかった。ハーゼがまた手を挙げると周囲は再び静まり返り、次のドイツ語の言葉が落ちた。

「最も必要とする品物を持参せよ。ゲットーはユダヤ人から解放される」

真意は明らかになった。情報は稲妻のようにゲットーを駆け巡り、すべての建物、あらゆる部屋、奥の隠れ場所、カムフラージュされた空間にまで及んだ。多くの人が騙され、隠れ場所を離れて他の者たちと運命を共にしたのだ。ゲットーでは有名な一家だったヴァイントラウプ家の子どもたちも隠れ場所から出てきた。絶望した両親は子どもたちを荷車に積んだ家具の中に押し込み、荷車は急ピッチで建設が進められているプワシュフ収容所に向かった。子どもたちは今度はそこに建築中のバラック小屋に隠された。しかし、それもつかの間。卑劣な者たちの裏切りによって子どもたちが隠れていることがドイツ人に知られ、その後、すぐに射殺された。それは決して例外的な出来事ではなかった。密告者だったヒロヴィチョーヴァは収容所に隠れている子どもたちを暴き出し、ドイツ人に報告するのが任務だった。見つけられた子どもに続いて両親も殺されることが多かった。

最初の銃声が響いた。十月強制移送行動の最初の犠牲者たちが中庭で、玄関先で、歩道で倒れた。負傷して血を流す人たち、すでに息絶えた人たち。ナチス・ドイツの死刑執行人たちは死に行く人々の恐ろしい断末魔を見つめていた。沈黙の波が両方向からその場を覆った。広場では人の群れが刻々と増えていった。立っている者には座るようにとの命令が出された。生理的理由で立ち上がろうとしても、それは弁明にはならなかった。信じられないことに、人々には水さえも与えられなかった。今回、広場には医師もいなければ、手を貸してくれる人もいなかった。十月としては気温の高いこの日、人々は座り続けた。この地獄のような光景はわたしの脳裏にも、目撃者たちの脳裏にも永遠に刻まれた。

このような事態がゲットーで起こっているとは思いも寄らずに、労働に出た人たちはどうしていたのだろうか。それは想像に難くなかった。家族は守られるとの約束を聞いて、彼らは元気を取り戻していたのだ。労働に出たのは主に男たちで、移送されたのは彼らの妻、両親、そして子どもたちだった。男たちは近親者と別れを交わす機会を与えられなかった。高齢者ホームから連れ出された老人たちや施設に入っていた障害のある人々も移送者の列に入った。さらに病院では入院患者たちにベッドを離れないようにとの命令が出された。

親衛隊員がユゼフィンスカ通りの中央病院に現れ、動けない患者に向かって発砲したのはちょうど正午頃だった。親衛隊員は玄関ホールで出くわした人たちを殴り、病院の従業員を追い払い、出産中の女性に対してさえ容赦することなく、病院前に停車している病人用のトラックに乗るようにと命じた。病人とは病室での射殺をやりそこねた患者たちだった。命令は実行され、十数人の医師も命を落とした。広場では親衛隊将校と様々な階級のゲシュタポ隊員が動き回っていた。ほとんど全員が鞭か棍棒《こんぼう》を手にしていて、中には火かき棒を握っている者もいた。それらの道具は軍帽のどくろマークの記章と見事に調和し、年齢や性別にお構いなく人々の頭や顔に頻繁に落ちてきた。中でも高齢者は残酷に扱われた。殴られ、血まみれになっているユダヤ人を見て、大部分のドイツ人は大笑いしていた。

中には笑わないドイツ人たちもいた。わたしがいた窓際のすぐ前に大尉の階級の親衛隊員が立っていた。四十五歳前後で、褐色の肌の整った顔立ちをしていて、こめかみには白い髪が混じっていた。彼は広場の中央にいる親衛隊やゲシュタポの隊員グループに近寄ることはなく、そわそわと、次々にタバコに火をつけていた。その大尉の陰になって部分的にしか広場中央の様子が見えなかったこともあり、わたしはその大尉を注視した。彼は非常に神経質になっていた。そばには大柄の親衛隊軍曹がいて、軍曹のほうは大尉にひっきりなしに話しかけ、血まみれになっている、あるいは死んでしまったユダヤ人を指さしてゲラゲラと笑いころげていた。しかし大尉は一度として笑みを浮かべることもなければ、言葉を発することもなく、しばらくするとハーゼの所に行き、二言三言を交わすと、敬礼してゲットーを離れていった。

銃声は次第に多くなっていった。広場には新しいユダヤ人グループが連行されてきて、人の群れはさらに密になった。気温は上昇し、人々は帽子もなく、荷物も持っていなかった。着の身着のままで連れてこられたのだ。人生の最後になるかもしれない道中で、重い荷物に苦しみたくないと、あえて手ぶらで来た人たちもいたことをわたしは後で知った。今回の移送では、かなりのユダヤ人が自分たちの運命を知っていた。もう伝説上の「ウクライナ」も、ユダヤ人収容所で生きている人がいることも信じてはいなかった。

十時が過ぎると、命令を受けた特別奉仕隊と親衛隊のパトロール隊が四人一組になって集合住宅を回り、各部屋、屋根裏、地下室を捜索した。鍵のかかっているドアは斧《おの》で打ち破られ、周囲には銃声が響いた。人々がひしめいている広場を走り回る犬の吠え声、名前を呼ぶ声、うめき声、嗚咽《おえつ》、年老いた両親や連れていくことのできない子どもたちと別れた後の嘆きの声。それはまさに地獄だった。高齢の、特に男性は小さな包みの他に、立派な刺繍《ししゅう》のあるビロードの袋に入れた祈禱書《きとうしょ》を抱えていた。信心深さは少しも衰えてはいなかった。「神よ、あなたはどこにいるのですか」と、ある者はつぶやき、「神はいる。神は休暇で出かけているが、戻ってくる」と、穏やかな笑みを浮かべて、ある者は答えた。

地面に座っている者たちの頭上にドイツ人の怒声が落ちた。時に、群衆の誰かが、近くに立っているパトロール隊員に何かを話そうとしたり、何かを説明しようとすると、すぐに拳か銃の床尾が飛んできた。あるいは強い足蹴を受けた。すべてを圧して君臨しているのはハーゼ少佐だった。彼は親衛隊とゲシュタポの参謀に取り巻かれ、まるで彫像のようにじっと立ち尽くし、周囲を見回していた。彼はまさに生の主人ではなく、死の主人だった。

わたしの目の前を多くの良き知人たちの顔が通り過ぎた。かつて長話をした人々の顔。政治的な議論では頑《かたく》なまでに楽観的な意見を述べた人々。それに反対した悲観論者たち。わたしは彼らの顔を目にした。密になり、かたまって座っている。貧しかった者、裕福だった者、年寄り、若い人、男、女、子ども。戦前、わたしの長年の隣人だったティガー博士の妻が見えた。コートも着ずに夏用のワンピースのままで、息子と一緒にいる。荷物は何も持っていない。レオン・グリュック博士が妻と娘と共に立っている。最後の一瞬、彼だけ移送の列から引き抜かれ、妻と娘はそのまま行ってしまった。N・オーバーレンダーと政治的議論をした実業家ヴァクスの姿が見えた。それから毎日、客としてやってきたショアの顔も。そして、医師だったフリデリカ・アマイゼン、アドルフ・ディストラー、フックス・カツォーヴァ、アマリア・ゴールトマン、ラヘラ・モルクナー、アドルフ・カイザー、ギゼラ・グトマン、バルバラ・ローゼンバウム、ジグムント・ラインクラム、ステファーニャ・ジルベルガー、イーダ・シュパーリング、スティヒリッツ－シュトラウヘローヴァ、ヤクブ・ヴァインシュタイン、ヴァンダ・ザクス、ヤクブ・ザプナー。リマノフスキェゴ通りにあった小さな病院の院長だったヤクブ・クランツ医師も重い病気を抱えた高齢者たちとともに英雄的な死を遂げた。

行く先の知れない未来を待って広場に立つすべての知人、友人を数え上げることはできない。

特別奉仕隊と親衛隊のパトロール隊は集合住宅から集合住宅へと歩き回り、隠れている者がいないかと探した。斧でドアを破る音、カラビン銃が火を噴く音がした。わたしは閉店した薬局の中に一人でいた。ドイツ人の大声、靴底に釘を打ち込んだ長靴の重々しい音が近づいてきた。きつい声が耳に響いた。わたしは発砲を恐れて、ドアのくぼみに身を潜めた。ドアから数メートル先に足音が近づいてきた。

四人一組のパトロール隊は分散して、一人は屋根裏へ、一人は廊下のほうへ、もう一人は地下室へ、最後の一人は玄関口から薬局へと続くドアの前に立った。そして、おそらくは自身を鼓舞するために、カラビン銃を発射した。銃声は人けのない石造り集合住宅の中で大きく反響した。最初の標的となったのはわたしの部屋の向かい側にあるドアだった。そのドアは開かなかったので、こじ開けられた。ドアの木材が砕かれる音を耳にし、わたしは部屋から出ることにした。戸を開けると、薄闇の中に背の低い、がっしりとしたドイツ兵が見えた。彼はドアをこじ開けることに骨を折っていて、わたしに気づくどころか、足音も聞こえていなかった。わたしは手で彼の背に触れ、「すみません」と声をかけた。ドイツ兵はまるで体に電気が流れたようにびくっとして振り向いた。わたしがどこから現れたのか、理解できないようだった。午前十時以降に捕まった者は即刻射殺との命令が行き渡っていたのだから、それは当然だった。わたしは薬局の白衣姿で兵士の前に立っていた。白衣を着ていたのは、薬局にいる意味を示すためだった。兵士はわたしの説明を最後まで聞かずに、敬礼をすると踵《きびす》を返して出ていった。

わたしが自分の部屋に戻ると、五分も経たないうちに数人のドイツ人が建物に入ってくる足音がして、わたしの部屋に近づいてきた。ドアが足で蹴られ、開けられた。親衛隊将校一人、下士官一人、兵卒二人が入ってきた。そして、わたしがなぜここにいるのかと聞いた。わたしはあらゆる関係書類を見せたが、彼らはそれほどの興味を示さず、パラパラと目を通しただけだった。下士官は、命令にはどんな例外もないと言った。それに対して将校は、部下の厳然たるもの言いに片意地をはったのか、書類に不備はないと応答した。しかしながら、わたしは連行され、広場で出発を待っている移送者グループに押し込まれた。ドイツ兵は去っていった。

あらゆる通りから連行されてきた人々で広場はますます密になっていった。ユダヤ人警官がドイツ人権力者に混じってせわしなく動き回り、背筋をぴんと伸ばして命令を受けていた。シュピラもまた高位のゲシュタポ隊員の前で楽器の弦のように背筋を伸ばして立ち、ドイツ人に重宝されていたユダヤ人密告者のパカノワとグッターはまめまめしく走り回っていた。フェルスターはポケットに手を入れたまま、腕章なしでゆったりと歩き回っていた。時には誰かがドイツ人に取り引きを申し出た。それが功を奏した場合、ドイツ人は候補者を移送の列から引き出すことを許した。引き出された者は放心状態になって感謝し、あまりの幸運に泣きながら自分のために取り計らってくれた者に抱きついた。

わたしは決定を待った。今すぐにでも移送者の列が動き出すのではと考えると、震えがきた。そうなればもう一巻の終わりだ。しばらくすると、落ち着いた足取りの親衛隊少佐ハーゼが現れた。彼は薬局でわたしの書類に目を通したあの将校を伴っていた。ハーゼは近寄るようにとわたしに合図をした。哨兵がわたしを通し、わたしはハーゼのそばに行って、自分の存在を説明し、書類を見せた。その間、数秒だったが、永遠に続く時間のように思えた。ハーゼがうなずき、一言、「ナイン」と言えば、わたしはユダヤ人と運命を共にすることになっただろう。ハーゼは「そのことは知っている」と言うと、わたしを解放するようにと合図を出した。

わたしは、まるであの世から戻ったような気分で薬局に戻った。強い疲労感を覚えたが、再び、前の観察地点に立った。カーテンをひいた窓際から一メートルの距離にある場所だった。

わたしは、一生、脳裏から離れることはないであろう光景を見ていた。和合広場では何千人もの人々が地面に座ったり、立ったりしていた。彼らから十数歩離れた所に見事な仕立ての制服に身を包み、ピカピカの長靴を履いて、鞭や杖や火かき棒を手にした親衛隊とゲシュタポの高官たちがいた。彼らはひっきりなしに笑い、嘲《あざけ》り、時にはユダヤ人のほうに近寄ると、自分たちの高揚した気分をぶちまけ、殴ったり、足蹴にしたりした。その顔は炭火のように真っ赤だった。

突然、胸に赤ん坊を抱えた一人のユダヤ人女性が親衛隊員の足元に身を投げ出し、命乞いを始めた。その親衛隊員のわきにはグッターがいた。女性は泣き叫び、グッターに助けを求め、何度も自分の苗字と夫の仕事を伝えた。それは何の効果もなく、親衛隊員は彼女を足蹴にしてその場を離れた。女性は降参することなく、グッターを追いかけ、手をつかんでお願いをした。親衛隊員は振り返り、今度は女性の頭に鞭を振り落とした。グッターは苛立って女性を突き飛ばし、無慈悲な言葉を投げつけた。

不運な女性は地面に倒れ、失神した。特別奉仕隊の一人が女性のもとに行き、手をつかんで子どもと共に女性を行列の群れに押し込んだ。これはわたしが唯一目にした、ユダヤ人が人々の面前でドイツ人に哀れみを乞うた出来事だった。

同時に別の光景もあった。若く、美しく、素敵な身なりの若い女性が親衛隊グループと薬局とを隔てている人けのない所を堂々とした足取りでゆっくりと歩いていくのが見えた。薄緑色のマントをはおっていた。女性は親衛隊員のそばに来たけれど、彼らのほうには目もくれずに進んでいく。どうやら移送者の列に向かっているようだ。後でわかったことだが、列には女性の母親が並んでいた。ドイツ人たちはいぶかしげに彼女の動きを追った。そのうちの一人、最も太っていて、最も赤い顔をした男が乗馬用の鞭の手を背に回し、女性に近づき、前かがみになると、怒りに燃えた目と粗野な顔を向けた。立ち止まった女性はドイツ人の言葉に何か答えている。ドイツ人は突然、女性に鞭をふるい始めた。顔、目、髪、肩、背に、狂ったように鞭を振り落としている。広場は死んだように静まり返り、鞭のうなる音がわたしの部屋にまで聞こえてきた。女性は軽く頭を傾けたまま彫像か石のようにじっとしていた。彼女は自分の意思で移送を望んだのだ。母親といっしょに移送されることを。そのことが親衛隊員の怒りに火を点けた。彼女の口からは一言のうめき声も出なかった。泣いてもいなければ、何かを乞うこともしなかった。ドイツ人は彼女を負かすことはできなかった。懇願させることもできなかった。親衛隊員は怒り狂って女性を足蹴にし、殴り、彼女を移送者の列に押しやった。女性は母のわきに立った。

母と娘がお互いに言葉を交わすことはなかった。親衛隊員が離れていくと、娘はハンカチを出して顔をぬぐった。母親は娘の頭をなで、涙を流した。しばらくすると、あの親衛隊員が戻ってきて、女性に近寄り、何かを言った。彼女が返事をしたかどうかは、わからない。うつむいていた。ドイツ人は彼女の髪をつかみ、列から引き出すと、殴りながら何事かをわめき、鞭で女性の行く方向を示した。娘が母親と共にいることは許されなかった。今しばらく生きなければならなかった。それが親衛隊の意図だった。女性はゆっくりと歩き出した。強権に対して彼女は無力だった。母親は娘の後ろ姿に最後の目を向けた。

このように、クラクフ・ゲットーで、住民はドイツ人にうめき声、不平、嘆きや絶望の声を聞かせることはなかった。それこそが、わたしが思うに、ドイツ人を一番怒らせたことだった。犠牲者の沈黙が彼らの狂気を引き起こした。

若い女性と仲間が繰り広げる光景をショーのようにまじまじと観察していた他の親衛隊員にとって、その光景は特別な印象をもたらすものではなかった。まるでごく普通のことであるかのように、まるでその行為が人間を扱うごくありきたりの振る舞いであるかのように、彼らは目を向けていた。

家族、近親者と運命を共にするために秘密の隠れ場所を離れ、通りに出てきた人たちも含めておよそ二千人のユダヤ人が出発を前にしていた。残った者は、今回は死を免れた。

十月の強制移送行動では大勢の病人と身体障害者が病院や施設から引っ張り出されて始末された。クランツ医師が院長をしていたリマノフスキェゴ通りの高齢者用病院ではほとんどすべての人が殺害された。ドイツ人による犯罪の犠牲者は児童施設や寄宿舎にも及び、感染症病院からは子どもたちも連れ出された。ユダヤ警察の拘置所やモンテルピフ刑務所、クラクフ近郊の労働収容所の囚人たちも移送グループに加えられた。ドイツ人がことさら残酷に扱ったのは高齢者用の病院で、高齢の女性、男性、中でも身体障害者はベッドから引きずり出され、怒声が響く中、廊下へ、階段へと押しやられ、鞭打たれ、血まみれになった。いかに過酷な状況の中で彼らが一階にたどり着いたかは言うまでもない。

後になってクランツ先生が話してくれたのだが、高齢者たちは普通に歩いて階段を降りたわけではない。多くの者は途中で倒れ、下まで転げ落ちた。ドイツ人は障害者の松葉杖を蹴り、足をすくっては笑い転げた。中庭の壁際に彼らを立たせると、そこで跳び上がるように命じ、同僚の笑い声が上がる中、射殺した。ゲットーで自然死することは決して容易なことではなかった。

この移送行動の際、多くの人が自殺した。高齢の親にせがまれて子や孫は毒物を与えた。ゲットーで名の知れた医師のテオフィル・ブリューバウムは周囲の状況に耐えきれず、自ら十五グラムのルミナールを飲んだ。ルミナールは一グラムが致死量に当たる。しかし、三十分以内に近親者に発見され、救急蘇生術が施された。即座に胃洗浄が行われたものの、医師は四日間眠ったままだった。しかし、ほかの医師たちの献身的な処置で命をとりとめた。

ブリューバウム医師は占領時代を生き延び、戦後はチェスワフ・ムルチンスキと名前を変えて、シュチェチン〔ポーランド北西部、ドイツとの国境に近い都市〕に永住した。シュチェチンに医学アカデミーが生まれるまで、彼は国立大学の学長を務め、妻は診療所で働いた。ところが、やがて二人とも大きな病を抱えて体がマヒ状態になり、夫妻は自殺を図った。自殺は深く考えた末の決断で、つらい人生を続ける目的を見失ったと遺書にはしたためられていた。

わたしはこんな例も知っている。ある女医は老いた両親と叔母を抱えていた。彼らの懇願に折れ、女医は移送という苦しみの時間を短縮するために青酸カリを与える決断に出た。その決断をわたしが聞いたのは、決行の前日だった。最後の夕食。家族は一緒にワインを飲み、最後の抱擁を交わし、涙で言葉が出ないままに最後の別れをした。そして彼女の両親と叔母は永遠の眠りについた。娘は自らの手でユゼフィンスカ通りの病院の中庭に三人の亡き骸を埋葬した。

さらに、こんな医師もいた。彼は重い病気の父親の願いで父親に青酸カリの注射をした。致死量を注射したにもかかわらず、即死とはならず、死までに十数分かかった。毒薬の効力が弱まっていたようだった。

十月の強制移送行動の際、若い親衛隊伍長ホルスト・ピラルツィヒは自らの残忍性を知らしめた。彼がゲットーに現れると、通りには死の恐怖が走った。人々は家の中に隠れ、ユダヤ人警官でさえ彼と出会うのを恐れたほどだった。事業所からゲットーに戻ってきたユダヤ人労働者を射殺したのは彼の仕業だったし、シュピラの顔を殴り、グッターに鞭を振り下ろした人間はピラルツィヒが最初だった。そんな行為に出たことですべてを発散したのか、彼の恐ろしい気質は静まったと、人々は後になって噂した。マドリッチ〔既製服縫製工場の経営者〕の作業場で働く数人のユダヤ人との会話の中で、ピラルツィヒはまことしやかに後悔の念を示し、今ならもう、人を銃殺するなんてことはできないだろうと、言ったそうだ。労働者の射殺は、彼のドイツの学校卒業後の最初のパフォーマンスだった。クラクフ・ゲットーで初めて大勢のユダヤ人を一度に目にし、自分でも何しているのかわからないままに銃を向けてしまったと、後で語ったそうだ。それにしても変な言い訳だとわたしは思う。

午後五時頃、和合広場から移送者の姿は消えた。ドイツ人はゲットーを後にし、哨兵もいなくなった。十月の移送行動は最も悲劇的で残酷な行動の一つだった。早朝にゲットーを出て事業所に向かった労働者たちは、戻ってみると家には誰もいなかった。破られたドアからは今さっき起こったばかりの恐怖の風が吹いてきた。通り、玄関口、中庭には血痕が残り、広場には死体が山積みになっていて、さよならも言わずに去ってしまった近親者を思い、残された人々の胸は張り裂けんばかりだった。その夜、嘆き悲しむ人々の声はそれまでわたしがゲットーで体験したすべてを凌駕《りょうが》していた。

外での労働からゲットーに戻った者の中には、走り書きされた別れのメモを見つけた者がいた。「わたしたちのことは心配しないで、自分を大事にしなさい！」。それは母や妻が残した別れの言葉だった。それでも、残された者たちは一縷《いちる》の望みをつないだ。もしや、どこかにまだ隠れているのではないだろうか。彼らは屋根裏や地下室を探し回り、出てくるようにと声をかけた。もうドイツ人はいないからと。しかし、そうやって見つかった人はごくわずかだった。残された者たちはお互いに肩を抱き合い、去って行った人たちを思い、涙を流した。

ゲットーを去った者たちの命を何とか救おうとする動きも始まった。列車はまだ駅に停車しているのでは？　行動力のある者たちは一瞬を惜しみ、とことんやってみようとした。ドイツ人警官、鉄道員、移送行動担当者を買収し、家族や近親者を救いたい一心でなけなしの財産を投げ出した。あらゆる所に電話をかけ、高額で買収したドイツ人同行の車で出発した。ドイツ人警官の中にさえ、この企てに加わる者がいた。そして、今しがた駅を出た貨車を追跡した。貨車は他の駅には停まらなかった。ドイツによる占領地域はさらに先まで続いている。目的地はどこなのか、わからなかった。

貨車に関する情報がゲットーに届き始め、どの方向に走っているかがわかった。ドイツ人幹部は、今回が最後の移送だと言ったが、それを信じる者はいなかった。

一九四二年十月二十八日の強制移送行動の後、フィリプ・ショアの姿が消えた。行列に並んでいるのを目にしたので、おそらくは移送されてしまったのだろうと、わたしは考えた。ところが嬉しいことに、夜九時頃、ドアが開いて、ショアが薬局に飛び込んできた。疲れ切っていて、喘息《ぜんそく》のせいで、声が出せない状態だった。けれど、それでもやつれた顔に喜びが満ちていた。彼は重い喘息を抱えていたけれど、夜陰にまぎれて行列を離れ、死の抱擁から抜け出すことができたのだ。しばらく休むと彼は自分を取り戻し、子どものように笑い、これまでの人生で滅多に味わったことのない幸せをかみしめるかのように踊り、歌った。

「今、奴らはこのフィリプを始末できなかったのだから、これから先、そんなことは決して起こらないだろう」フィリプ・ショアは物思いにふけりながらつぶやいた。

実際、ショアはしばらくは無事に過ごしていた。しかし、数週間後、彼は重い肺炎に罹《かか》り、ほとんど意識のない状態で、ようやく薬局にやってきた。そして、数日後に亡くなった。人間としてベッドの上で亡くなったのは幸いだった。妻と娘は墓地に行く許可を手に入れ、遺体は霊柩車で運ばれて、実直な墓掘り人のピーニェ・コーザの手によって埋葬された。

十月の行動では七千人が移送され、六百人がゲットーで殺された。この移送行動は楽観主義者たちの考えを大きく揺るがした。

夜遅くにエルヴィナ・オーダーｰパンツァーが薬局に来た。彼女は産婦人科の腕の良い看護師で、フェニゲローヴァ医師の右腕だった。好感の持てるエルヴィナをゲットーでは知らない人はいなかった。いつも笑みを絶やさず、必要としている人には手を差し伸べ、穏やかな心の持ち主だった。彼女は腰掛に座ると疲労感の漂う顔を手にもたせかけ、涙を流した。そして小さな、震える声で数時間前に愛する母親を失ったことを告げた。ドイツ人が他の者たちと一緒に彼女の母親もプワシュフ駅から貨車に乗せて運び去ったという。本当は助かるはずだったのに。

エルヴィナの母親は、和合広場に向かう人でごった返している通りを渡った。その時、ユゼフィンスカ通りに面した小さな家からうめき声を耳にし、助けを呼ぶその声のほうに向かった。何と、若い女性が自力で出産中だった。エルヴィナの母親は若い女性に手を貸し、出産を手伝った。しばらくの後、その住宅にも捜索中のドイツ人警官とユダヤ人警官が入ってきた。ドイツ人警官は短く命令した。「この女を移送の列に入れろ」。次にドイツ人警官は鞭の先をエルヴィナの母に向けた。「そして、こっちもだ」

エルヴィナは看護師として病院で働いていた。病院関係の分野で働く者とその家族は移送を免れることになっていた。母親はドイツ人警官にそのことを説明したが、聞き入れてはもらえなかった。「行け、早く」。ドイツ人は怒り狂って叫んだ。

労働から戻ってきた人たちは留守中に何が起きたのか理解できなかった。それは仕事中に事業所を出ることが禁じられていたからでもある。帰宅したエルヴィナは母の異変を知ると、腕から腕章を外し、リマノフスキェゴ通りとルヴォフスカ通りの角にある警官哨所が混乱しているのを幸いに、ゲットーを出た。彼女は母を追って狂ったようにプワシュフ駅のほうに駆け出した。移送者を乗せた貨車はそこから発車することになっていた。いろいろな列車が停車しているプラットホームに到着し、母の名を呼んだ。次々に探し回ったものの、母を見つけ出すことはできなかった。

エルヴィナはゲットーに戻った。十七歳の妹ハリンカが残っていた。ハリンカも和合広場の移送グループの中にいたのだが、最後の最後に、一人の親衛隊員が彼女を列の中から引き出し、広場の出口のほうに行けと指示した。その親衛隊員はハリンカにもうしばらく生きることを許した。ハリンカはタルゴヴァ通りのほうに向かって走り、そして戦争を生き延びた。ハリンカの生を決定したのは、一握りの幸運とドイツ兵のつかの間の機嫌の良さ、そして気まぐれだった。

ワルシャワではゲットー蜂起が起きたけれど、クラクフのユダヤ人はそれほどの規模の自由を求める闘争は起こさなかった。それでも彼らは決して自尊心を失わず、占領者に対して自らを卑下することなく非業の死を遂げた。様々な事業所の労働者はほとんど全員が意識的に一貫性のあるサボタージュ行為を起こした。それは作業ペースを落とし、納入期限を守らず、ゲットーで製品の重要部分を取り除き、破壊し、燃やし、ドイツ人の手に入らないようにするサボタージュ行為だった。

ゲットーではユダヤ戦闘団が壁の外の地下組織と協力して活動していた。ユダヤ戦闘団で活動した人物の名を挙げておこう。

S・ドレンガー、シメク・M・ボロフスキと妻のユスティナ、アドルフ・リーベスキント、ドレク・アベ、ヤン・ロパ、「ロメク・ラバン」という活動名を持ち、リーダーの一人だったアブラハム・ライボヴィチ、ポーランド抵抗運動との連絡係だったゴルダ・ミラー、ライザ・クリングベルク、ハンナ・バルザモヴィヒ、ダヴィド・ヘルツ、ローマン・ブロンベルガー、モーニェク・アイゼンシュタイン、ワルシャワ・ゲットー蜂起の指導者の一人で「アンテク」と呼ばれたイチェク・ツッカーマン、バウミンガー、ハルプライヒ、そしてヴァルシャフスカの面々である。

ユダヤ戦闘団の闘争手段は主にサボタージュと占領者に対する破壊工作だった。

一九四二年十月、ユダヤ戦闘団メンバーはグジェグジェツカ通りのドイツ軍の仮小屋にあった数台のトラック、サイドカー、燃料タンクを襲撃した。

一九四二年十一月二日、ゲシュタポに雇われていた密告者のマーセル・グリューナーと彼の妻が襲撃された。夫妻は最初はゲットーに住んでいたが、その後は壁の外に移っていた。この時の襲撃は不首尾に終わったが、ゲットー撤収直前の移送の後、地下組織によってグリューナー夫妻は暗殺された。この際には地下組織メンバーのロベルト・オフナーも死んだ。ポーランド総督府の広報部局で働いていたアダムスという人物の暗殺もユダヤ戦闘団によって実行された。

一九四二年九月、ユダヤ戦闘団はポーランド語の『民主主義者の声』という新聞を発行した。部数は四十部。およそ六十号まで発行された。

一九四二年十月、ユダヤ戦闘団が所属していた人民警備軍〔ナチス・ドイツ占領軍と戦うために結成されたポーランド労働者党の武装組織〕の出撃部隊「イスクラ（火花）」は、ヤクブ・ハルプライヒ指揮のもと、ヴウォチュクフ通りのガレージ内の三台の車とガソリンの樽に火をつけた。

一九四二年十二月の段階で「イスクラ」組織のトップに立っていたのはイデク・リベラだった。「イスクラ」は十二月二十四日にクラクフの街中にあるシュピタルナ通りの喫茶店「ツィガネリア」を爆弾で襲撃した。この襲撃で十一人のドイツ人が死亡、十三人が重傷を負った。

クラクフ・ゲットーのユダヤ戦闘団の一人、アドルフ・リーベスキントはジュワフスキェゴ通りの隠れ家に潜んでいた時にドイツ人警官に取り巻かれ、銃撃戦となった。彼はドイツ人二人を射殺したが、自分も助かる見込みのないことを知り、リボルバーを向けて自殺した。

ゲットーの外、スカヴィンスカ通り十番地にはユダヤ戦闘団の一拠点があった。ある日、ドイツ人警官が突然に侵入し、そこにいたメンバーが拘束された。リーダーのアブラハム・ライボヴィチともども全員がプワシュフ収容所に送られ、射殺された。

積極的な地下活動協力者の一人だったサイ・ドライブラットの名前を挙げておかなければならない。彼はクラクフ・ゲットーの住民で、ゲットーに入った直後から空き時間を利用し、簡単な工具を使って爆弾を作る作業に没頭していた。もちろん、そんな環境の中では完成までにこぎつけることはできなかったが、彼の考えたアイデアの詳細はゲットーの外に届けられ、それに基づいて製品につながった。そんな中で完成した爆弾は前述の「ツィガネリア」襲撃で使用された。

第四章

プワシュフ収容所―ゲットー域の再縮小―プワシュフでの刑執行―移送者の確かな消息―ゲットーAとB―クラクフ以外から入ったゲットー住民―薬局閉店の試み―規則の厳罰化―児童施設の設置

十月の強制移送行動の後、人々は、プワシュフのかつてのユダヤ人墓地跡に収容所が作られていることを初めて聞いた。数十人のポーランド人労働者が、毎日、地ならし作業のために雇われ、時にユダヤ人が振り当てられることもあった。貴重な墓標、特に黒大理石の墓標が掘り起こされ、別の所に保管された。バラック小屋を建てるための木材が運び込まれ、排水施設が敷設され、井戸が掘られた。敷地には杭が立てられ、有刺鉄線が張られ、見張り塔が作られ、強制収容所特有の様相を呈し始めた。

誰が入るためのバラックになるのか、人々は頭をひねった。ゲットーでは再び様々な噂が飛び交った。最も信ずるに足るドイツ人情報源によれば、それはポーランド人用のバラックだった。他にはフランスとハンガリーから連行したユダヤ人用だとの説もあった。さらにクラクフのすべての若い男性を住まわせるためのバラックで、彼らはそこで兵役につくのだという噂もあった。その一方で十月の移送の後、ゲットーには意気消沈と無関心が蔓延《まんえん》した。

一九四二年十一月、最も確実な情報がもたらされた。それは、プワシュフに建設中の収容所はクラクフのユダヤ人を入れるためのもの、という内容だった。クラクフ・ゲットーは間もなく撤収され、その運命に終わりを告げるのだとも言われた。ゲットー住民は神経をとがらせ、ますます自暴自棄になっていった。ある者は完全に精神を病み、ある者は不安神経症になり、またある者は神経衰弱に陥った。

「パンキェヴィチさん」。頻繁に薬局にやってくるある知人が和合広場に面した窓のほうを指さし、わたしに言った。「教えてください、これほど大変な思いをしているのに、どうして気が狂った人が多くはないのでしょうか？　みんなが味わっている多くの不幸に対し、灰色の脳細胞はそれほど強い抵抗力を持っているのでしょうか？　戦争前、気が狂った人はたくさんいました。ゲットー住民はこれほどの悲劇、不幸に対して何を学習したのでしょうか？」

しばらく口をつぐんだ後で知人はまた話し出した。

「もしも、今日、この瞬間に戦争が終わったとしたら、どうなるとあなたは思いますか？　自由を手にした人々は、果たして錯乱状態になるのでしょうか？　よくわたしは考えるのです。どうなるのだろうと。本当にわからないのです。自分が独り身で、親類縁者が一切いないのは幸運でした。それでも周囲の者たちに対して無関心ではいられません。彼らと親しくし、彼らの子どもを好きになり、疑似家族のようなものになっていますからね。不思議なものです。ここまで生き延びてきた者たちの胸の中にはこれから先も生き延びられるというかすかな希望の光が灯っています。移送された者たちが奇跡的に帰ってくるとの希望も消えてはいません。友人は生きて戻り、再びわたしを訪ねてくる、どこかでそう思っているのです」

さらに知人はつぶやくように言った。

「そんなことを考えても、わたしの心は満たされません」

知人はわたしの手を握り、じっとわたしの目を見つめた。そして、帰り際、自分を忘れないでほしいと言った。どこか遠くに住み着いたら、手紙を書くとも言った。そして去っていった。彼から手紙が届いたことは一度もない。

そんな状況の中で家族を失い、たった一人になっても、時は過ぎ、傷は少しずつ癒えていく。最もひどい痛手を受け、もう家族は作らない、誰とも付き合わない、とついさっきまで言っていた者が戦争が終わるとその決心を変え、新しいパートナーを探して結婚生活を始める。どんな決心よりも生活することのほうがずっと強かった。

ゲットーにおいてさえ、恐ろしい出来事が終わると、生き残った者は生活を共にするパートナーを探した。地下活動をしているラビ〔ユダヤ教指導者〕が新しい結びつきの証人となった。

一方、ゲットーでは労働局が労働者のカード目録を補充し、ゲットー内に新しい作業場を作った。ゲットー内のある区域にバラック小屋が建てられ、雇われた者たちはそこに宿泊することになるとの話だった。毎日ゲットーの外に通い、夕方に戻ってくる必要がなくなるからだ。クラクフの街へ出るための通行証は、わいろを出してさえ、ますます入手困難になった。人が人を恐れるようになり、他人を信頼しなくなった。そうしているうちにプワシュフの収容所建設は進んでいった。

一九四二年十一月、再びゲットーが縮小された。なぜ、十月にその計画決定が撤回されたのか、今になってそれが明らかになった。ルヴォフスカ通りの左側、そしてドンブルフキ通り、ヤノヴァ・ヴォラ通りがゲットーから外された。

住民は二十四時間以内に移転を完了しなければならなかった。再び混乱が起き、恐ろしい光景が繰り返された。一緒に住むには難しい数家族が一部屋に割り当てられ、雰囲気は最悪、狂気の沙汰にまで発展した。持ち込む荷物の量でけんかが始まり、占有できる空間の広さを争い、台所の使用については、誰がストーブに点火し、共同の石炭を誰が準備し、誰が住まいの主導権を握るのか等々、日常生活の反目の内容は寂しいかぎりだった。今回初めて、一晩をかけて転居することが許され、ゲットーは夕方になると明かりで照らされた。日用品を運ぶ人々の列が途切れることなく続いた。ゲットー境界には壁ではなく、杭が打ち込まれ、有刺鉄線が張られた。ゲットーを有刺鉄線で取り囲む方法は、ゲットー撤収の予測が直に現実となることを決定づけていた。

集合住宅は運び込まれた家具の重さでたわみ、中庭には戸棚、サイドボード、テーブルが置かれて迷宮状態になり、玄関口や廊下はトランクや包みやがらくたが山積みになった。日常的に誰かの品が消え、誰かのトランクが勝手に開けられ、包みが破られたとしても不思議はなかった。こっちでは石炭がなくなり、あっちでは寝具や食料が消え、日常生活は恐ろしい悪夢と化した。

住民の共同生活はますます困難を極めた。一つの住宅に数家族が同居し、共同の台所は諍《いさか》いの根源となった。このように最悪に神経をとがらせていた時代、わたしは次のような話を聞いた。「ヒトラーはユダヤ人に対する復讐の仕方を心得ていた。だからゲットーを作り、そこに大勢の人を押し込んだのだ」。何人もの人が共同で使う部屋の暖房もまたけんかの種になった。自分は暖かいから、ストーブを点ける必要はないと言って、誰も石炭に金を使おうとしなかった。そんないざこざが人々を狂気へと導いた。そんな時に事件が起きた。ある住まいの住人が口論の末、頭にきて自分の意見を譲らず、地下室には石炭があったにもかかわらず、一冬、まったく暖房を使わず、結局、寒さにやられてしまったのだ。

諍いの種は家具にも起因した。引っ越しに際して、誰もができるかぎりたくさんの自分の家具を持ち込もうとした。しかし、住まいは狭く、その一部すら置くことはできなかった。一番先に入居した者は一番多くの家具を入れることができたが、次の者たちはののしり合いながら置き場所の取り合いをした。人間のつまらなさ、物への執着が人生の最もつらい時にさえ、あらわとなった。

それまでの身分証が無効となり、今度は「ユーデンパス」がユダヤ人の証明書となった。

ゲットーは予定どおりに縮小され、移転は終了した。しかし非常に多くの私物がそれまでの住まいに置き去りにされ、その状態のまま住宅は封印された。ドイツ警察とポーランド警察は、ゲットーから外れて人影の消えた通りで任務に当たった。

「労働奉仕団」と呼ばれたユダヤ人から成る特別労働隊が、置き去りにされた私物の仕分け作業に取り掛かり、通りに出された家具は何週間も放置され、雨や寒気でぼろぼろになった。

一九四二年十一月十四日付のドイツ当局の指令が『指令新聞』に掲載された。ポーランド総督府の五か所、つまりワルシャワ、クラクフ、ルヴフ、ラドム、ベウジェツに閉鎖ゲットーを設置するという内容だった。それ以外のすべての場所はユダヤ人のいない清い場所を意味する「ユーデンライン」になると宣言された。そして指令は、いまだにゲットー域外に住んでいるユダヤ人に対してゲットーに戻るようにと命じた。ユダヤ人の中には、閉じられた生活圏の中に住むことでかえって安全が保証されると、かすかな希望を抱く者も現れた。こうしてドイツ人は心理戦においても勝利を収め、多くのユダヤ人がゲットーに戻ってきた。さらにこの宣言は多くの人にゲットーから出る気を失わせ、彼らの警戒心を鈍らせた。しかし、それには結果的に野蛮な仕返しが待っていた。

過密状態のゲットーの生活は奇妙で不自然なものになったけれど、何はともあれ、続いていた。住民の活力は衰えてはいたが、決してなくなったわけではなく、もしかしたら、現れ方が以前とは違う形になっていたのかもしれない。ゲットーからは毎日、プワシュフ収容所建設現場に向かう労働者グループの姿が見られた。

プワシュフ収容所の所長にはミュラーの後継者としてアーモン・ゲートが就任し、彼はひっきりなしに発砲して、人々を追い立てた。後になってわかったことだが、ゲートは他人を殺害し、死に追いやることを些事に過ぎないと信じていた。彼はユダヤ人評議会を急き立て、命令の実行に手間取ると罰を科して脅した。プワシュフに労働に向かった者たちが戻ってこないことがしばしばあった。彼らは収容所指導部に拘束され、収容所内のバラック小屋に留め置かれていた。プワシュフ収容所の最初の住人となったのが、この収容所建設労働者たちだった。

十月移送後のある陰鬱《いんうつ》な日、オレアンドリ通りの「親衛隊および警察」で会議があり、ユダヤ人評議会委員長のグッターとユダヤ警察リーダーのシュピラが召集された。夜遅くに二人は会議から戻ってきたが、会議で出された命令について明かすことはなかった。彼らの顔つきからして決してよいものではないことは確かだった。大雑把なもの言いから察して、今度はゲットー域外で何かが起きようとしていた。

夜、一人のユダヤ人評議会メンバーが薬局にやってきて、わたしはオレアンドリでの会議で出された指令の内容を知った。それは、明日、ユダヤ人評議会メンバー、そして大部分のユダヤ人警官がゲットーを出発し、プワシュフ駅の近くでゲシュタポ隊員を待ちうける、というものだった。しかも、彼らは十数メートルの綱と滑石を持参するという。それらが何に使われるかは想像に難くなかった。死刑執行が行われるのだ。誰かが絞首刑にされるのだった。

最もつらい問いは、一体誰の首を吊るのか、ということだった。可能性があるのはユダヤ人評議会とユダヤ警察のメンバーのうちの数人。神経が高ぶったまま、眠れない夜が過ぎた。誰もが何とか命令を逃れて、ゲットーに留まろうとした。医師からもらった体調不良の証明書が有効になってくれるはずだった。しかし、その手を使ってうまくいった者は少なかった。

翌日、シュピラとグッターを先頭にしたユダヤ人評議会とユダヤ警察メンバーの隊列がプワシュフのほうへと向かった。

この隊列の前を悠然と歩いている男がいた。ユダヤ人警官のファイラーで、彼は興味深い人物だった。大柄で肩が張り、幾分前かがみになって歩く四十六歳前後の男で、赤かぶのように赤らんだアルコール依存症特有の顔をしていた。子どもはいなかったが、妻帯者で、地方からクラクフ・ゲットーにやってきた人物だった。彼は語るというよりはドイツ人のように何に対しても、誰に対しても叫ぶような話し方をした。いつもほろ酔い状態で、毎日九十五パーセントのアルコールを二分の一リットル飲まずにはいられないというのだが、酔いつぶれることはほとんどなかった。凡庸な男で、ほとんど文盲、イディッシュ語〔主にドイツや東欧に住んでいたユダヤ人が使用していた言語〕以外はポーランド語にも弱く、ドイツ語に至ってはもっと悪かった。それなのに、ドイツ人ともお互いに通じ合ったのだから不思議だ。彼の外見、アルコールをグラスで立て続けに飲むこと、遠慮を知らない率直さ、それらがドイツ人の好感を招いていた。

ファイラーは親衛隊少佐やゲシュタポ隊員の肩や足を軽く叩いたり、高揚してかすれた声で話したり、ドイツ人の話をさえぎって、反対の意見を言ったりした。それでもドイツ人は彼を殴ったりすることはなかった。要するに彼はドイツ人を楽しませていたのだ。生まれついての神経質、興奮しやすい質で、どんな理由であれ、すぐに怒り狂った。血走った目をむき出しにすると、見ていて気味が悪いほどだった。狂ったようにわめき、自分の犠牲者をがさつな言葉でののしり、いつも持ち歩いている葦の茎を打ち付けた。

ファイラーは疑いようもなく変人だったが、善良な面も持ち合わせていた。そして、ドイツ人に対して卑屈になることは決してなかった。ゲットーが撤収された後、彼はゲットーに残ろうとはせず、他の住民と一緒にプワシュフ収容所に行き、労働のために収容所からゲットーに通ってきた。同じ不幸を背負う同胞の屈辱に心から深く心を痛め、死刑執行があると、子どものように泣いた。身を呈して他者のために許しを請うたりもした。多くの人が彼のお陰で命を救われたのは事実だ。

ファイラー自身、シュピラやシュピラの取り巻きのようなユダヤ人警官ではあったけれど、彼らとは一線を画していた。活動の動機と目的の点で、彼らとは違っていた。ドイツ人は何はともあれ、彼に好感を示し、信頼していた。それは他の隊員に対するものとは異なっていた。ファイラーはドイツ人に密告やスパイ活動をするようにと提案されたことはなかった。規律や従順さを守ることができたし、誰をも個人的に傷つけることなくドイツ人の命令を遂行することができた。プワシュフのバラックではユダヤ人の財産を保管する倉庫の管理を任された。彼の間接的な上司は親衛隊少尉のポーペックだった。

ある時、ファイラーは射殺された。表向きは、諍いになったウクライナ人警官に射殺されたことになったが、実際は、ポーペックが上層部の命令を受け、計画的かつ用意周到に準備して殺害したのだった。理由はファイラーが様々な事実に熟知した厄介な存在になったからだ。プワシュフ収容所内の病院で彼の解剖が行われた。取り出されたのはドイツ人が所有するリボルバーの弾で、ドイツ人が言うようにウクライナ人のカラビン銃の弾ではなかった。

親衛隊員のバルプはファイラー夫人に平然と悔やみの言葉を述べた。その際、夫の罪をきつくとがめたものの、妻には今までどおりに倉庫わきのバラックに住むことを許した。しかし一週間もたたないうちに妻はそこを追われ、一般のバラックに移るようにと命じられた。それを聞いても驚く者は誰もいなかった。何だかんだ言っても、彼らにとってファイラーはユダヤ人評議会とユダヤ警察のグループを率い、足並みを合わせて行進するようにと叫んでいた一介のユダヤ人に過ぎなかったのだから。

夕方、プワシュフ駅に向かった一行が戻ってきた。この奇妙な「遠征」はしばらくは秘密のベールに包まれていたが、それも長続きはせず、ドイツ側の他言禁止令にもかかわらず、夕方になるとゲットー住民は何があったかを知った。ゲシュタポの命令でモンテルピフから連行された囚人が首を吊られたことを。絞首台は鉄道線路のすぐわきに設置された。台の前にかけられた字幕には、「サボタージュ行動をした者は、誰もがこんな運命になる」と書かれていた。刑の宣告はユダヤ人がやらされた。その囚人とはいったい、どんな人たちだったのか。わからない。彼らはシートで覆われたトラックで運ばれてきた。両手は背後で縛られ、一部はポーランド人に、一部はユダヤ人に見えた。執行に際し、彼らと言葉を交わすことは許されなかった。その場にいた人々はサボタージュ行動について、そしてサボタージュという罪を犯した者に対していかなる報復が行われるかについての演説を聞かされた。その後、刑執行の準備が始まり、囚人は絞首台下の板の上に並ばされた。綱を切り、輪を作って死刑囚の首にかけ、命令とともに足の下の板を引くのはユダヤ人の仕事だった。一瞬にして囚人たちは宙づりになった。

わたしがこの刑執行の詳細を聞き知ったのはその日の夕方、「遠征」に参加したユダヤ人警官のロッタースマンからだった。ロッタースマンは善良で、正義感の強い人間だった。多くのユダヤ人は彼に恩恵を受けていた。彼がわたしに語ったところによれば、ドイツ人はこのショーの一部始終を写真に収めていたという。ユダヤ人がポーランド人を殺害したかのようにカムフラージュしていて、それはプロパガンダに使うためだった。数週間後、また同じような刑執行が繰り返された。

最初の刑執行の後、多くのユダヤ人警官が飲酒常習者になった。彼らは度の高いアルコールを選んだが、酩酊することは滅多になかった。多くはそれまでアルコールの味を知らない者たちで、ウォッカに緊張緩和と助けを求めた。多くの者の神経はそれまでの従順さを拒み始め、不眠という病が蔓延した。

ゲットーにオスカー・ファイルと名乗る非常に抜け目のない男がいた。彼はどんなに大変な目にあっても、見事に対処し、その切り抜け方を自慢しては、楽しんでいた。ドイツ人を引っかけたり、騙したりしたのだ。彼はタイプライターや計算機を修理するスペシャリストと偽ってドイツ当局に出向き、最初はゲシュタポに、続いてオレアンドリ通りの「親衛隊および警察」事務所に雇われた。修理にあたって、ファイルはあらゆる種類の交換部品が必要であると申し出ると、ドイツ人警官の見張りを受けながら、ユダヤ人やポーランド人から略奪した機械類を収納している倉庫に赴いた。そして、そこの備蓄の中から新品機械の最良の部品を受け取ると、次に再びドイツ人警官に見張られながら、フロリアンスカ通りにある、小型機械を改造する工房へ向かった。工房主はポーランド人のモウォデツキだった。モウォデツキはすでにファイルと話が通じていて、ファイルが持ってきた最良の部品に現金を支払い、さらに古い部品を渡した（ファイルはその古い部品を後でこっそりと捨てた）。何と、これらすべてのことは機械の修理に疎いドイツ人警官の目の前で繰り広げられた。こうしてモウォデツキはファイルから受け取った新しい部品で数台のタイプライターと一台の計算機を作って売ったし、ファイルはそのことを自分が売ったかのようにユダヤ人仲間に自慢した。

さらにファイルはもう一つのごまかしをした。ゲットー住民に青色証明書が渡されている時だった。住民は何日も続けて炎天下に並んでいた。新しい証明書を受け取ることができるのか、できないのか、それは誰にもわからなかった。青色証明書を入手できなければ、それはゲットーからの強制移送を意味していた。ファイルは少し考えると、行列のわきに梯子《はしご》を持ち込み、群衆を押し分けて証明書を発行している建物の中に入った。そして何食わぬ顔をして梯子に上り、電気コンセントを直しているふりをした。ついでに言えば、彼は電気のことなど少しもわからない人間だった。しばらくして梯子を下り、その梯子を肩に抱えたままドイツ人職員の一人に自分の古い身分証を渡した。ドイツ人職員は機械的に彼に青色身分証を渡した。

もう一人、プワシュフにヘンリク・ゴルトシュミットという男がいた。職業はグラフィック・アーチスト。彼もまたファイルのように毎日、護衛付きで「親衛隊および警察」へと出かけ、建物の大きな壁にゴシック文字で次のようなスローガンを書いていた。「我々個人が生きるかどうかはまったくささいなこと。重要なのは我が民族、ドイツ国が生きることだ」。ところがある日、哲学者ぶったドイツ人警官が、はたと自分の額に手をあて、こんな崇高な警句をユダヤ人ごときに書かせるべきではないことに気づき、上層部に進言した。この進言で取りやめになるまで、ゴルトシュミットのスローガン書きは何事もなく三週間も続いた。

一九四二年十一月、ある医師の血縁の女性からゲットーに手紙が届いた。彼女は十月の移送行動の直前にゲットーから逃げてルヴフに向かい、逃亡ルートはベウジェツを経由していた。手紙の内容は瞬く間にゲットーに広がった。移送者の運命についてはそれまで様々に語られてきたが、この手紙は初めてその真実を伝えていた。手紙の主は次のように書いている。人間を満載した列車がベウジェツ駅に停車した。列車は時には何日間もそのまま停車し続け、移送者は自分たちの運命を待ち続けた。やがて列車は森へと続く待避線に入った。垣根と有刺鉄線に囲まれた森の上空には絶え間なく煙がたなびいていた。その臭いときたら吐き気を催すほどだった。ベウジェツ住民の話によると、輸送に持ちこたえた移送者は飲み水も食べ物も与えられないまま何日も駅に停車したままの車両に放置され続けたという。そこからうめき声、懇願する声が聞こえてきたが、ドイツ人哨兵が見張っていて、手を差し伸べることは許されなかった。列車が森に到着すると、哨兵は車両のドアを開けた。まだ生きている者たちは衣服を脱いで裸にされ、ガス室に追い込まれ、遺体となってそのまま焼かれた。森の上空に上がっていた煙の正体とは、その煙だった。手紙は移送者の運命に幻想を抱かないようにと示していた。可能であれば、一日の猶予もなくすぐに逃げるようにと。手紙はゲットーに衝撃をもたらし、かすかに残っていた希望を吹き飛ばした。

さらに、次の移送行動に関連するニュースが駆け巡った。和合広場がゲットー域から外されるというのだ。ゲットー住民は再びこのニュースに期待をかけた。和合広場が切り離されるなら、移送は実施されなくなるだろうと。総督府に五つの恒久的ゲットーを設置するとしたドイツ当局の布告がこの推測を裏付けた。過酷な生存環境の中で、つらい体験をしてきた人々が、些事から先行きにかすかな希望の光を見出そうとしても、不思議ではない。しかし、それはいつも違った結果に終わった。

一九四二年十二月初め、地図を手にした技師たちがタルゴヴァ通りと和合広場に現れ、境界線を表示し、測量を始めた。ゲットーが区分けされるとのことだった。しかし、確かなことは誰にもわからなかった。そして数日後、わたしは、ゲットーが二分割されることを知った。トラックが支柱と有刺鉄線を運んできて、ユダヤ人評議会メンバーのサロモノヴィチと技師のギュンターが二つの区域の境界を杭で表示した。

十二月六日、ゲットーはゲットーAとゲットーBに分割され、その直後に指令が出された。ゲットーBに住んでいる労働者はゲットーAに移り、ゲットーAに住んでいる非労働者はゲットーBに移れ、という内容だった。分割ラインはゲットーBにあるわたしの薬局のすぐ前を通っていたため、ゲットーAの住民は薬局に来ることができなくなった。

再び移転が始まり、人々は新しい住まいを探し、なけなしの家財を肩に背負って移動した。今回、家具を持って移動する者はほとんどおらず、階上から下の中庭に家具を投げ捨てて破壊し、その後で燃やした。中庭には早朝から戸棚、サイドボード、テーブル、スツールの落下音が響いた。日一日とゲットーBからは人影が消えていった。逆にゲットーAは次第に人で溢れるようになった。十数日後、ゲットーAからBへの通路が閉鎖された。二つの域を隔てる門のわきにはユダヤ人警官が立ち、厳しい監視に当たった。A域から薬局に来るには、ユダヤ警察で通行証をもらわなければならず、最初のうちこそ通行証は容易に手に入れることができたが、時とともに入手困難となり、ついには完全に禁止され、ゲットーAの住民は薬局から遮断された。

その日以来、薬局に来る人はほとんどいなくなった。なぜなら、ゲットーBの住民は失業者であり、ほとんどが貧乏で、生活資金を持っていなかった。一方、ゲットーAの住民の困難を解決するために、薬局にはユダヤ人警官が当直に当たり、わたしたち薬局従業員とA域住民の間の橋渡し役となって、境界に張り巡らされた有刺鉄線の向こう側で待っている住民の所まで薬を届けた。ところが薬の知識のない警官は間違うことが多かった。特に暗くなってからは処方箋を取り違えたり、薬を違う人に渡したり、薬の名前をあやふやに教えたり、ひどい状況になった。

そこで親衛隊は命令を出し、ユダヤ人警官ではなくユダヤ人評議会の使い走りを薬局の当直にした。使い走りになったのは若者で、ドイツ当局の指示で「アポテーケ（薬局）」と書かれた帽子をかぶった。この時からこの若者はわたしたち薬局従業員と薬購入者の間の仲介役となり、薬局とユダヤ人評議会から謝礼を得た。「アポテーケ」になったのは機敏で頭の良い若者で、薬を間違えることはなくなったし、笑顔を絶やさず、礼儀も正しかった。したがって時とともに有刺鉄線越しの薬の受け渡しは購入者にとって何の問題もなくなり、わたしたちはその数か月間、世界で唯一、お客一人だけの薬局になった。彼がかぶった「アポテーケ」の帽子は将来、ポーランド薬学博物館のユニークな展示品になることだろう。一九四三年三月十三日、ゲットー撤収の日、わたしたちの薬局の変則的な商いは終了した。

ゲットーBにはクラクフ郊外の小さな町からもユダヤ人が運ばれてきた。彼らは裸足で、衣服はぼろぼろ、飢えていて、シラミだらけだった。髭《ひげ》は伸び放題で、目はおびえていた。彼らは誰も住んでいない集合住宅の空の部屋に入った。多くの者は生まれた村以外にはどこにも行ったことがなく、これまでの人生で大きな街を見たのは初めてだった。果たして、彼らは周囲で起きていることを認識していたのだろうか？　戦争が起きていることを知っていたのだろうか？　ヒトラー、親衛隊、ゲシュタポ、悪魔のような人間がいることを知っていたのだろうか？

薬局が入っている集合住宅にはそんなユダヤ人が多く入ってきた。わたしは彼らに近づき、より詳しいことを知ろうと努めた。彼らは檻《おり》に閉じ込められた熊のように歩いていた。有刺鉄線に沿って行ったり来たりしながら、ゲットーA側の通行人にパンをねだった。文字どおり彼らは何も持っていなかった。全財産と言えば、穴だらけのポケットに入っているあやしげな物だけだった。多くの者は裸足で、冬の真っただ中、外の気温は零度以下。住まいは寒く、水道管は凍っていて、水すらなかった。床には少しの干し草か麦わらがあればよいほうで、多くの人々はそのまま床に寝ていた。手と足は凍傷にやられ、体も傷だらけ、壊血病と疥癬《かいせん》と他の皮膚病が蔓延していた。

わたしたちは彼らにできるかぎりの支援をした。傷、凍傷の治療をし、アルコールを数滴たらした

クラクフ・ゲットー域の変遷

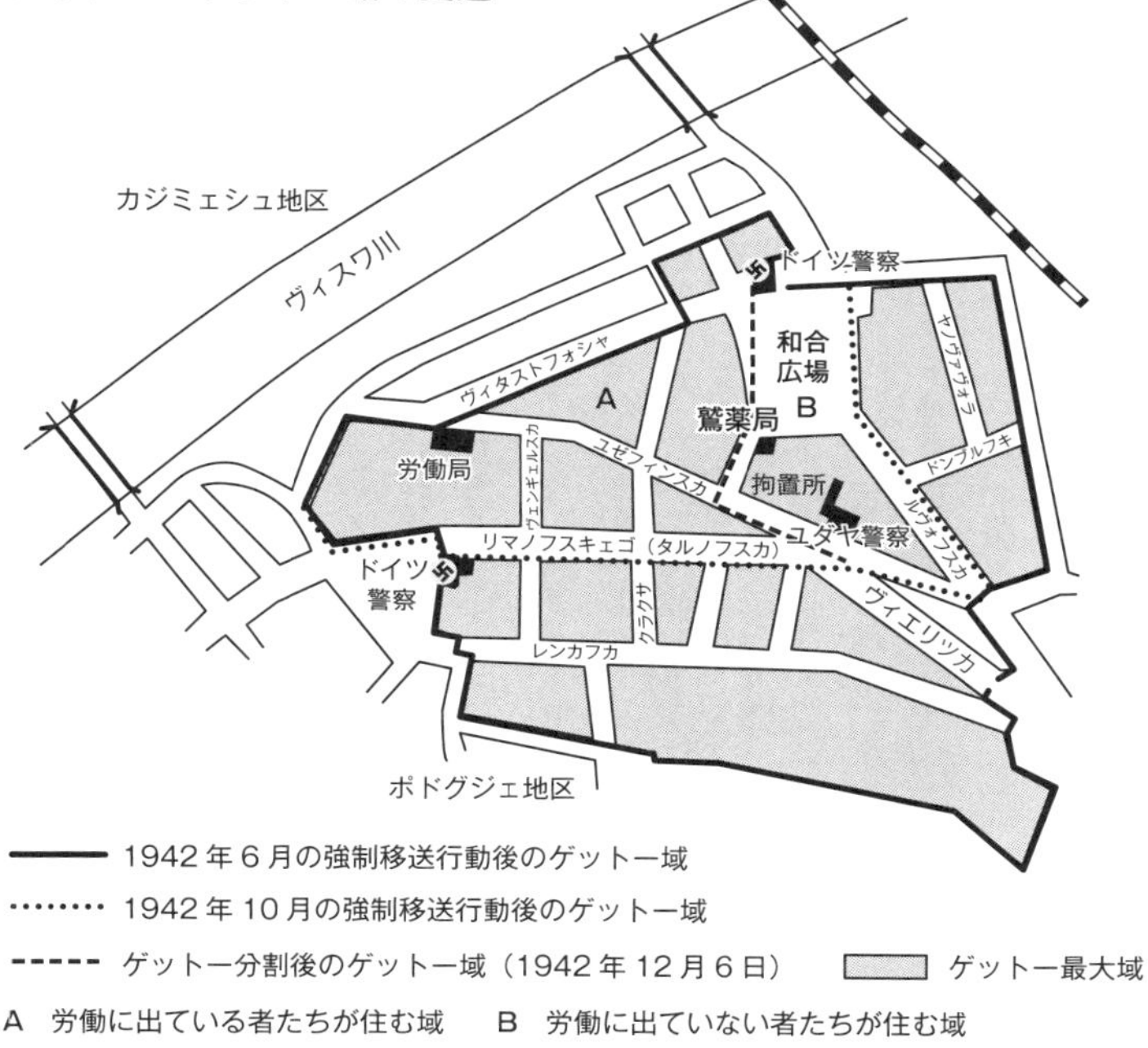

温かい紅茶を与えた。彼らの笑顔にはわたしたちに対する感謝の念が現れていた。ユダヤ警察は彼らに建物から出ることを禁じたものの、空腹のほうが禁止や威嚇に勝った。ユダヤ警察はそんな彼らに対処できず、集合住宅の玄関ドアや窓に釘《くぎ》を打って、通りに出ることができないようにした。日に一度か二度、まるで檻の中の野生動物に餌を与えるかのように、彼らに食料を届けた。彼らは食べ物に飛びつき、食べるというよりはそのまま飲み込み、ものの数秒で食べ物はなくなった。

　彼らは辺りにある木切れを何でも燃やした。薬局が入っている集合住宅では戸棚、テーブル、椅子など木製の家具がすべて姿を消した。数週間のうちに手すりや地下室への階段、空き部屋のドア、窓枠が燃やされ、床板まではがされた。したがって、当時、屋根裏や地下室に行き着くことは不可能だった。おまけに水道管が破れ、水が壁を伝って流れ、部屋を水浸しにした。ゲットーBに入ることは何人も禁じられていたので、処置なしだった。結局、わたしは許可をもらって機械工の所へ駆けつけ、水を止めてもらった。だから、薬局でも水が出なくなった。数百人が閉じ込められている集合住宅のトイレの状況がどうなったか、ここに記さなくてもわかってもらえるだろう。ゲットー撤収後には、中庭にあった仮トイレの前には高さ一メートル、長さ数メートルの糞尿《ふんにょう》の山ができていた。

日に一度か二度、ユダヤ人警官が住民の名簿づくりをするために現れた。人々は中庭に並ばされ、氏名と職業が特別な用紙に書き込まれた。中には救われたい一心で、まったく知識のない分野のスペシャリストだと、偽りを告げる者もいた。

一九四三年、厳冬、ゲットーには寂寥感《せきりょうかん》が漂っていた。住民がゲットーの集合住宅を出る日まであと数週間ほどに迫っていた。なけなしの私財や家具と別れてプワシュフ墓地跡の吹きさらしの高台に建てられた木造バラックに移ることになっていた。しかし、そのことが最も重要なことではなかった。子どもたちはどうなるのか？　どんな移送になるのか？　全員が移送されるのか？　住民はそんな思いに苛《さいな》まれ、眠れぬ夜を過ごした。労働局はゲットーAの労働に出ている住民を次の三つのカテゴリーに分けた。R（動員）、W（国防軍）、Z（一般人）。三つの記号は正方形の綿布に記され、「親衛隊および警察」のスタンプが押されて、上着の左側の胸の高さに縫い付けられた。ユダヤ人は身分証に加えてこの記号の付いた布切れを付けることが義務付けられた。この時点で労働局がそれまで担ってきた権限の施行を停止され、「親衛隊および警察」があとを引き継ぐことになった。「親衛隊および警察」はその時からユダヤ人を労働に差し向けたり、あるいは解雇する任に当たった。

プワシュフ収容所の人数は増えていった。子ども用の特別バラックが建てられ、幼稚園もできるという噂が立った。収容所内には商店さえも作られ、ゲットー的な性格は消え、強制移送行動なんてもうないし、すべての者にとって十分な居場所ができるとも噂された。いったい、誰がこんな噂を広めているのか、誰の警戒心を眠らせようとしているのか、それは考えればわかることだった。それでもそれを信じようとする者はわずかながらいた。

一方、ゲットーは見かけ上はいつものテンポで生活が続いていた。しかし、穏やかな生活からは程遠かった。ほとんど毎日のようにトラックが入ってきて、親衛隊員が人狩りを始めた。隊員はゲットーの通りに散らばると、殴ったり蹴ったりして手当たり次第に住民を捕えた。高齢者であろうと若者であろうと働いている者であろうと、そうでない者であろうと、お構いなしだった。そんなトラックを見かけると通りから人影が消えた。人々は建物の中に隠れ、何時間も外に出なかった。

薬局のすべての部屋は知人でいっぱいになった。特に店の奥にある倉庫は裏の出口から密かに出ることができるので、人で埋まった。はたしてみんな隠れおおせたのか、このような危機的状況にあって全員が幸運に見舞われたのか、定かではない。その時、密告者はどこにいたのだろうか？　同じ集合住宅の屋根裏や地下室もまた逃げて来た人々で溢れた。

住まいの移動、止むことのない人狩り、夜ごとの拘束、そして強制収容所への移送がいつも頭から離れることのない日々が過ぎていった。知人たちは薬局までのルートを独自に開発し、その後も彼らの訪問が絶えることはなかった。最近のフランク〔ハンス・フランク。ポーランド総督〕の演説について、最新の軍事報道について議論し、そこから自分たちに生き延びるチャンスがあるかを予想した。すべてのユダヤ人が絶滅することはないだろう、ユダヤ人の一部は戦争に耐えるだろうというのが結論だった。

人々は童話の魔法を思い出すように、解放の日、すなわちドイツ人が逃げ出す日を思い、ため息をついた。待ち望んでいたのはドイツが敗北する日だけであって、復讐の思いはさほどなかった。地下発行の非合法新聞が元気づけてくれていた。その頃、そんな新聞の情報提供者が一人、増えた。アントニ・クラフチクという人物で、彼の息子はシェロカ通りのユダヤ教会堂付近で射殺された。

一九四三年一月、ゲットーで最初にして最後の火事があった。リマノフスキェゴ通りの塗料とテレピン油を扱う店から炎があがり、二階に住む女性が窓から飛び降りた。消防隊が駆けつけ、消火に当たった。

一九四三年一月十五日、わたしはクラクフの街中で食事を終え、ゲットーに戻ろうとした。その時、ゲットー門の前に立っていたユダヤ人警官に呼び止められた。ドイツ警察署長のブスコが直ちに出頭するよう、わたしに命令していると彼は伝えた。わたしはすぐにブスコの所に向かった。そこで告げられたのは、親衛隊少佐ハーゼがわたしの薬局を閉鎖し、誰も中に入れないようにと命じていることだった。わたしは驚き、ブスコに助言を求めた。唯一の方策は、ハーゼ自身にその命令を翻《ひるがえ》してもらうことしかなかった。

「他に方法はない」。ブスコは言った。「明日にでもオレアンドリ通りのハーゼの所に行ってお願いすることだ」

ハーゼが考えを変えることはありえないことだった。わたしはそれでも一か八《ばち》か幸運を祈って実行することにした。

翌日、わたしはまずは直接、衛生局へと向かった。公衆衛生局のドイツ人職員はクラクフの薬局主に対して比較的、親切だった。それに今までどおり、例の手段を使えば容易に折り合いをつけることは可能だった。通常、お願いをする者が自らの問題の解決のために使う代価はそれほど高いものではなかった。香水一瓶、最大サイズの絹のストッキング、ウォッカ一本、葉巻一箱、そのような品物で合意に至ることができた。今回もそうなった。わたしはそれらの品物を代価として問題を提示し、それによって「親衛隊および警察」に出す書類を入手した。そして、薬局の閉鎖が住民の健康状態に打撃を与えること、薬を入手できなくなったユダヤ人は病気、伝染病の巣となり、ゲットーの壁や有刺鉄線だけではその拡大を押し留めることができなくなることを書類に明記した。

次の日、わたしはライオンの洞窟へ、つまりハーゼの執務室へ赴き、面会を求めた。執務室のドアが開き、何千人もを手にかけた殺害者、ハーゼが堂々とドアの前に立ち、告げた。ゲットー関連のあらゆる問題はユダヤ人問題部局のクンデが処理に当たっている、と。しかし、その日、クンデは不在だった。

さらに次の日、わたしはハーゼの執務室でクンデに会った。クンデはゲットーの事情に通じていた。わたしはクンデに書類を渡し、手短に請願の内容を伝えた。クンデは自分の部屋にわたしを導き、座るように言うと、葉巻を差し出した。

わたしたちは話し始めた。クンデは戦争勃発に、そして多くの犠牲者が出ていることに、心を痛めていると言った。責任は戦前のポーランド政府にあるとも言った。さらに二人の子どもの父親として、夫として、家族と別れて暮らしているのがつらいとも言い、両親、妻、子どもたちの写真を見せてくれた。国への恋しさについて語り、クラクフの美しさについて語り、戦争が終わったら、ここに住みたいとも言った。そして彼は断言した。ドイツ人なら誰でもが忌《い》み嫌っているように、自分もフォルクスドイチェ〔ドイツ人の血統、文化は持っているがドイツ国籍を持っていない国外ドイツ人〕が大嫌いだと。最大の豚どもはあいつらだと。風がはためくように、やつらは表と裏の顔を持ち、ころころと変わりやがると。さらに、ポーランド人に対する好感を口にした。彼が信じるところによれば、ポーランド人の多くは、可能であれば、喜んでライヒスドイチェ〔ドイツ国内に居住し、ドイツ国籍を持つドイツ人〕になるであろうが、フォルクスドイチェには決してならないだろうと言った。彼はポーランド人を下位の存在とみなしている者たちの政策をまったく理解していない、とわたしは思った。人間を信頼できる者と信頼できない者に分けているだけだった。クンデは多くを話したが、わたしの証明書については一切、触れなかった。会話というよりは彼が一方的に話すモノローグが続き、わたしはその振る舞いを理解できないでいた。やがてモノローグはようやく終わり、肝心な問題に移った。

公衆衛生局からの書類に目を通すと、クンデはわたしにいくつかの質問をした。わたしの苗字がポーランドの苗字ではないとも言った。そしてようやく彼はわたしと従業員がどんな時刻でも、夜中でもゲットーに出入りできるという許可書にサインを入れてくれた。しかし、その書類にはハーゼの署名も必要だった。

しばらく待ったが、結局、ハーゼはサインをしてはくれなかった。ハーゼは、ユダヤ人をアーリア人から完全に隔離することを決めた新規則を理由に、わたしへの通行証の発行は公衆衛生局の保証の下で初めて可能になる、と言い放った。わたしはどういうことかさっぱりわからず、クンデのもとを辞した。

ドイツ人はポーランド人のわたしをいかに保証するというのだろうか？　公衆衛生局職員もまた、親衛隊が何を問題としているのか、わからないでいた。職員は長いこと電話で役人たちと話をし、わたしは街を駆け回ってプレゼントをかき集めた。そうやってようやく書類は準備され、そこに自分の名前と従業員の名前を記して保証書は完成した。その中でわたしたちは、ユダヤ人と接触しないこと、薬の引き渡しに関すること以外の会話をユダヤ人とはしないこと、ドイツとポーランドの新聞を持ち込まないこと、政治的な会話をせず、ユダヤ人を支援しないことが義務付けられた。

次の日、わたしはクンデが来るのを待った。朝八時から待ち始め、昼になってようやくやってきた。彼は前日のように礼儀正しかった。わたしは添付書類を渡し、結果を待った。数分後、わたしは署名入り通行証を受け取った。有効期間は十五日間だった。あえてわたしはクンデにウォッカを一瓶、渡そうとした。しかし、彼は受け取らず、薬局のそばを通ったらまた寄りたい、とだけ言った。その日以来、彼は日に数度、薬局を訪れるようになった。

わたしの当直室は多くの興味深い、謎めいた会合の目撃場所となった。というのは、クンデはわたしの当直室をある人物たちとの面会場所にしたのだ。彼はユダヤ警察も入っている建物の自分の執務室にはその人物たちを入れたくなかったのだろう。謎の人物、つまりクラクフの様々な街からやってきた謎の情報屋がわたしの部屋に出入りした。そのほとんどは黒メガネをかけ、流暢《りゅうちょう》なドイツ語を話した。腕章をつけている者は誰もいなかった。会話は押し殺した声で交わされ、ドア越しにはその内容はわからなかった。一回の会合はおよそ三十分続き、二人の人間が一緒に来ることはなかった。時間には几帳面で、一人が帰ると、その数分後に次の者が現れた。

ある土曜日、陽光に溢れた美しい日だった。わたしは薬局の前に出た。その時、はっと目を疑った。哨所《しょうしょ》の門から若く美しい女性が入ってくるではないか。全身が黒い服装で、顔の半分までが黒いベールで覆われていた。腕章は付けていない。女性はゆっくりと薬局のほうに近づいてきた。わたしの前まで来るとベールを上げ、薬局の店主かと尋ねた。

「はい、そうです」とわたしは答えた。女性はゆっくりと長い黒手袋を脱ぎ、手を差し出し、自己紹介した。「わたしはロニケローヴァと申します。クンデにここで待つようにと言われました」

わたしは当直室に女性を導き、彼女は腰を下ろした。コーヒーはいかがかと聞くと、いただくと答えた。数分後、クンデが入ってきて、二人はありきたりの話を始めた。わたしはそっと部屋を出た。ドアは完全には閉じなかった。

二人の会話は次第に活発になり、女性の声が大きくなっていった。クンデは小声で穏やかに話している。話題は逮捕されたある人物に関しての仲裁の問題だった。クラクフでは非常に有名な医師であるカジミェシュ・ピョトロフスキの名が何度か挙がった。彼は評判の良い産婦人科医で演劇評論家でもあり、知識人だった。おそらくは、その医師の近親者を問題にしていたのだろう。謎めいた女性はクンデを非難した。

「あなた方は仕事をどうやってこなしているのですか？　なぜ約束を守らないのですか？　問題はすでに処理されているはずではありませんか」。これに対してクンデは自分の同僚の釈明をした。一時間の話し合いが終わり、二人はコーヒーと小さなグラスのウォッカを数杯飲み終え、出て行った。去り際、女性はわたしに別れを告げ、もてなしへの礼を述べた。

わたしの当直室で異常な出来事が起きたこともあった。それは、「ブラックユーモア」的な出来事とでも言おうか。ある日の午後、部屋にクンデが入ってきた。手には手錠を持っていて、わたしに向かって言った。

「薬局の従業員にいたずらをしてみよう」

「どんないたずらですか？」わたしは聞いた。

「あなたに手錠をかける。その後、外に出て、従業員が中から見える場所に移動する。ああ、あそこがいい」。クンデは窓から見える薬局向かいの集合住宅を示した。

「あそこに隠れよう。そこでわたしはリボルバーを発射する。それから手錠を外し、一緒に戻るのだ。従業員はてっきりあなたが射殺されたと思うだろう。面白いジョークになるぞ」。クンデはそう言った。

ジョークにしても程があると、手錠をかけられた時、わたしはそう思った。わたしたちは外に出た。従業員たちはあまりのことにぎょっとし、何が何やらわからない様子だった。わたしとクンデは集合住宅の角まで行った。そこでクンデは腰からリボルバーを抜き出し、わたしは運を天に任せた。何が起こるのかわからなかった。それからクンデは空に向かって弾を発射し、ピストルをしまうと、わたしの手錠を外して笑い、わたしたちは小路から出た。正直言って、わたしは笑うどころではなかった。

その間の薬局での様子をここに書くのは難しい。わたしの従業員たちは、わたしが射殺されたものと思った。陰鬱なジョークは何はともあれハッピーエンドで終わった。

一九四三年は重苦しい空気の中で始まった。ユダヤ人をアーリア人側から確実に隔離せよというベルリンからの最新の指令に従い、ユダヤ人は、アーリア側と有刺鉄線で隔てられた通りを歩くことを禁じられた。その通りにあるすべての商店は自動的に閉鎖となり、通りの動きは完全にストップした。時折、ユダヤ人警官が通るだけだった。ゲットーはゲットー外の人の目から遮断され、隠蔽《いんぺい》された。言い換えれば、ゲットーからはそれまで守られてきた独特の神秘性が覆い隠されたことになる。ゲットー内部にはユダヤ人をプワシュフのバラックに集める指令書があちこちに張られ、これから任務に就く収容所指揮官がその準備を急き立てた。

ユダヤ人評議会は次々に新しい任務を課せられた。それは実際には非常に難しい、あるいは実現不可能な任務だった。たとえば、彼らはユゼフィンスカ通りの消毒施設を毎日、稼働させて三百人の者たちを入浴させ、散髪し、消毒するようにと命じられた。施設長の薬学修士、ラッシュバウムは、命令に反して施設が敏速に稼働していないことをサボタージュとみなされ、親衛隊の会議で非難された。ラッシュバウムはその命令遂行が物理的に無理であることを紙に書いてドイツ人に立証して見せた。それに対してドイツ人は、人数をさらに五十人増やすこと、もし実行されないのなら、射殺すると脅迫した。

ゲシュタポはしぶしぶではあったが、ゲットーの撤収に同意した。しかし、実現を引き延ばそうとした。ゲットーを廃止し、ユダヤ人すべてをプワシュフのバラックに入れることは、総督府における彼らゲシュタポの実入りの良い仕事を奪うことを意味していた。さらに場合によっては彼らは前線に送られかねなかった。

プワシュフ収容所は人で溢れ始めた。最初に収容されたのはバラック小屋建設にあたった大工、レンガ積み工、金具取付工だった。日々、新しい公示が出され、作業場の名前と入所期限が示されると、そこで働く予定の者たちはシラミの駆除を受けた後、バラック小屋に出発した。彼らは自分で運べるだけの荷物は持っていくことを許された。こうしてゲットーの撤収は現実のものとなった。ただ問題は、この悲劇がいつ、どんな手段で、最終的に終わりを迎えるかだった。

ドイツ当局の命令で、ゲットーに児童施設がオープンした。開所式にはグッターとシュピラも出席し、式典は盛大なものだった。こうして新しい嘘、新しい偽りが再び住民の警戒心を鈍らせた。

子どもたちの両親は労働に出る時、この施設に十四歳までの我が子を預けに行った。子どもたちは経験豊かな世話人の下で、封筒の糊付け、籠作りなどの様々な軽作業に当たった。さらにゲットーが撤収され、残っていた住民すべてが収容所に移った時に共同組合《ゲマインシャフト》の大人たちを手伝うことができるようにと、縫物を習ったりもした。児童施設は毎日何十人もの子どもで埋まった。子どもたちは喜んで施設へと通い、自分たちの無邪気さの裏に大きな危険、すでに準備されている悲劇が待ち受けていることを想像すらしなかった。

しかし、児童施設が開所されていたのはわずか数週間だけだった。それ以前にすでに施設の子どもたち全員の殺害が決められていたのだ。何も知らずに、子どもたちは喜んで作業に当たり、両親は我が子の労働意欲と積極性に顔をほころばせたものだった。

第五章

プワシュフ収容所への移送
——一九四三年三月十三日および十四日のゲットー撤収行動
——心理的謎——病人および子どもたちの殺害——悪夢の光景

希望のない、真っ暗闇の運命が待つ日々が同じように過ぎていった。ゲットーの人口は日に日に減少し、ほとんど毎日、人々はプワシュフ収容所へと移送されていった。それでも最初の数週間は、集合住宅の数に比べると溢れるほどの住民数だったので、目立った変化は感じられなかった。

労働者が宿営したのは、プワシュフのバラックだけではなく、ゲットー域外にある他の作業場に泊まり込む者たちもいた。主な場所は、琺瑯《ほうろう》容器工場、飛行場、カベル〔一九二七年にプロコチム地区で創業した電話ケーブルなどの製造工場〕、モンテルピフ作業所、手仕事斡旋《あっせん》センター、ポドグルスキ広場二番地にあったユリウシュ・マドリッチの既製服縫製工場、クラクフ郊外ナブウォチェのドイツ兵器工場、同じくクラクフ郊外ボナルカのレンガ工場、軍の自動車工場、ポモルスカ通りのゲシュタポにあった手仕事作業所、ヴァヴェルにあった手仕事作業所、市の清掃施設などである。これらの作業所の一部には宿泊施設があって、ユダヤ人労働者はそこに寝泊まりした。それ以外の作業所には、厳重な見張り兵に付き添われた労働者が毎日、プワシュフ収容所から通ってきた。身体的にも精神的にも虐待を受けた労働者たちがぼろぼろの服を身にまとい、やせ衰えた姿で、かつてのゲットーの通りを列を作って歩く姿が目に付いた。彼らの姿は悲しみと苦痛に満ち、その目に輝きはなかった。次々に虐待手段を考え出すヒトラー信奉者たちに対し、誰もが反感と蔑みを感じているに違いなかった。「今日はあなたたちが、明日はわたしたちが同じ目に遭うのかもしれない」と、筋道立て考えのできる者なら誰もがそう思ったに違いなかった。

わたしたちは、生きた人間の行列というよりは幽霊の行列の中に、もしや知人、あるいは友人がいるのではないだろうかと目で追った。当時、どんな時も、わたしたちすべては、つまり囚われの身である者も、一応は自由を持っているといわれている者も、新しい出来事、新しい事件が発する警報によって不安を掻き立てられていた。しかし、出来事の内容はいつも同じように殴打であり、逮捕であり、死だった。

その頃、「ユーラク」と呼ばれたプワシュフ、プロコチム、ボナルカの小規模な労働収容所への移送も始まった。

クラクフ・ゲットーからプワシュフ収容所に最初に移送された医師はレオン・グロスだった。最初だったがゆえに彼は収容所の医師長になった。

プワシュフは高台にあったので、そこに移ることを人々は通常、「上へ」移ると言った。ユダヤ人評議会のメンバーは「上へ」移ることを先延ばしにしていた。「下の」ゲットーにいると何とか日々を持ちこたえることができたからだ。「上」では人々は恐怖に震える日々を過ごしていた。一方、この時期、大勢のユダヤ人警官がゲットーを出て、プワシュフ収容所の様々な作業所で働くようになった。ゲットーでユダヤ人警官の空席が出ると大勢の住民が出願した。警官になれば、自分と家族の命を救えると思ったからだ。人事権はシュピラが握っていて、出願者には試験が待っていた。背筋を伸ばして立った姿勢で二メートル離れてシュピラの前に立ち、敬礼し、大きなはっきりとした声で氏名を名乗り、リーダーの意に従い、義務を果たすと宣誓した。宣誓はポーランド語とドイツ語で行われた。試験の合否を決めたのは、シュピラの機嫌、引き立て者の存在、そして出願者の外見だった。

ゲットーの生活はますます緊張を増し、いつ完全撤収が行われてもおかしくない状況だった。毎日のように誰かが去って行った。最も大事な物だけを持って彼らは別れを告げた。ユダヤ警察では毎日、朝早くから夜遅くまでユダヤ問題にかかわるドイツ人職員たちが仕事に当たっていた。山のような書類を作り、ゲットーの拘置所に収監されている囚人の尋問報告書を準備した。ゲットーからはほとんど毎日、誰かが逃亡を図った。商店は次第に消え、品物の補充はされず、在庫品はすぐに売り切れた。人々はまさにその日暮らしの状態で、稼いだ分をすぐに支出した。グッターを長とするユダヤ人評議会は何とかして完全撤収の日を遅らせようとした。しかし、親衛隊少佐ハーゼは一日の遅れも許さず、すべての努力は徒労に終わった。

一九四三年三月十三日午前十一時、ユダヤ人評議会は親衛隊大将シェルナーの命令で、まだ残っているゲットー住民に次のような通知を出した。ゲットーAの全住民は午後三時までにプワシュフ収容所に向けて出発すること。次の日にはゲットーBの住民がオストバーン〔ポーランド総督府のドイツ鉄道管理機関〕の作業所に向かうこと。そしてラトビア人、リトアニア人、ポーランド人警官から成る特別奉仕隊がゲットーを囲んだ。見張りの警官たちがゲットーAとゲットーBの境界に沿って位置についた。ゲットーAからBへの通り抜けはできたが、BからAへの通り抜けは不可能だった。

ゲットーの雰囲気は最悪だった。ゲットーの通りは筆舌に尽くしがたい緊張感に満ちていた。肉親を呼び合う叫び声、家財を背負った人や、自分に割り当てられた作業所を探す人や近親者を探す人が走り回っていた。ちょうどその頃、プワシュフ収容所の所長アーモン・ゲートを先頭に、十数人のドイツ人が自動小銃を手にゲットーの通りを歩き回っていた。ゲートとその手下、そして彼らのそばに離れずにいる二頭の犬、ラルフとロルフの姿が緊張の度合いをさらに高めた。ユダヤ人警官は狂ったように走り回り、ゲットーにある病院は閉鎖され始めた。

薬局の窓越しに外の状況を見ていたわたしは、突然、人々の動き、叫び声、呼び声が止まり、周囲が墓場のように静かになったことに気がついた。人々の目はタルゴヴァ通りのほうに注がれていた。「誰かが通りを歩いてくるに違いない。恐ろしい誰かが」とわたしは思った。やはりそうだった。アーモン・ゲートが現れたのだ。背は高く、整った顔立ちをしていて、胴体は大きいけれど、脚はほっそりとしていた。頭の形は良く、目は青色、年齢は四十歳ほど。黒の革コートを着ていて、一方の手には乗馬用の鞭《むち》、もう一方の手には短い自動カービン銃、わきには大きな二頭の犬を伴っていた。ユダヤ人警官は彼の前で敬礼をした。ゲートは誰をも見ないふりをして和合広場を横切り、ソルナ通りに折れて消えた。広場に集まっていた人々はほっと胸をなでおろし、出口門のほうへ向かった。

続いてゲットーにナチス・ドイツの高官を乗せた車が入ってきた。彼らは自らの利益にかかわりのあるユダヤ人を救出し、彼らにゲットーから出て安全な所に行く可能性を与えた。ゲシュタポの政治部門トップ、ハイネマイヤーの車も入って来た。ハイネマイヤーの副官で保安警察の部局長、ケルナーもいた。彼らの仲介で救われたユダヤ人がドイツ人の車でゲットーから出ていった。すでに前述したマーセル・グリューナーと彼の妻は家具運搬車に私財を乗せてゲットーを去った。ケルナーは二人の医師の移送に介入し、彼らをゲットーから連れ出した。二人はまずはワルシャワに行き、そこからハンガリーに出たことを後で知った。すべてはわれわれの目の前で起こったことだった。

ナチス・ドイツはパニック、脅威、恐怖の状態を作りだすことに長けていた。発砲音、口笛、犬の吠え声がわめき声と混じり合い、不安を掻き立てた。子どもの行く先を思って親は理性を失い、ある者はベッドの下に子どもを隠し、ある者は子どもを戸棚に閉じ込めた。中には狂ったように通りをさ迷い歩き、他人の手にすがる子もいた。しかし、そうやっても支援が得られるわけではなかった。

ゲットーを出てプワシュフ収容所に向かう時刻が近づいていた。年少の子を一緒に連れていくことは許されなかった。プワシュフへの出発を待つグループには夫、あるいは妻がいたし、両親と一緒に行く成人に達した子どももいた。ドイツ人は、大人のグループの後で年少の子どもたちも出発すると断言した。プワシュフには子ども用の特別のバラックが建てられているのだから、と言って。

医師たちは病院を後にする時、入院患者にベッドを離れてはならないとのドイツ人の命令を伝えた。しかし、そのまま病院に残るとどんな脅威が待ち受けているかについてもきちんと説明し、自分で自分の身を守ってほしい、と告げた。何とか自分の足で立ち上がることのできる患者たちは病院から逃げ出した。その中には手術後の病人もいれば、高齢の、あるいは若い患者、熱のある者、回復期にある者たちがいた。和合広場わきの小路にある感染症病院から下着のままの重病人や半裸の患者があちこちの方向に走り出したのをわたしは目にした。この世のものとは思えない光景だった。病人たちは最後の力を振り絞り、ひっきりなしに倒れ、けがをし、また立ち上がり、よろけながら歩いていた。

中には家族が手を貸している姿もあった。いったい、あの病人たちはどうなるのだろう。彼らは門を通過する時には病人であることに気づかれないよう、しっかりと歩かなければならなかった。

もちろん、すべての入院患者が病院から逃亡できたわけではない。自分の力では立ち上がれない者もいたのだから。そんな患者は待ち受ける運命を自覚しながらベッドに残らざるを得なかった。同病の者と抱き合い、最後の別れの言葉を交わし合った。近親者に伝えてほしいと、最後の願いを託す者もいた。がらんとした病室は死の静寂に満ちていた。

ゲットーはパニック状態だった。人々はあらゆる方向に走っていた。中には最も貴重な品物を隠し持っている者もいた。わたしと従業員は親友たちの貴重品を指示された場所に運んだ。薬局ではいつ捜索が行われるかわからなかったので、多くの物を隠しておくことはできなかったが、空いている薬品棚に一時的に保管することもあった。中にはまったく価値のない物もあったけれど、それは持ち主にとっては思い入れのある大事な品だったに違いない。誰も受領サインを求めなかったし、保管条件を重視する者もいなかった。期待したのは保管者の正直さだけ。中には残していく品物を売って、そのお金でプワシュフでのバラック小屋生活を持ちこたえたいと考える者もいた。実際、そうやって飢えたつらい時期を乗り越えた者は多かった。

わたしたちの薬局からは、「ユダヤ社会互助会」のミハウ・ヴァイヒャート会長の仲立ちで、郵便物として様々な荷物を送り出した。荷物の中身は薬や食べ物で、プワシュフ収容所やクラクフの外にある多くの作業所で働くユダヤ人に届けられた。支援を受けた人たちはわれわれに絶大の信頼を寄せた。薬局の従業員は我が身を危険にさらしてゲットーを出ていくユダヤ人たちの願いや求めに応じた。

しかし、保管を頼まれた人すべてが、所有者の求めに応じてその品物を返すことができたわけではなかった。そして、わたしたちも、プワシュフのバラックに住む人から保管物を返してほしいと連絡が入った時、恥ずかしながら何度か、その品物がすでになくなっていること、捜索によって取り上げられてしまったこと、あるいは所有者の手に直々に返還するようにと、当局から求められていることを伝えなければならなかった（彼らは収容所から外に出ることが禁じられていたから、直接の返還が不可能であることは明らかだった）。所有者直筆の手紙をもらい、その筆跡も確かであり、引き渡しの際の約束の合言葉も知っていながら、返却を断らざるを得ないこともあった。

それでも、正しき人はたくさんいた。彼らは保管していた品物全部を責任を持って引き渡し、預かった品物を自分の品物のように配慮した。中には私財を投じて支援の手をさしのべる者もいた。

退去の時が近づいていた。人々は隙間なく四列に並び、荷物を手に出発命令が出るのを待っていた。誰もがプワシュフ収容所に行くことを望んでいた。ゲットーで絶えず不安に駆られる日々を過ごすのはもうこりごりだった。ほとんどの人は、プワシュフのバラックでの生活が自分たちの放浪生活に終止符を打ってくれるだろう、自分たちの不安定なさすらいの旅は終わるだろうと思っていた。不運な人々にとっては、プワシュフのバラックが恒久的な安住の地になるだろうと思えた。この最後の強制移送を持ちこたえれば、生き延びることができるだろう。それが一般的な考えだった。

クラクフ・ゲットー撤収の最終行動には最大の心配事が残っていた。それはいまだにはっきりせず、流動的であるがゆえに非常に不安をもたらす問題、つまり、子どもたちの運命だった。ユダヤ人評議会ではドイツ人も執務に当たっていて、絶えず会議が開かれていたが、そこではドイツ人メンバーが指示を出し、ユダヤ人メンバーがそれに無条件で従い、実行していた。

　ユダヤ人評議会メンバーが郡役場の建物を出た。彼らの前にはゲシュタポ隊員と親衛隊員が歩いていた。その時、出発を待つ住民の前に恐ろしい情報が流れた。子どもたちの同伴は許されず、十四歳以下のすべての子どもはゲットーに残されるという内容だった。この情報は雷のように親たちに衝撃を与えた。移送の度にこれまでも繰り返され、小さな子どもを持つ親たちの避けられない悲劇になっていたにもかかわらず、考えたこともなかったように打ちひしがれた。人々は絶えず騙され、またもや手痛い失望を味わうことになった。今までもそうだったし、今回もそうだった。プワシュフに建設中だという子ども用のバラックのことを信じ、つい最近、ゲットーにできた児童施設の存在をありがたく思い、すべての子どもは両親と共にプワシュフのバラックに住むというドイツ人の約束を信じていたのだ。今もなおドイツ人はそれらの約束を撤回することなく、ただ、延期しただけだと言う。小さな子どもは今は行かないが、大人が出発した後で、車で向かうことになっていて、とりあえず、児童施設に連れていくという。今回もまたその言葉を信じる者はいた。

　しかし、多くの母親は今回、ドイツ人の約束を信じなかった。子どもたちを残して親だけがプワシュフに行くつもりはなかった。多くの母親たちは行列を抜け出し、まだ二十四時間の猶予があるゲットーBに潜り込んだ。父親たちは妻の説得に負けてそのまますぐに出発するグループに残った。彼らは奇跡を信じ、家族のためにこの先、何ができるかを考えた。

　グループを抜け出した母親こそ、名もない英雄だった。静かな犠牲的精神、高潔さを持つ英雄だった。彼女たちの行動は目撃者に感動をもたらした。列に残った者たちの痛み、無力さを目にして、赤の他人までもが泣いた。肉体的虐待よりも、いや、寄る辺《べ》ない者たちが殺されるよりも何百倍も大きな恐怖と悲しみを感じさせる光景だった。さまよい歩いていた子どもたちは強権によって満員状態の児童施設へと連れていかれた。

わたしたちは薬局で地獄の光景を味わっていた。みんな悲痛な思いで体をこわばらせ、意気阻喪《そそう》の状態だった。次々に友人や知人がやってきて、夫が、妻が列に並んでいるが、自分はどうしても子どもだけを残して行くことはできない。しばらく残って子どもと一緒に行くことにすると伝えた。誰もがわたしたちに何かを伝えたがった。最後の別れ、最後の抱擁、感謝の言葉。わたしたちの所に愛犬を置いていく者もいた。哀れな生き物は何か良くないことが起きていることを理解していた。餌を食べようともせず、小さな声で、クンクンと鳴くだけだった。

息も切れ切れの人が子どもに飲ませる睡眠薬を求めて薬局に飛び込んできた。子どもを眠らせ、眠った子を荷物のように背負ってどこかに隠れるつもりだった。それは何らかの理由でプワシュフに行くつもりのない人だった。わたしたちは咳止めの薬も与えた。ルミナールとコデインによって命を救われた子どもは少なくない。その日、多くの人が「アーリア」側に逃亡した。

ゲットーの門が開けられ、最初のグループが出発した。門のわきにはドイツ人哨兵が立ち、子どもが混じっていないかを見張った。もし、グループの中に子どもがいれば、親から乱暴に引き離した。父親、あるいは母親が子どもといたいと言うと、ドイツ人は子どもをわきによけ、親を行列に追いやった。子どもは有刺鉄線のそばに立ち尽くし、泣きながら去って行く列を見ていた。

刻々と新しい情報が入ってきた。あそこではあの人が殺され、あの人は血が出るほどに殴られ、病院では患者が射殺されたという。今回の移送行動の最前線に立っていたのは二人のゲシュタポ、フーヤルとフロマーだった。親衛隊曹長のフーヤルはでっぷりと太った赤ら顔の男で、いつもりんごをかじりながら、まるで血迷ったように誰彼構わず銃を向け、発砲した。ボスであるアーモン・ゲートの姿に刺激を受け、手なずけられた犬のようにゲートから離れず、大きな手にリボルバーを持って、ボスの目から命令を読み取った。一方、フロマーのほうは単独で動いていた。生まれついてのサディストのフーヤルとフロマーは、くっつきあっている移送者の列の中から子どもを見つけ出し、親から乱暴に引き離した。親はひどく殴られ、子どもは死ぬほどの恐怖に震え、激怒したドイツ兵のわめき声の中、泣きながら逃げまどい、近くの集合住宅の玄関に隠れた。多くの子どもはその後、有刺鉄線の下に戻ってきて、出発命令を待つ人々の列を見ていた。小さな手で鉄線をつかみ、不安と悲しみの涙を流しながら、つぶやいた。「ママ、パパ、行かないで、わたしを、ぼくを、一人にしないで、一緒に連れていって」と。

ゲットー撤収の際、わたしたちの親友の幾人かは、プワシュフには向かわず、アーリア側に準備した家に住むことを望んだ。薬局従業員のイレナ・ドロジチコフスカはヴィエリチカ〔クラクフの南東十五キロの所にある小さな町〕の近くにレオン・シュタインベルク博士と彼の家族のための部屋を用意した。残念ながら彼らはそこに移る決心がなかなかつかず、ゲットー撤収を迎えた時にはすでに逃亡は不可能だった。W・アーマー博士と家族もまた実行を先延ばしにしていた。適当な住まいが手に入れば、逃亡する危険のほうがプワシュフ収容所に行くよりもずっと小さかった。それにもかかわらず、移送グループに残り、同胞たちと同じ運命を共有しようとの考えが強くなったのだ。そういうケースが多かった。

午後遅く、ゲットーAの最後の住民が出発した。ユダヤ人警官、そしてグッターと数人のユダヤ人評議会メンバーは撤収が完全に終了するまで残っていた。また、総督府の社会福祉局はこの先もユダヤ社会互助会の運営を任せるために、ヴァイヒャートにはゲットーに残るように命じた。

つい先日まで、通りには活気があり、どの建物も、どの中庭も、どの玄関口も人の喧騒で溢れていたのに、突然、空っぽになった。無人の住まい、無人の通り、そして開け放たれた窓。その光景は恐怖感しかもたらさなかった。ドイツ人哨兵がリズミカルな足音を立て、有刺鉄線が張り巡らされたゲットーAとBの境界を歩いていた。

ゲットーBの通りにも人影はなかった。人々は外に出る勇気がなく、建物の中に身を潜めていた。外に出たり、窓から身を乗り出したりしたら、死が待っているに違いなかった。ドイツ兵は常にそんな機会を窺《うかが》っていたのだから。時々、発砲音が静寂を破った。

薬局前の有刺鉄線の向こうにドイツ兵が立ち、カラビン銃を薬局の窓のほうに向けているのが見えた。わたしは窓際を離れた。その瞬間に銃声が上がった。玄関ドアが開く音、途切れがちの声、足音が近づいてきた。薬局に通じる廊下を数人の者たちが怪我人を運んできた。わたしはドアを開けた。運ばれてきたのは四十五歳くらいの女性だった。白布のように青い顔をしている。まだ小さい五人の子の母親で、六月の移送行動で夫を失い、ゲットーには不法滞在の状態だった。女性はどの移送の時も身を潜め、この日まで持ちこたえてきたのだ。

「今度だって負けはしない」。彼女はあえぎながらつぶやいた。「しっかりしなければならない時にこんな不運に遭ってしまって」

女性は子どもたちが隠れている建物に向かって走っていた時にドイツ兵に見つかって、発砲され、肩甲骨をやられてしまった。肩にダムダム弾が命中し、子どもの頭くらいの穴が開いている。それでも彼女はうめき声を上げることはなかった。今は痛みを感じていないのだ。ただショックを受けて弱っているだけだ。衣服が深い傷にへばりついてしまっているが、とにかく包帯を巻いた。幸いにも、数分後にユダヤ人警官に付き添っている医師のアーマー先生が入ってきた。先生が怪我人に注射をしてくれて、希望が出てきた。彼女は良くなるだろう。生きなければならないのだから。

「わたしは子どもたちを救わなければならない」。女性はそう言うと、傷が良くなるまでにどのくらい時間がかかるかと聞いた。わたしたちは、数日で良くなるだろうと慰めはしたものの、果たしてもちこたえるかどうか。噂ではその後、彼女は亡くなったという。どうやら子どもたちとともに銃殺されたようだ。

ゲットー撤収の時、多くの人は非常に危険ではあったが、独創的な逃亡手段を選んだ。彼らはポドグジェ地区の通りを横切っている主要な地下水道へ通じるマンホールのふたを開け、家財を背に、多くの人は子ども抱いて地下へ降り、汚物の混じった下水に腰まで、時にはそれよりも深く浸かって進んだ。周囲にはドブネズミが走り回っていた。

そのような地下水道は二本あった。一本はユゼフィンスカ通りとクラクス通りが交差する所に、もう一本はユゼフィンスカ通りとヴェンギェルスカ通りが交差する所だった。

老いも若きも、女性も子どもも地下水道を伝って逃げた。裏切りがなければ、その手段は多くの者たちの命を救った。最初に地下に降りたのはアレクサンドロヴィチ医師だった。彼は妻と小さな息子を連れ、暗闇のぞっとするような下水の中を数時間歩き通した。地下水道は鉄橋付近のヴィスワ川へと注ぐ大きな開口部で終わっていた。

わたしはその日のことをまるで今日のことのように覚えている。ユリアン・アレクサンドロヴィチが爆弾のように薬局に駆け込んできた。彼はわたしに逃亡することを打ち明けると、自分の学術論文の入った厚い書類綴じを保管してほしいと言って差し出した。わたしたちは涙を流しながら手を握り合い、最後の抱擁を交わした。悲しい別れだった。この逃亡とその後の彼と家族の運命については一九六二年に「文学出版社」が発行した『トファルディ博士の日記』〔未邦訳〕に記されている。

それからかなりの年月が過ぎてから、ある人が委任状を手に例の書類綴じの返却をわたしに申し出た（かなりの時間が経ったので、その人が誰だったかをわたしは覚えていない）。保管していた論文をその人に渡し、わたしはユリアン・アレクサンドロヴィチはどうしているか、と尋ねた。その人は、ユリアンは生きてはいない、射殺されたと答えながら、一瞬、ウインクをした。それでわたしは理解した。占領が終わるまではそう答えざるを得ないことを。

地下水道を伝って逃げた者たちは最初のうちは成功した。出口付近には一人のドイツ人哨兵もいなかった。しかし、それは長くは続かなかった。逃亡者の跡を追う裏切り者が出たのだ。ユダヤ人逃亡者がいるとの情報が電話で警察の哨所《しょうしょ》に伝えられ、すぐに地下水道の出口が警官によって包囲された。その後の逃亡者はドイツ人の手に落ちた。多くの場合、地下水道の開口部に姿を現した人々はその場で射殺された。

三月十三日から十四日にかけての夜、ゲットーは恐ろしい状況だった。A域は完全に閉鎖され、多くの友人、知人が去っていった。別れ際、彼らは、わたしたちも厄介な目撃者として片づけられる可能性があるから、その時は逃げるようにと忠告してくれた。B域の住民は次は自分たちの番だと、戦々恐々としていた。残された自分たちの運命について、今度は騙される者はいなかった。B域の住民は仕事をしていない男性、そして女性と子どもで、ドイツ人には必要のない存在だった。この夜、住民はまんじりともしなかった。和合広場に面した集合住宅の廊下、地下室、屋根裏を人々はまるで夢遊病者のように歩き回った。

明け方、前回の移送行動の時と同じにように広場は再び人で溢れた。やせ衰え、髭《ひげ》は伸び放題、うす汚れた人々が諦めと恐怖の入り混じった目をして現れた。女性は幼児の手を引いたり、乳母車に乗せたりしていた。高齢の男性はビロードの布に包んだ宗教書を小わきに抱えていた。子どもたちは他の子と手をつなぎ合って歩いてくる。陽光に溢れた暖かい日だった。子どもたちはアスファルトの上に穏やかな様子で座り、笑い、ふざけておもちゃを取り合ったり、泣き出したり。人々の数は増し、広場は混み合ってきた。人々のわきには夜具や鍋や皿などの日用品の包みが山のようになっていった。どうやら彼らはそれらをすべて持って、遠い旅に出かけるつもりだった。

わたしはポーランド人の知人たちから、しばしば質問された。ユダヤ人は自分たちを待ち受けている事態を理解できないほど盲目的だったのかと。死を意味する移送に、なぜ家財などの荷物を持っていったのか、どうして死路へ赴く時にさらに骨を折るようなことをしたのか、どうして自己防衛行動に出なかったのか、どうして、まるで羊がと蓄場に向かうように、なされるがままに従ったのか、と。

そんな質問を発することができるのは、直接、目撃していないからだ。彼らは風説だけを鵜呑《うの》みにしているし、そもそも、その風説自体が不完全なものだ。

あのぞっとするような恐怖劇場の直接の観客にならないかぎり、あそこで生活した人々の状況を理解することはできない。死の前日に彼らを惑わした嘘による背信行為を理解することはできない。質問を発した知人たちがせめて数時間でも移送行動が行われた現場に居合わせたならば、数歩進むごとに誰かが殺され、殴られ、見下され、虐待された雰囲気を味わったならば、犯罪の舞台裏を知り、その執行者と彼らが使った手段を目にしたならば、「どうして」などと聞いたりはしないだろう。犯罪の執行者は恐怖を煽《あお》るために、ある時はこれ以上ないほど残虐に発砲し、ある時は収容所に移れば生き延びられると幻の希望を抱かせ、また、逃亡やサボタージュや何らかの抵抗運動の企てに対しては、その近親者への報復をちらつかせて威嚇した。

それ以外にも、クラクフ・ゲットーは、たとえばワルシャワ・ゲットーに比べて地勢的見地から大きな抵抗運動には向いていなかった。ゲットー域は十数本の通りにまで縮小され、各通りにはドイツ人哨所が点在し、何か起きればお見通しで、大規模な地下活動や武装行動に出る条件は整っていなかった。さらにドイツ人は各行動に出るにあたり、自分たちの安全を守るために入念な準備をした。上から下まで武装した強力な警察部隊を投入し、隊員は自分の意思で住民を射殺する権利を持っていた。

それでも、一人一人の心の中に「生き延びる」というかすかな希望の火は燃えていた。「生き延びる」――あの時代、それは偉大な言葉だった。恐ろしい捕囚の時代には自由という言葉ほど強いものはないように、血まみれの穀物が刈り取られる死の時代には「生き延びる」という言葉ほど強いものはなかった。その希望が奇跡を呼び起こし、人々に超人的な力、忍耐力を与え、歯を食いしばって屈辱という苦い薬を飲み込めと命じた。死に対する恐怖よりも生き延びようとする意思のほうが勝っていた。それは、わたしがゲットーで過ごした時代に住民に対して持った印象であり、見方である。

わたしはこの時代に出会った個々人の、そして集団としての人間の精神状態を理解しようと努め、ある確信に至った。もし、生き延びる希望を持っていなければ、銃口を向けられた人々は哀れみを求めるか、自らを貶めるか、あるいは逃げようとしたはずだ。そんな行為は明らかに恐怖と臆病の現れだったであろう。ところがそんな行動に出る者はクラクフ・ゲットーにはいなかった。わたしは住民が哀願する声を耳にしなかったし、泣いている姿も見ていない。彼らは、穏やかに現実を甘受しながらも、自尊心を失うことなく迫りくる死の脅威に対峙していた。

親衛隊と特別奉仕隊から成る部隊が門をくぐって和合広場に入ってきた。ヘルメットをかぶり、カラビン銃を持ち、完全武装した兵士たちが二重に隊列を組んで整列した。背の高い、がっしりとした体を持つ支配民族の「英雄的な」息子たちだった。お偉方を乗せた車も入ってきた。兵士はカラビン銃を外し、隊列の前に並べて組み上げた。ゲットーはあたかも戦闘態勢に入った街であるかのような印象をもたらした。わたしの目前で前回の移送行動と同じ光景が繰り広げられた。前回と異なるのは殺害が広範囲に及んでいることだった。まるで、これで最後だと言わんばかりに。ドイツ兵は血を満喫し、血にむせることを望んでいた。銃声は朝から一瞬たりとも止むことはなかった。ほとんどすべての兵士が発砲した。

むくんだ顔に嘲笑を浮かべた親衛隊曹長アルベルト・フーヤルはまるで狂ったようにユゼフィンス

カ通りの中央病院に駆け込むと、誰それ構わずに出会った患者を次々に射殺した。吸血鬼か死神のように一階から屋根裏までを駆け回って、血の川と死体の山を築いた。玄関口では門番を、そして銃声に驚いて小屋に逃げ込んだ犬を殺した。続いてフーヤルは各病室を回り、ベッドに横たわる患者も廊下で出会った患者も殺した。次にユダヤ警察から病院に移された囚人たちがいた部屋に駆け込んだ。病気の囚人たちの多くはすでにプワシュフのバラックに移送されていたものの、残っていた全員が射殺された。

狂気じみたフーヤルがある病室に入ると、そこにはベッドに伏せた若く美しい女性がいた。女性のわきには女医のカティア・ブラウが付き添っていた。カティアは怪我をしている親友で同僚のベルゲローヴァを置き去りにはできなかった。ベルゲローヴァは地下水道を伝って逃げようとしたのだが、息子のフレジョを腕に抱きながら不運なことに転んでしまい、足を骨折してしまった。駆けつけたドイツ兵にやにわに息子をもぎ離され、その後、彼女は二度と息子を目にすることはなかった。ベルゲローヴァは痛みで動けないままに絶望のうめき声を発し、息子たちを失った後のニオベ〔ギリシャ神話に登場する女性〕のように、手を前に差し出した。そしてそのまま気を失い、病院に運ばれた。そして献身的なブラウ医師が彼女に付き添った。ブラウ医師は明るいサファイア色の目をしたブロンドの髪の美しい人だった。想像してもらいたい。銃声、そして病室に近づいてくる足音を耳にしながら二人の女性が味わった恐怖を。

フーヤルは、まるで催眠術にかかったかのように二人の女性を見つめた。鋭い目で一人を、視線を移してもう一人を見ると、いつでも発射できる状態のリボルバーを手に二人のそばに向かった。女性たちに近寄ると、腰を下ろしているブラウ医師に、立ち上がって、背を向けるようにと苦々しげに言った。ブラウは、命を全うすることはできずとも、女性として、医師として、人間としての闘いには勝った。

「発砲なさい。わたしは死を恐れません」。これがブラウの最後の言葉だった。銃声が上がった。そして驚くべきことが起きた。ブラウの死がもう一人の女性の命を救ったのだ。フーヤルはベッドに横たわるベルゲローヴァには発砲せずにリボルバーをケースにしまうと、わきに立つユダヤ人警官に、彼女をプワシュフの病院に運ぶようにと命じた。しかし、その後、ベルゲローヴァは自死を選んだ。愛する息子を失ったことが彼女には耐えられないほどの打撃だったのだ。

この時の病院襲撃でヤン・フィシャー医師とブルノ・パリン医師も殺害された。病院は閉鎖され、生き残った医師たちはプワシュフ収容所に移送された。そして、プワシュフ収容所ではヴワデヴィスワフ・シュテンツェル医師が銃殺され、スタニスワフ・アイベンシュツ医師は連行されたベウジェツの焼却炉で焼かれたことをわたしたちは知った。

ゲットーで名の知れた二人の技師、グリュンベルクとモルゲンシュタインもまたゲートの命令で殺害されたとのニュースが届いた。二人は病院の改装をしたし、繰り返し変更されるゲットー境界線の標示を変えるなど、建設の現場で活躍していた。

集合住宅から追い出された人たちが次々に走ってきた。ドイツ兵が地下室や屋根裏など、様々な隠れ場所から人々を引っ張り出していた。見つけ出された者たちは全員がその場で射殺されるわけではなかった。中には殺される前にさらに多くの苦しみを与えられる者もいた。ドイツ兵は計画的に発砲し、殴り、虐待した。これまでゲットーを自由に歩き回ることのできた外国籍の書類を持つ者たちも、そしてユダヤ警察に拘置されていた囚人たちも、和合広場から感染症病院へと続く袋小路で射殺された。髭を生やし、やせていて、背の低いユダヤ人が目に入った。ダヴィデの星の腕章を売っていたハンガリー国籍のユダヤ人だ。彼はゲットーを自由に歩き回ることができたけれど、その権利を使うことはなく、しかし一方で髭を剃らなければならない命令には背いていた。そのユダヤ人が書類を手に広場に駆け込んで来た。すぐに蹴り倒され、また立ち上がり、それを繰り返しながら目の前に立つ親衛隊将校に書類を差し出した。将校は書類を受け取ったものの、読むこともなくすぐに破り、袋小路のほうを指さしながらこの老ユダヤ人に後ろを向くようにと命じた。小路の角でドイツ兵は彼の後頭部に弾を発射した。この通りでは多くの人が殺された。

薬局の窓の真向かいにある集合住宅では、壁際に高齢者たちが立たされ、銃殺された。それは主に隠れていた所から引っ張り出された者たちだった。また、広場の角では子どもたちが撃たれて死んだ。ドイツ人は犯罪に関しても秩序だった計画を守った。高齢の女性から成る十数人のグループが目に入った。殺人者は彼女たちを殴りながら狭いヴィト・ストフォシュ通りに追いやり、直後に銃声が上がった。

人々は恐ろしさに固まりながらも、静かに、穏やかに自分の番を待った。たとえこの場所ではなくても、今すぐではなくても、いずれは同じように殺されることを知っていたからだ。

ユゼフィンスカ通りにドイツ兵が入ってきた。児童施設を閉鎖するためだった。トラックが乗り入れ、子どもたちが積み込まれた。幼児は数人一緒に籠に入れられ、そのまま車に移された。年長の子たちは広場に連れ出され、袋小路の角で銃殺された。

和合広場では人の選別が続き、強くて頑丈に見える若者たちは他の者たちから離された。銃声が上がり続ける中、親衛隊とゲシュタポの高官たちがお互いに言葉を交わし合い、悠然と歩いている。中でも際立っていたのは親衛隊少佐ハーゼで、部下たちに囲まれていた。さらにゲートも動き回っていた。叫び声、口笛、犬の鳴き声などの喧騒が渦巻き、薬局の窓から見ているわたしの眼前をハイネマイヤー、クンデ、ヘルマン、オルデ、そしてわたしの知らないドイツ人たちが通り過ぎていった。

親衛隊員は、広場の出口のほうに向かって並んでいるグループの中から乱暴なやり方で女性を引き出し、母親からは子どもを切り離した。どうやら、殴ったり殺したりすることが親衛隊員の五感に刺激を与えているようで、彼らはさらに新しい興奮を求めた。一連の死の工程は薬局の窓のすぐ前で起こっていた。その時、グループの中から一部の人たちが引き出され、別のグループとして集められた。新しいグループを構成するのは六十歳前後の者たちで、彼らは全速力で走るようにと命じられた。その場で走ることが彼らの生死を決めた。嘲笑が上がる中、哀れな人々は最初は単独走で、次に集団で走った。速く走ることができた者は、さしあたり命をつなぎ、残りの遅かった者たちは射殺された。親衛隊員は勝者の肩を叩き、速く走る能力をほめると、遅かった者たちには背を向けるように命じ、後頭部に弾をぶちこんだ。

目の色、鼻の形、顔の表情もまた多くの場合、死か生かを決めた。わたしは走ることを拒んだ六十歳前後の男を見ていた。走ることを拒否した男は振り返ることもなく、落ち着いていた。その明らかな不服従の姿勢にドイツ人は度肝を抜き、死を恐れぬ男の姿に畏怖の念を抱くと同時に逆上した。ドイツ人はその男を射殺はせず、蹴ったり殴ったりしながら移送されるグループの中に押し込んだ。それがその男に対するドイツ人の復讐だった。

走ったことで命を救われた者たちは多かった。彼らはまだ労働可能な者として、若い人々のグループに入れられ、四列縦隊に並んでプワシュフのバラック行きを待った。ところが彼ら全員がプワシュフに向かったわけではなかった。一部は列から排除され、すぐに消えた。その他の者はゲットーに残され、B地区の退去がすべて終わるまでユダヤ警察で待機させられた後、ゲットーのあちこちに横わっている死体の服を脱がせ、裸の遺体をトラックに積み込む作業をさせられた。

アーモン・ゲートは、合計で百五十人を労働力としてプワシュフに連れていくとハーゼに報告した。ハーゼはしばらく考えた末、それは多過ぎるので、半分に減らすように命じた。つまり、半分の七十五人は射殺された。

出発の時刻が迫った。わたしたちがそれを察知したのは、行列に並ぶ人々の持ち物が取り上げられたからだ。荷物を持っていくことは許されなかった。今回、ドイツ人は移送者の未来にいかなる幻想も抱かせなかった。今回に限って、嘘を言ったり騙したりすることはなかった。ゲットーの最終撤収なのだから、その必要がなかったのだ。親衛隊員は小さなバッグまでを乱暴に取り上げ、広場の一角に積み上げた荷物の山に投げ捨てた。あちこちで人々の叫び声が上がった。バッグの中には私的な書類が入っていた。この期に及んでも、人々はこれからも生きることができ、書類が必要になるとの幻想を抱いていた。彼らのこの反射作用は絞首刑を受けた者たちの動きに似ていた。受刑者たちは命を失ってからもなお、手足を動かし続けたのだから。

ゲットーの門の前にトラックが乗り入れた。人々は波打つように立ち上がり、押し合いへし合いしながら門へと向かった。通路に立っている親衛隊員が狂ったようにわめきながら人々を蹴り、叩き、出口のほうへ急き立てた。引き離された子どもたちの泣き声、親たちの叫び声。血も凍る状況だった。乳母車の幼児たちの運命はなされるがまま。親は、何がわが子を待ち受けているかに思いを馳せた。一瞬たりとも鳴りやまない銃声の中、ドイツ兵たちは次々に子どもたちを薬局向かいの集合住宅の中庭に集めた。やがて、そこから集中射撃の音がした。何が行われたのか……疑いの余地はなかった。人々は急き立てられ、門を出た。わきに立つ親衛隊員に殴られないように、急いでトラックに飛び乗るしかなかった。高齢者や女性にとって、それは非常に難しいことだったが、近くの者が背中や頭への一撃を覚悟の上で手を貸していた。怪我をして血を流している者、青あざのできた者たち。そんな人たちでトラックは一杯だった。

わたしはその時、次のような光景を目にした。大勢の群衆の一番前にいる高齢の女性が地面に座っていた。広場から出るようにと叫んでいるドイツ兵の声に一切反応していない。疲れて居眠りしているようだ。微動だにしない。もしかしたら気を失っているのかもしれない。そこへゆっくりとした足取りで両手を後ろに組んだ親衛隊員が前かがみになって彼女に近寄った。ドイツ兵の動作はみんな似ていた。歩き方、手の振り方、前かがみになる姿勢、どれも同じだった。片方の手にリボルバーを握り、高齢の女性まで数歩の所まで来ると、リボルバーの手を差し出し、発射した。女性は通電したかのように体をびくっと震わせ、背筋を伸ばし、ゆっくりと両手を投げ出した。二回目の発射でとどめが刺された。死者が一人増えた。

最初に乗り入れたトラックが人々を満杯にして出ていくと次のトラックが入ってきて、次のグループをつめ込んだ。広場から人けが消え、クラクフ・ゲットー撤収は終了へと向かった。和合広場には戦場の跡のような光景が広がった。何千個もの包みや手荷物が山を作り、血で濡れたアスファルトの上では小さな子どもたちがあちこちで遊んでいた。親衛隊員がそんな子どもたちの手を引いた。中には子どもたちを例の悪夢の中庭に連れていく隊員もいた。他の隊員は乳母車で眠っている幼児をそのまま連れ去ったのだが、どの場合も、姿が見えなくなると、カラビン銃の一斉射撃の音がした。節約のために彼らは子どもたちを一列に並べて、一発の弾で数人の子どもを殺害した。赤ん坊の場合は一台の乳母車に数人を乗せ、一発の弾丸で死体にした。広場では飽くことを知らないハーゼが同僚を引き連れ、君臨していた。アーモン・ゲート、クンデ、オルデ、ヘルマン、ハイネマイヤーの姿も見えた。病院攻撃のヒーローであるフーヤルが額に汗を垂らし、脚を広げて立っていて、そのわきではフロマーが激しい身振り手振りで何か話していた。

ユダヤ人警官のイマーグリュックが自分の年老いた母親に同行しているのが見えた。ユダヤ警察隊でのきつい勤務が評価され、彼は個人的に母親に付き添うことを許されたのだ。イマーグリュックは小さな毛布を母の肩にかけ、どの方向へ進めばよいかを指示した。そして母を抱き寄せ、髪をなでた。最後の別れの抱擁、息子の目には涙が溢れ、母の目には不安の色が浮かんでいた。息子はゆっくりとした足取りで広場を離れていった。母親はもう一度息子を抱き寄せようとするかのように手を差し出すと、まるで銅像のように動かずにその場に立ち尽くした。そばにいたドイツ兵は、なぜか、今回は笑ったりはしなかった。数時間後、息子は自ら母親の衣服を脱がせ、まだ温かい遺体をトラックに運んだ。母親は移送ではなくその場で射殺されたのだった。

この日、およそ三千人が移送された。ゲットーBにそれほど多くの住民がいるとの情報は得ていなかったと言って、ハーゼはグッターを叱責した。殺害されたのは、およそ千五百人。親衛隊員のヘーリングがハーゼに報告した死者数は千人だった。

ゲットーは死に絶えた。これが最後の悲劇になるはずだった。しかしナチス・ドイツは生者に対するよりも何倍もおぞましい手段で今度は死者の威厳を冒瀆《ぼうとく》した。最後のドイツ人部隊がゲットーを去った後、命令を受けたユダヤ人警官とゲットーに引き止められた一部のユダヤ人は、殺された者たちから衣服をはぎ取り、裸の遺体をまずは建物の入り口に積み重ね、その後、トラックに積んで運び出した。

わたしは高齢者、若者、女性、男性の遺体が裸にされるのを見た。赤ん坊さえ衣服をはぎ取られた。そして、一体一体が無秩序に積み重ねられた。何と、息子が死体の中に自分の両親を認め、あるいは親が自らの手で遺体となったわが子の服を脱がせる、そんなケースがたくさんあった！　ゲットーにトラックが入ってきた。人間の裸の遺体がトラックの荷台に投げ込まれた。ダムダム弾の弾丸が直接、顔に打ち込まれたと思われる死体をわたしは目にした。それは顔ではなく、黒い血のりに覆われた割れ目だった。髪の毛がべったりとくっついていた。死体の中にまだ生きている怪我人が投げ込まれるケースも少なくなかった。わたしは、走り過ぎる死体満載のトラックの中に、明らかに両手を顔のほうに上げた女性を見た。ゲットー門を出る車の中から重傷者のうめき声も聞こえた。ゲットー域を出ると、死体を積んだトラックの上には毛布が掛けられた。トラックは、まるで屠蓄《とちく》用の運搬車のように、殺された人間から流れる血を滴り落としながら、狭い通りをプワシュフのほうへ走っていった。ヴィエリツカ通りのでこぼこの車道では死体が転がり落ちることもあった。

どの集合住宅の玄関ホールも直視できない状況だった。血の海の中に様々な物、小さな束、最後の旅のために用意した食べ物の包みが散乱していた。そのわきに転がっていたのは、ビロードの布に巻かれた宗教儀式用品、祈禱書《きとうしょ》、死に際に着た衣服、宗教的衣装。それらはドイツ兵が貴重品を探した後で捨てた品物だった。

墓地のような静寂が、無人と化したゲットーの建物と通りを覆った。どの通りからも、どの建物の玄関からも虚しさの風が吹いていた。至るところに、多くの罪を犯した民族への呪いの言葉が満ちていた。ゲットーに残されたあらゆる物、とるに足らない物までもが彼らの犯罪を告発し、彼らが残した足跡にはナチス・ドイツ支配政策の犯罪と恥辱の場所としての烙印《らくいん》が押された。

三月の移送の際、クラクフで名の知られていた二人の女医がシェブニェの収容所に送られた。長年、クラクフの保険病院に勤務し、社会活動家でもあったパウリナ・ヴァッサーベルガー医師、そして彼女の妹のドーラ医師である。シェブニェ収容所が撤収された時、二人は殺害された。さらに、プワシュフ収容所撤収の数週間後、懇意にしていたベルタ・ジルバーベルク医師とマリア・ペヒナー医師が死んだという悲しい知らせも届いた。

クラクフ・ゲットー撤収の際、殺害されたのは個人だけではなかった。何百年も前からクラクフに住み着き、クラクフの最も古い年代記に永遠にその名を刻んだユダヤの一族が多数、滅亡した。そんな一族の名前を挙げてみよう。

ホルツァー（銀行家）
ヴォール
オーバーレンダー
ラパポート
バダー
アイベンシュツ
ポドグジェのヴァクス
シュライヒコーン（パン屋）
ラックス
リバン（ポドグジェの石切り場所有者）
パリサー
フッター（楽器店及び自転車店の所有者）
ホロヴィッツ
フリシャー（南国産フルーツの輸入業者）
ランダウ（ラファウ・ランダウはクラクフのユダヤ共同体の長）
ハルパーン（グロツカ通りにあった毛皮店）
アレクサンドロヴィチ
ヴァッサーベルガー

ブリューバウム（東洋の絨毯《じゅうたん》を扱う店を経営）
ラパポート・サプセ（代々、ラビを務めた一族）

さらにわたしはポドグジェのマツナー一族をよく覚えている。戦前からわたしの薬局のなじみ客だった。長く白いあご髭を垂らした老マツナーが語った多くの格言を覚えている。ある時、話題は人々の相互扶助に及んだ。老マツナーは次のように語った。「善意で川に投げ込んだパンは、流れに抗して投げ込んだ者の所に戻ってくる」と。

わたしはこの回想記に多すぎるほどの氏名を挙げたかもしれない。若い世代の者たちはうんざりするだろう。しかし、彼らの名前を挙げることには歴史的意味がある。なぜなら、彼らはわたしたちと同じ街に共に住み、物質文化、精神文化、学問、芸術を共に作り上げてきたのだから。彼らは善良なユダヤ人であると同時に善良なポーランドの愛国者であり、クラクフの発展に、共通の祖国の発展に積極的に参加してきたのだから。

祖国に尽くして亡くなった戦死者の名前を永久に記憶に留めるのは、わたしたちの義務である。したがって、わたしの回想記の中に、囚われた人々、そして殺害された人々の名前を挙げるのは当然のことだとわたしは思っている。しかし、それはほんの一握りの氏名であって、実際にはもっと多くの人がいた。わたしはすべての人を知っていたわけではないけれど、名前を挙げなかった人々にはお許し願いたい。

十四世紀後半に起源を持つシェロカ通りの有名なユダヤ教会堂も無残な荒廃にさらされた。この教会堂はクラクフのカジミェシュ地区においては最古の建物だった。ナチス・ドイツは中にあった宗教的備品を徹底的に略奪した。貴重な記録文書の中からトーラー、モーゼの五書、タルムードを取り出し、宗教儀式の時に使う貴重な衣装、真鍮の古いランプと燭台を持ち出し、飾りのついた張り出し燭台を壁からもぎ取った。これらの品物はまずはゲットーに運ばれ、リマノフスキェゴ通りにある建物の一つに保管されていた。古い石造り住宅「バーゲル」もまた破壊された。言い伝えによると「バーゲル」では偉大なタルムード学者にしてカバラ研究者であり、さらにラビであり、哲学者であり、思想家だったナタン・シュピラが講義をしたと言われている。古いユダヤ墓地も破壊され、神聖を汚された。年代物の「レム」教会堂を取り巻いていたシェロカ通りの墓地もまた破壊された。「レム」教会堂は倉庫にされてしまった。墓地にあった黒大理石の墓標もまた打ち割られ、傷つけられた。墓標には有名な哲学者、思想家、ラビの名前、バフ、ヤクボヴィチ、イサーレスを始め、墓地の創設者や設置費用を負担した者たちの名前が刻まれていた。破壊された教会堂には、ヴィソカ教会堂、イツァーク教会堂、ポッパー教会堂、クパ教会堂、そしてミョドヴァ通りのテンペル教会堂などがある。

ミョドヴァ通りにあった、さらに古い時代の墓地も破壊された。墓石が倒され、打ち砕かれ、御影石と大理石の墓標がもぎ取られた。黒くて大きな大理石の墓碑は運び出され、ドイツ人高官の邸宅へと続く小道に舗石として敷かれた。プワシュフ強制収容所域内の二つの墓地も破壊された。イェロゾリムスカ通りの墓地とアブラハム通りの墓地には収容所の敷地であるとの表示が付けられた。この二つの墓地の光景はわきを通る人々を仰天させたものだ。パワーショベルで掘り起こされた土の中から墓穴が見え、そこには死者の脛骨や頭蓋骨が投げ捨てられていた。占領者は人間の命と尊厳を破壊しただけではなく、世界中のあらゆる民族、種族の文化において敬われ、大事にされてきた死者の墓の神聖までを汚した。

調教され、盲目的になった憎しみはどこへ向かうのか、人間のモラルはどこまで低下するのか、上記の例は反駁しがたい証拠になっている。

「ドイツ人もまた人間である」ということわざがある。それを裏付ける少数の人物についても、記しておかなければならない。彼らは主にオーストリア出身の工場主で、ヒトラーのテロ行為が蔓延《まんえん》する中、自らの行為の結果を恐れることなく、ポーランド人、ユダヤ人に手を差しのべた。その一人がウィーン出身のユリウシュ・マドリッチである。彼はポドグジェ地区にあったドイツ人用の既製服を作る工場の主だった。その工場にゲットーのユダヤ人囚人を、後にはプワシュフ収容所の囚人を雇用した。マドリッチは地下活動の存在を知っていて、活動に適した環境を作り、工場労働者に食料を与えただけではなく、トラックでゲットーの住民にも食べ物を届けた。ヤフニャク博士の信ずるに足る情報によれば、ユダヤ人はマドリッチのことをゲットーおよびプワシュフ収容所の「天使」または「後見人」と呼んでいたという。

一九四三年三月十三日のクラクフ・ゲットー撤収後、ゲットーでの殺害と他の所への移送を免れたユダヤ人は主にプワシュフ収容所に入れられたのだが、その近くに、プワシュフ強制収容所とは別に「ユーラク」と呼ばれた小規模な労働収容所〔一六三頁参照〕があった。一部のユダヤ人はそこに寝泊まりして働かされた。「ユーラク」は独自のユダヤ警察を持ち、労働者は「ユーラク」の敷地外に出ることは許されなかった。

クラクフ・ゲットーを支配していた人間関係をより完全に示すためには、ゲットー域外にあった作業所についても触れなければならない。そこに雇われていたユダヤ人は、毎日、ゲットーを出て作業所に通った。プワシュフには主要収容所の下に配置された労働収容所があり、クラクフ郊外のザブウォチェ地区の労働収容所にはオスカー・シンドラーが営む琺瑯容器工場があった。その工場ではユダヤ人は人間として扱われた。この作業所は一九四四年九月四日まではザブウォチェに存在し、その後、プワシュフ収容所に移転し、プワシュフ収容所の撤収（一九四四年十月十五日）の際には、この作業所のすべての労働者、そして他にも多くのユダヤ人がチェコのツヴィタウ近くのブリュンリッツに移った。この作業所を最後まで営んだのはオスカー・シンドラーで、彼は多くのユダヤ人労働者を絶滅から救った。

他にもプロコチム〔ポドグジェのさらに東にある地区〕に労働収容所があった。そこのユダヤ警察リーダーはわたしのギムナジウム時代の学友だったリプシュツで、しっかりとした人物だった。彼は親衛隊兵長リチェクに可愛がられ、リチェクはリプシュツの「世話」をしていた。ある時、リプシュツが神経をたかぶらせて、薬局に駆け込んできた。そして抑えた早口でわたしに告げた。

「タデク〔著者の名前、タデウシュの愛称〕、おれは一か八《ばち》か、やってみる。収容所から逃げることにした。いいか、みてろ、成功させてみせるから！　うまくいったら、君に知らせるからな」

「元気でな」。わたしは答え、手を握り合って、最後の別れをした。

ところが、その後すぐにリチェクが薬局にやってきた。リプシュツも一緒だった。二人はプロコチムに戻って行った。翌日、リプシュツが逃亡の際に射殺されたという噂が広がった。

クラクフ空港とビェジャヌフ〔プロコチムのさらに東の地区〕にも労働収容所があった。ビェジャヌフの労働収容所にいたローマン・グラスナーは何度かわたしに、薬がほしい、あるいは娘についての情報を頼むとの簡単な手紙をよこした。彼は結局、その収容所で亡くなったのだが、わたしは最後まで彼とコンタクトをとり続けた。

第六章
死者の町―ゲットーの「清掃」
―ゲットーの死刑執行人
―ユダヤ人警官の運命―一九四三年十二月

クラクフ・ゲットー撤収の瞬間からわたしの薬局はその存在意義を失った。わたしはそれまでの二年半、ゲットーで生活してきたが、まるで死者の地に、無人の町に、わたしもまた移送されたような気がした。死の通りに迷い込んだ人の足音が恐怖を呼び起こし、出会った人の姿に戦慄《せんりつ》を覚えるような町、そんな所に移送されて来たような気がした。数十時間前までは通りに少なくともまだ活気があったし、建物にはたくさんの人々が重なり合うようにして住んでいたのに、今はどこにも人っ子一人いなかった。一陣の死の風が一棟一棟の集合住宅を、一戸一戸の住まいをのぞき込みながら、通りを吹き抜けていった。どの建物の部屋もおぞましい犯罪の証人になっていた。わたしは薬局から出ないようにと強制的に命じられた二日間が過ぎてから、自分の足音を聞きながら人けの消えた通りを歩いた。このうえなく恐ろしい光景を目撃した者はたくさんいるし、身をもってぞっとするような体験を味わった者も多かった。しかし、わたしのように撤収行動の翌日、いまだに死体が累々と横たわり、血がこびりついているかつてのゲットーの通りを胸がつぶれるような思いで歩いた者は多くはないだろう。

薬局に引き返し始めた頃には辺りが暗くなってきて、その暗さがおぞましさを何倍にも強くした。空には雲一つなく、月の光が建物の奥まで届いていた。行きの道よりも、帰りの道で見た暗く人けのない通りや広場のほうが、死に絶えた町の感を倍にした。空いたままの玄関ドアや窓が不安感を掻き立てた。歩いていた時、現実だったのか、はたまた幻だったのか、窓が閉まる音がし、誰かがわたしの足音に驚いて、さっと玄関ホールを駆け抜けたような気がした。誰かが窓際でマッチを擦り、誰かが再び窓を開けた。突然、口笛が響いた……その時、謎の手が一枚の紙切れを投げ落とした。いや、幻覚ではない。死体でいっぱいの集合住宅にはまだ生者がいる。恐ろしさのあまり、他人を避けて身を潜めているのだ。わたしは紙切れを拾い上げると歩みを速めた。直前に味わい、目にした光景が頭の中、そして目の中に生々しく残っていて、わたしは耳にした音の意味を落ち着いて考え、その場所を記憶した。

薬局に戻る途中、一人のユダヤ人警官に出会った。かつての学友、ロッタースマンで、しっかりとした人間だった。わたしたちは一言も交わさず、黙って挨拶した。薬局に入る直前、わたしは再び誰かの足音と窓ガラスを叩く音を聞いたような気がした。建物の中に入ると、周囲は静寂に包まれ、廊下にはまだ一体の裸の遺体が転がっていた。薬局の中に入って、ほっと一息つくと、わたしは窓際に寄り、広場に目を向けて撤収行動が現実のものだったことを確信した。

この夜の和合広場は、まるで童話に登場する魔法をかけられた町のように、不思議な光景を見せた。月光の中、アスファルトの上に落ちる杭と有刺鉄線の影が多数の格子模様を作っていた。どの建物の玄関も開け放たれ、窓は暗かった。月光以外の明かりはなく、人影もなかった。時々、犬が狂ったように駆け回り、建物の壁際に身を潜めた。

夜、わたしは寝つくことができなかった。空虚と静寂が逆に神経をとがらせ、誰かの足音、ドアのきしむ音、窓ガラスを叩く音が聞こえるような気がしてならなかった。数日後にも、夜遅くにクラクフの街中からゲットーに戻ってくる時、わたしは同じような音を聞いた。それは幻覚ではなく、現実の音だった。誰かが生きていて、助けを求めている音だった。

あの窓から投げ落とされた紙切れには「助けてください」とか、「わたしたちは生きていて、空腹です。そのことをあの人、この人に知らせてください」などと書かれていた。しかし、隠れている者たちに支援の手を差しのべるのは簡単なことではなかった。空になった集合住宅の前で立ち止まったり、軽率に中に入ったり、声をかけたりすれば、パトロール中のドイツ人警官や熱心にドイツ人に尽くしているユダヤ人警官に気づかれてしまう。懸命になって助かろうとしている者たちの運命を信じ、手を貸そうとするユダヤ人警官は少なかったし、一方、ドイツ人警官はユダヤ人が置き去りにした財産（それらは親衛隊の所有物になった）を狙う泥棒を探し回っていた。

何とか助ける方法を考えなければならない。わたしは信頼できる馴染みの二人のユダヤ人警官、ロッタースマンとグリューナーに支援の手を求めた。まずはどこから音がしたのか、どこから紙切れが落ちてきたのかを二人に詳しく話した。わたしたちはできるかぎりのことをした。感染症病院とユゼフィンスカ通りの病院の備品をプワシュフ収容所に移す時、隠れていた数人の子どもを一緒にこっそりと運んだし、年長の子どもはゲットーの後始末のためにプワシュフのバラックから通ってきたグループに加え、彼らと一緒にプワシュフに帰した。最初、ドイツ人はそれほど入念に労働者数を数えることはしなかったので、注意を免れることができた。しかし、グループから逃亡者が出るようになり、この手段を使うのは困難になった。

ゲットー撤収直後の数日間、薬局は午前十時に開店し、数時間だけ営業した。ゲットーで後始末に当たるユダヤ人は昼休みの時間に店を利用することができた。しかし、その数は少なかった。

撤収後の最初の日曜日、わたしは薬局で本を読んでいた。外は死んだように静かだった。突然、薬局に続く廊下に誰かが忍び寄る足音がした。わたしは聞き耳を立てた。軽いノックの音がしたけれど、足音はすぐに遠ざかった。わたしは妙な胸騒ぎを覚えた。直後、中庭のほうから窓を叩く音がした。窓際に寄ると、中庭を駆け抜ける人影が見え、再び玄関に足音がした。わたしはドアを開けた。目の前に少年が立っていた。

「助けて」

「君は誰なの？」。わたしは聞いた。「どこに隠れているの？」

少年の顔はやせ細り、うす汚れ、恐怖の色が浮かんでいた。名前はトイフェル。父親は戦前、シェフスカ通りで紙製品を扱う店を経営し、ゲットーでは紙製品の協同組合で働いていたが、三月十三日の移送行動で他の者と共にプワシュフのバラックに移された。一方、少年は叔母および叔母のまだ幼い子どもと一緒にゲットーに残り、地下室に潜んでいた。貯蔵していた石炭の山の下が隠れ場所だった。三人とも数日前から何も食べておらず、叔母は重い病気にかかっていたし、叔母の子どもは死にかけていた。隠れ場所のすぐそばをドイツ兵が何度も通り過ぎ、三人は見つかるのでは、小さな子どもが泣き出すのではと身をすくませた。何とか危機的状況を乗り越え、今、助けを求めている。わたしはとりあえず手持ちの食料品を渡した。そしてプワシュフのバラックにいる少年の父親に三人の生存を知らせると約束し、実行した。数日後、叔母は後始末に来ていた労働者グループに紛れ込み、プワシュフのバラックに行き着いた。少年は感染症病院の備品を運び出した時に、本箱の中に匿《かくま》われ、プワシュフに運ばれた。叔母の幼い子どもは持ちこたえず、死んだ。

時は過ぎ、死の町と化したゲットーに少しずつ新しい活気が生まれ始めた。かつてのユダヤ人居住区には安全対策が施され、ユダヤ人が残した財産を利用するために新しいドイツ人高官が送られてきた。その高官とは親衛隊伍長のヘーリング、親衛隊兵長のヴィクトル・リチェク、同じく親衛隊兵長のツークスベルガー、親衛隊少尉のバルプだった。

住民のいなくなったかつてのゲットーは毎朝、プワシュフのバラックから来た人たちで溢れた。それは「清掃隊」と呼ばれる人々で、カポ〔囚人グループのボス〕に誘導され、黒い制服のウクライナ人警官に伴われ、作業が終わるとプワシュフ収容所に帰っていった。一方、わたしは夜ごと、頻繁に、密かに隠れていた人々の訪問を受けるようになった。病人もいれば、飢えた人もいて、助けを求められた。彼らは一人、あるいは二人で訪れ、時には子ども連れもいた。

ゲットーの清掃はポドグルスキ広場に隣接した集合住宅から始まった。ユダヤ人の財産は分別され、いくつかの建物に運ばれた。家具を修復する工房が生まれ、金具修理工房も生まれた。そこでの作業はドイツ人の指示で行われる臨時の仕事だった。プワシュフ収容所の所長アーモン・ゲートはすべての作業所や施設をおひざ元のプワシュフに集中させようとしたが、いくつかの作業所はそれまでどおりにゲットーに残された。多くのドイツ人は、仕事を失って前線に送られることを恐れ、あらゆる手を使って自分の施設がプワシュフに移転されないように努めた。ゲットーには軍用の仕事を部分的に請け負う大きな私企業もあった。たとえば、ポドグルスキ広場のユリウシュ・マドリッチの会社、そして手工業製品供給センターである。このセンターはヴェンギェルスカ通りのかつてのチョコレート製造工場「オプティマ」の建物内にあり、そこには仕立て工房、メリヤス織り工房、靴工房、皮なめし工房、馬具製品工房、家具工房も入っていた。さらにルヴォフスカ通りには建物の換気装置や前線用のストーブ、灯油ランプを作っているヴァクスのランプ製造工場もあった。時と共にこれらのすべての作業所はプワシュフに移された。

さらに親衛隊はゲットーに残された家具と一般医療器具および歯科医療器具を収納する二つの巨大倉庫をゲットーの外に設けた。一つはヴェンギェルスカ通りとリマノフスキェゴ通りとポドグルスキ広場にまたがる二棟の建物を使い、もう一つはヴィエリツカ通りのかつての小学校の建物を利用した。この小学校の建物には大量の書籍も収納された。これらの倉庫には総督府クラクフ地区のあちこちで略奪した品物も保管された。倉庫前には時々、トラックが停まって収納品の家具や医療器具が積み込まれ、爆撃を受けた第三帝国のドイツ人住民の下に運ばれた。

ゲットーの外に倉庫が存在していることは、プワシュフ収容所からゲットーに清掃に来たユダヤ人に逃亡のチャンスを与えることになった。彼らは見張り兵の隙をみて逃亡するようになった。時にはその企てにドイツ人警官が手を貸すこともあった。もちろん、高い報酬と引き換えだった。ウィーン出身のエーゼルやシューベルト、国外ドイツ人のヴィタが手を貸した。哨所《しょうしょ》がゲットーと接していることが幸いして、ポーランド人警官も逃亡を手伝った。

ゲットーの清掃作業は朝六時から夜六時まで続いた。それが過ぎると、通りは静まり返り、ユダヤ人警官の足音がするだけだった。時々、まるで幽霊のように、親衛隊兵長のリチェクが愛犬のロルフを伴って徒歩あるいは自転車で現れた。さらにクンデとオルデもゲットーに足しげくやってきた。

その後もゲットーは有刺鉄線に囲まれ、ポーランド人警官とドイツ人警官によって監視され続けた。高位のドイツ人でさえゲットー内に入ることは難しく、オレアンドリ通りの「親衛隊および警察」が発行した特別許可証が必要だった。厳格化の理由は親衛隊や特別奉仕隊の将校がゲットーにやってきて、私的目的で、絨毯《じゅうたん》、絵画、布地、磁器などの品物を倉庫から持ち出したためである。同僚のそんな行為を、ゲットーで働くゲシュタポ隊員や親衛隊員は嫉妬の目で見た。この件に関しては上位の権力者にきちんと報告され、その後、いかなるドイツ人も、たとえ要求した品物を得る許可を得た者であってもゲットー域内に入り、動き回ることは禁じられた。許可された品物を受け取るためにはリマノフスキェゴ通りにある建物で待機しなければならなかった。その建物の裏側はゲットーに面していた。その一方で、ゲットーに直接のかかわりを持つドイツ人および彼らの妻は特別許可証なしにゲットーに入ることが許された。親衛隊上級大佐シェルナーの妻やハーゼの妻などがしばしばゲットーにやってきた。

ある日、ゲットーの清掃作業に当たる人々が不思議な服装でやってきた。彼らはアーモン・ゲートの命令で、上着やコートに油性塗料を使って縞状あるいは格子状に模様をつけることを義務付けられたのだ。その目的は逃亡を防ぐためだった。彼らの姿はまるでサーカスの道化師のようで、一見、滑稽な印象を与えたが、見る者が見れば、寂しさを抑えきれなかった。ドイツ人は人間の尊厳までをもつぶすことはできなかった。なぜなら、そんな姿を目にしても決して笑わず、それどころか逆にドイツ人に対する嫌悪感を募らせる者たちが多かったからだ。一方、ユダヤ人自身は自らをあざ笑い、自分たちの服装に関するジョークを作った。最大限につらい生存環境下にあっても、多くの者は生まれ持ってのユーモアを失わなかった。縞模様に塗られた一人の知人が薬局に駆け込んできて、わたしの前で身を屈《かが》め、帽子を脱いで、優雅なお辞儀をすると言った。

「皆さん、謹んでお知らせ申し上げます。サーカスがやってきて、プワシュフ収容所にテントを張りました。チケットは必要ありません。入場するには、入り口の門まで来てくだされば十分です。ただ、残念ながら、そこから出ることは難しいでしょう。ですから、個人的にはお奨めいたしません」

その日、もう一人の知人は次のように言った。

「わたしはこんな服装にされたことをちっとも気にしていない。むしろ、彼らが予想したであろう以上に楽しんでいる。アメリカ人なら、いずれこんな服に高額の金を払い、二十世紀の骨董品にする時代が来ることだろう」

ゲットーの清掃と後片づけ作業は組織的に行われた。労働者はいくつかのグループに分けられ、家具、鉄製品、銀製品、銅製品を仕分けた。寝室用品、テーブル、台所用品がそれぞれ分けて並べられた。破損しているけれど修理できる物はそれぞれの作業所に運ばれ、修理できない物はタルゴヴァ通りわきの広場に集められた。ここには無用の長物になった鉄製品も放り出された。

そんな中を乗馬用の鞭《むち》を手にし、声を張り上げて動き回っていたのは、親衛隊兵長リチェクだった。彼はまだ二十四歳のズデーテン地方出身のドイツ人で、三流歌手の息子であり、アルコール依存症であり、神経衰弱者だった。誇大妄想家で、自分に与えられた役割に過度にとらわれ、ドイツの勝利を固く信じていた。労働者を殴り、頻繁に労働者たちの身辺捜索を行って、彼らからあらゆる物を強奪することにはけ口を見出していた。ユダヤ人とユダヤ人の財産は親衛隊の所有物であり、ドイツ人はユダヤ人に対して何をしても許されるという勝手な原則をいつも引き合いに出した。そして、人々を労働で痛めつけ、その場で罰を与え、銃殺すると脅した。自分では献身的に、見返りを求めることなく仕事をしていると思い込み、高官に対しては、ゲットーの倉庫にある品物を異常なまでに狙っていると言って、いつも非難した。

実際はリチェクもまた他の者同様にわいろを取っていた。人々はいつも彼に金品を巻き上げられていた。彼は夜な夜な私服に着替えてゲットーの通りを歩き回り、建物に侵入しようとしているポーランド人がいないかを探していた。屋根裏に入り、あやしい者がいないかを何時間も待っていた。仕事のためにまだゲットーに残って生活していたユダヤ人を密告したのは彼の仕業だったし、ユダヤ人警官の逃亡の試みを暴いたのも、リチェクの「手柄」だった。

わたしたち従業員に対するリチェクの振る舞いは申し分なかった。ゲットーから有刺鉄線を取り払う前の数週間、親衛隊少佐のマイヤーとバルプはわたしの薬局を閉鎖しようとした。リチェクはそれを阻止してくれた。ソ連軍が最後の攻撃を仕掛けてくる直前、彼はヤスウォ〔クラクフの東、スロヴァキアとの国境に近い町〕から車でクラクフにやってきて薬局を訪れ、わたしに四千ズロチ〔十二万円ほど〕をくれと脅迫まがいの要求をした。それがかなわないなら、当直室で自殺するとも言った。彼が言うには、軍の金庫から金が消え、指定された時刻までに何とかしなければ、拘束されるのだと言った。

さらに「名誉」の問題でもあるとも言った。わたしは、リチェクが何をするかわからない人間であることを知っていたので、要求額を渡した。

ゲットー撤収から二週間が経った頃、プワシュフ収容所所長アーモン・ゲートの指示で親衛隊が命令を出し、まだゲットーに住んでいたユダヤ人評議会メンバーのグッターおよびシュトライマー、そしてユダヤ人警官のシュピラ、パカノワ、ズュサーがプワシュフ収容所に連行された。同時にクラクフの街中に住み、ゲシュタポに奉仕して情報を提供していたすべてのユダヤ人――マーセル・グリュ一ナー、ディアマント、アッペル、フェルスターたちが拘束され、プワシュフ収容所に連行された。それは言わば、親衛隊とゲシュタポの間の内部抗争の結果だった。逮捕されたのはゲシュタポの下で働いていたユダヤ人たちで、逮捕行動に当たったのは親衛隊だった。親衛隊とゲシュタポはユダヤ人絶滅という一点では合致していたが、多くの点で反目しあっていた。ゲシュタポは何千人ものユダヤ人の中から選び出した何人かを自分たちの目的のために使っていた。その一方で、ゲシュタポは親衛隊の「保護」下にあるユダヤ人をいじめていた。たとえば、ゲシュタポはゲートが信頼を寄せていたプワシュフ収容所ユダヤ人警官のヒロヴィチを何度も拘束した。そうやってゲシュタポはゲートに嫌がらせをし、自らの力を示したのだ。ゲートは間に入って問題解決に当たるように迫られ、時にその結末は激烈なものになった。

拘束され、プワシュフに連行されたユダヤ人評議会メンバー、ゲットーのユダヤ人警官、情報提供者たちは同じバラックに入れられた。ゲートはそのバラックを足しげく訪れては、彼らを殴り、いずれ銃殺すると告げた。そのことを知ったゲシュタポは自分たちの主張を押し通し、彼らを解放することにした。そのことはあちこちにさらに争いの火種を作ったものの、結局、拘束されたユダヤ人たちは解放された。ところが、数週間後、ユダヤ人評議会メンバーのグッターとシュトライマーは家族ともども射殺された。

クンデが拘束したヒロヴィチの件でゲートとクンデの間に論争が起こった時、ゲートの上官であり、クンデの保護者であるハーゼが直々に仲裁に入ったことをわたしは覚えている。ハーゼはゲットーのユダヤ警察に出向くようにとゲートに命じ、そこでかなり激しい話し合いが行われた。それを聞いていたユダヤ人警官からわたしは会話終了の数分後にその内容を知った。クンデは次のようにゲートに当てこすりを言ったそうだ。「あなたは公務上の位はわたしより高いかもしれない。しかし、われわれの間には別の相違がある。わたしはこの記章に基づいて（ここでクンデは鎖に付けてポケットに隠してある警察階級章を見せた）あなたをいつだってすぐに逮捕できます。だが、あなたがわたしを逮捕したいと思ったら、わたしの上司に逮捕命令を求めねばなりません」。この論争はクンデの勝ちで終わり、仲裁に入ったハーゼは激しい口調でゲートをののしったそうだ。

ドイツ人はゲットーの修理工房で雇用したユダヤ人に自分たちの私的な修理もさせていた。最初はタルゴヴァ通りに、その後ユゼフィンスカ通りに移った金具工房では、ユダヤ人が住んでいた住宅で見つかった主に空の金庫を壊し、その後で修理する仕事が行われた。同時に、親衛隊員の指示により経験豊かな腕を持つアドルフ・ギームスキおよびジルバーシュタインは芸術的なランプ作りをさせられ、さらにシェルナーとハーゼの邸宅の鉄製のドア、そしてフェンスの棒や手錠なども作らされた。

その頃、マヤー・ゴルトシュタインという男のことが話題になった。彼はゲットー住民だったが、アーリア人の身分証を入手し、ゲットーを出てクラクフの街中に移り住んでいた。ある日、ゴルトシュタインはカバイという密告者の手にかかってゲシュタポに逮捕され、ゲットーに引き戻されて尋問を受けた。取り調べの時、彼は、ドル紙幣と金塊が埋められているクラクフ郊外のとある場所を知っていると供述した。ゲシュタポ職員はすぐに彼を連れてクラクフ郊外へと向かった。財宝が埋められている場所は見つかり、掘り始めた。ところが、しばらくするとゴルトシュタインはゲシュタポ職員の頭をスコップで殴り、ゲシュタポ職員は血を流してその場に倒れた。ゴルトシュタインは近くの茂みに身を潜めながら暗くなるまでじっと待ち、その後、遠くへと逃げたそうだ。

撤収によってゲットーから住民が去った時から一九四三年九月に有刺鉄線が外されるまでの間、ゲットーのユダヤ警察署の建物には警察部門と親衛隊、そしてゲシュタポの支部が同居していた。そこには拘置所と執務室があり、執務室ではゲシュタポ隊員がアーリア人の身分証を所持して捕まったユダヤ人や情報屋に密告されたユダヤ人の尋問に当たっていた。さらにその執務室でゲットー撤収の公式記録が記され、いわゆる、「政治的状況の結果生まれたポーランド社会の雰囲気」に関する報告書が生まれた。さらに執務室には、身を潜めている人々やユダヤ人が地中に埋めたり、隠したりしている財産についての密告情報が寄せられた。時には拘置されていた囚人が、死刑になるか強制労働になるかについて記された添付書類と共にプワシュフ収容所へと送られた。執務室で常に職務に当たっていたのはクンデとオルデであり、この二人をフロマーが頻繁に訪れた。

拘置所の所長はユダヤ人警官のグリューナーで、実直なアーマーが医師として働いていた。拘置所はまるでとり小屋のようなあばら家で、太い有刺鉄線が張り巡らされ、探照灯がつけられていた。中庭には囚人が集められ、点呼が行われた。警備兵は熱心に見張りに当たっていたが、勇敢で成功裏に終わった逃亡劇が何度か繰り広げられた。

当時、ほとんど毎日のようにクンデがわたしの薬局にやってきた。彼は和合広場を通って薬局に入ると、わたしに紋切り型の質問をした。その内容は、昨日から何か変わったことはなかったか、政治についてどう思うか、ポーランド人はお互いに何を話題にしているのか、などだった。制服姿の自分ではなく、人間としての自分を見て、答えてほしいとも言った。さらに自分はポーランド人に対して肯定的な態度をとっていると言い、ドイツ政府とフランクとシェルナーに対しては危険を伴うほどの批判をし、権力者が出す指令および「ドイツ人専用」の銘をかかげることに対して激怒した。彼の話は長く、ややこしかった。プロパガンダでは流しているが、ドイツ人はポーランド人を決して劣等人間だとは思っていない。しかしながら、次のようなことはあまねく知られている、と言った。たとえば、ドイツ人と近い関係になったポーランド人はそのドイツ人を引き入れ、罠にかけて陥れることができるし、そんな能力を持つ人間は様々な犯罪を起こし、自らの民族に害を与えている。さらに、次のような現象は第三帝国では考えられないとも言った。つまり、食料品、石炭、アルコールを積んだ貨車が丸ごと消えたり、袖の下を使ったり、外国機関の言に従ったり、逮捕とか他の活動に関する国家機密に対して背信行為をするようなことはドイツでは起こらないと言った。戦争を罵りながら、クンデはドイツ人政治家をゲーム用テーブルのわきに立つ愚か者にたとえた。そして戦争を始めた罪をアメリカとイギリス在住のユダヤ人に負わせた。その一方で、自らの刑事部長としての仕事の成果を自慢した。仕事をうまくこなす技を上司に尋ねられると、彼は次のようにきっぱりと答えていた。「わたしは誰も殴ったことはないし、怒鳴ったこともない。いつも穏やかに話し合っている。拘束された者は収容所に労働のために行くのであって、殺されに行くのではないと、できるかぎりの約束している……約束はいつだって守っていて、それはわたしの成功が物語っている」

わたしは危険を覚悟でクンデに言った。当時のポーランド人がドイツ人についてどう話しているか、どう考えているかを。すべてのポーランド人は、ドイツ人が戦争に負けるに違いないと思っていて、ポーランドが独立を取り戻すことを確信している、と。ドイツ人は望んでいるのかもしれないが、アングロサクソン民族がロシアに対抗するなんて、誰も信じてはいないことを。さらに、ポーランド人学者が逮捕されて収容所に拘束され、そこで多くが命を失っていることも話した。通りやカフェで絶えず人狩りが行われ、そんなシステムがポーランド人を極限状態に追いやっていることも話した。わたしが話した多くのことに、彼はうなずき、わたしの正しさを認めた。けれど、その責任については支配者に転嫁した。

負け戦になった場合、何がドイツ人を待ち受けているか、クンデはよく理解していた。外国に逃げるつもりでいることを彼は冗談半分に言った。彼は休暇が取れると、いつも陰鬱《いんうつ》な顔をしてドイツ本国に戻っていった。帰ってくるとわたしの薬局に立ち寄り、本国を包み込んでいる空気についてわたしに報告し、爆撃で大きな破壊を受けていることを話してくれた。本国滞在中、彼は同僚に敗北が避けられない最悪の状態にあることを伝えた。そうすると同僚たちから、もうすぐ実戦で使えるようになる新しい秘密兵器についての情報を得た。当時、わたしはクンデからその兵器に関する詳細を聞かされた。彼の親友がその製造工場に雇われていたのだ。その兵器は半径十数キロメートルに存在するあらゆる生命体を破壊し、土地は何年も不毛の状態になるという。その情報によってクンデはドイツが必ず勝利するという信仰を取り戻した。しかし、わたしは総督府ではこの情報を信じる者は多くはないとの印象を受けていた。それでわたしは彼に言った。その話は知っているけれど、効果の程には疑問があり、むしろ自国の国民の気持ちを鼓舞するためにまき散らしている情報ではないのか。実際にそんな兵器を持っているなら、今こそ使うべき時であって、どうしてぐずぐずしているのかと。

わたしはクンデとの付き合いを利用して、拘束されている一人のポーランド人を助けたかった。当時、わたしはヤギェウォ大学副事務総長ヤン・レグワが逮捕された件で、仲介を頼まれていたのだ。クンデにそのことを話すと、即座に断られた。クンデは言った。「あなたに対しては誠実でいたい。惑わせたり、期待させてもてあそんだりはしたくない。だが、自分はその部局に直接かかわってはいないので、仲介したら、疑いの目をかけられる。もし、何かできるとすればそれはその部局で働いている場合であり、さらに問題が単純な場合だけである」と。

ユダヤ人の問題に関して、クンデは約束したことは実行するとの言を守った。ゲットー撤収の後、満杯になっていたゲットー拘置所から年長の収容者がプワシュフに送られ、書類に「生かしておく」との稀な書き加えがないかぎり、たいていはそこで銃殺された。わたしは二度、クンデに最終段階で、ある二人の高齢女性に対する銃殺がないように取り計らってほしいと、お願いした。彼は、そうすると約束してくれたし、約束は守られた。クンデはしばしば、わたしの従業員たちの願いも受け入れ、従業員の知人たちはゲットーの拘置所から出され、無事にプワシュフ収容所に送られた。

ゲットー域でのドイツ人どうしの関係には、わたしが気がついたかぎりでは、不信の色が根強く見られた。お互いに信用していなかったし、恐れを抱き合い、警戒心を持っていた。もちろん、一緒にいる時は礼儀正しかったし、上司を称賛することを忘れなかったし、上官の振る舞いを批判することは決してなかった。そしてドイツの勝利を堅く信じていた。ところが、誰かが足を滑らせ、失敗でもしようものなら、ほかの者たちは即座にののしり、侮辱し、その者を卑怯者呼ばわりした。わたしはよく覚えているのだが、シェルナーとハーゼがシェブニェの収容所でつまらない不正と窃盗とどんちゃん騒ぎを起こしたことで逮捕されると、彼らの部下たちはあからさまに嬉しさを隠さなかった。当時、逮捕されたこの二人の私生活については様々な噂が流れていた。わたしは、ある時、シェルナーとハーゼはどうなったか、もしや前線に送られたのか、とドイツ人に聞いてみた。

「この二人は盗人のわきで殴り合ったんだぜ。ドイツ人兵士の名誉を傷つけたことになるのではないか。最も軽い罰でも、平民に格下げだろうな」との答えが返ってきた。

ハーゼに対しては、絵画を着服したとの非難が集中した。その絵画の中にはヴォイチェフ・コサック〔一八五六―一九四二年。ポーランド人画家。主に歴史と戦争をテーマに描いた〕の絵があった。コサックの絵はドイツ人にとりわけ好まれていて、ハーゼに対する風当たりは一層強かった。コサックの絵をどこから入手したのかとの問いにハーゼは、ゲットーで、クンデからもらったと答えた。それで、クンデが尋問を受けた。しかし、クンデはすべてを否認し、絵の寄贈者は、ゲシュタポおよび税関調査所に奉仕しているユダヤ人情報屋のシュタインフェルトとブロドマンであると述べた。ハーゼは拘束されても安全は担保されていたし、クンデは完全に当局側の権力者だった。したがってシュタインフェルトはクンデの供述を裏付け、自分とブロドマンがハーゼの命令で彼に絵を渡したと答えた。クンデは言った。「今、われわれは慎重であらねばならない。人間の妬みには限界がない」と。

わたしには、街中で薬局を経営している旧友がいた。彼は時折、かなりの額の現金を銀行に積み立てていて、そのことが権力者の目に留まった。ところが友人は金の出所を説明できず、結局、逮捕拘留されてしまった。

クンデはさらに言った。「わたしはどんな疑いもかけられないように、指輪ははめない、時計は安物、銀製シガレットケースは所持しない、歓楽街なんかは歩かない、劇場にも行かない、遊ぶとしたら、自宅に限る」と。

クンデはユダヤ人警官のシュピラ、パカノワ、ズュサーについては最上級の形容詞で評価した。ある時、クンデは凡人のシュピラをユダヤ警察のリーダーに持ち上げた理由をわたしに明かした。「彼を選んだのは心理的理由からだ。なぜなら、もしもその地位に教育を受けた知識人を就けたとしたら、その知識人にとってその地位は実に居心地の悪い場所になったことだろう。われわれに対して便宜を図るどころか、仕事の妨害をすることになっただろう。その例がユダヤ人評議会委員長を務めたローゼンツヴァイク博士だった。彼は頼りにならなかった。シュピラやグッターのように働くつもりはなかったし、そんなことはローゼンツヴァイクにはできないことだった」

事実、シュピラやグッターの心をとらえたのは際立って見える新品のパレード用制服だった。彼らはゲットーから自由に出ることができたけれど、逃げようなんて考えもしなかったに違いない。ドイツ人上司にとって必要だったのは、自分たちは偉大であり、権力者であるとの感情を彼らに植え付けることだった。当局がシュピラの顔を殴った親衛隊員のピラルツィヒに率直な怒りを持って対応したのはそれゆえである。ピラルツィヒが非難を浴びたことをシュピラは知り、シュピラは改めて自分の力を信じた。だから最後まで熱心に、自信を持って仕事に当たった。シュピラの仲介はたいていの場合、効果をもたらした。シュピラに近い人間は拘束や移送から解放された。それは結果として、権力の忠実な僕《しもべ》としての彼の特権を確かなものとした。しかし、それはあくまでも表面だけであることを、最後に彼は身をもって知ることになった。

わたしは一度だけシュピラに用事があり、個人的にゲットーのユダヤ警察に赴いたことがある。クンデの不在を見計らい、拘置所に入れられているケスラー一家と面会したかったのだ。ケスラー一家はかなり前に改宗したユダヤ人で、クラクフの通商銀行会頭をしていた夫、そして妻、聖ウルシュランカ高校を卒業した娘、そして息子の家族構成だった。驚いたことに、ケスラーは一九四三年までその銀行の地位にあり、一家は全員が何の不安も感じずにクラクフ市内を自由に歩き回っていた。ところがある日、一大事件が起きた。ゲシュタポがケスラー家に乗り込み、家族全員を拘束し、家を封印したのだ。拘束された一家はゲットーの拘置所に入れられた。それでわたしは拘置所に行って、彼らからこっそりと手紙を受け取り、こちらからは彼らに情報を伝える役に当たった。ゲットー拘置所の拘留者の鼻先にはいつも死の文字がぶら下がっていた。したがって一刻も早くクンデに一家を殺害から守るように懇願しなければならなかった。

しかし、わたしはケスラー一家に会って会話する許可をクンデに最初に頼むつもりはなかった。なぜなら、一家との会話を必要とする理由を明かすことができなかったからだ。だから、まずはシュピラの所に行ったのだが、きっぱりと断られてしまった。シュピラは申し訳なさそうな顔をしたが、何よりもクンデの信頼を損ないたくなかったのだ。そんな便宜を図ることは絶対にできない、とシュピラは答えた。彼の拒否で、わたしはクンデに直接頼むしかなくなった。お願いに行くと、クンデはしばらく考え込み、自分は反対しないけれど、シュピラと彼の助手たちはどう考えるだろうか、と渋った。シュピラは不愉快に思うだろうと。

「あのですね」。クンデは言った。「わたしが不在の時にシュピラの所に行って、頼んでみてください。彼はきっと断らないでしょう」

それで、わたしはすでにそのようにしたことを告げ、シュピラに体よく断られたことを話した。クンデは満足そうににっこりと笑った。

「あなたの頼みを断るなんて、不思議議ですね。でも彼の規律正しさは立派です。それこそ、あてにできる人間です。わたしがあなたにケスラー一家との面会を許可します」。クンデは即座に答えた。

数回、わたしはケスラー一家に面会することができた。その後、わたしは一家がプワシュフに送られないように、クンデに頼んだ。プワシュフに連行されたら、ゲートによって殺害されるのは目に見えていた。わたしはケスラーとは長年の付き合いで、戦前、銀行から金を借りる際に彼は尽力してくれて、それで命拾いしたことを、そして一言で言えば、ケスラーは命の恩人であることをクンデに話した。クンデは耳を傾け、わたしの目をじっと見て、無言を続けていた。しばらくしてから彼は話題を変えた。

日々が過ぎた。クンデは毎日薬局にやってきたが、ケスラーの件についてはわたしも、クンデも触れることはなかった。ところがある時、クンデは、ケスラーの件に誰か介入にしているのかと尋ねてきた。わたしは「いいえ」と答え、改めて一家をプワシュフに移さないようにしてほしいとお願いした。クンデの口から返事は何一つなかった。しかし、わたしはクンデという人間を知っていたので、期待を持ち続けた。彼はやる時はやる。無関心でやり過ごすことはない。辛抱強さが必要だ。じっと、待つしかないとわたしは考えていた。

数週間が過ぎ、一刻の猶予もならなかったが、クンデの沈黙は続いた。ケスラー一家は絶望し、それでも日々、何らかの情報を待っていた。しかし、わたしは確固とした情報を知らせることができなかった。

ある日の午後、クンデが薬局に立ち寄った。急ぎ足でいつものようにわたしの当直室に入ると腰を下ろし、鋼色の鋭い目を向け、尋ねた。「ケスラーの件はどうなってる?」

なぜ、そんな質問をするのか? わたしのほうから尋ねたいことを彼が聞くなんて。わたしにどんな返事ができるというのか? わたしは三回目のお願いを繰り返した。同時に「何かが起きようとしている」との思いが頭の中を駆け巡った。クンデの問いかけには希望が潜んでいた。彼はケスラーの件を忘れているわけではなかった。一家の運命に思いを巡らせている。一瞬の沈黙の後、クンデはちらりとわたしに視線を這わせると立ち上がり、挨拶をして出ていった。

二、三日後、クンデは薬局にやってくると、当直室で話をしたいと言った。部屋に入るとドアをぴたりと閉め、押し殺した命令口調で次のように言った。

「あなたはわたしのためにある問題を処理しなければならない。しかもできるだけ早く。あなたはある女性の堕胎手術をするポーランド人医師を見つけなければならない。その女性はあなたの愛人ということにする。もちろん、あなたにとって扱いにくい任務だ。特に、その女性はドイツ人だから。後はあなた次第だ。わたしはこの件にかかわってはいない。これは大きな秘密事項だ。わたしたち以外の誰かに知られたら、どうなるか、それはおわかりだろう」

どんなポーランド人医師もこんな問題にかかわりたくはないだろうし、わたしだってドイツ人女性の愛人になんてなりたくなかった。その時、わたしはあるアイデアを思いつき、クンデに話した。

「尋問をするためと偽って、プワシュフ収容所から優秀な産婦人科医のレギナ・フェニゲローヴァと看護師のエルヴィナ・オーダー－パンツァーをまずはゲットーの病院に、その後、病院に仕立てた所に連れてきてください。さらにゲートが疑いを持たないように第三者も連れてきてください。手術は薬局の当直室で行いましょう。手術には麻酔の処置をするアーマー医師、そしてわたしが付き添います」

クンデはわたしの提案を全面的に受け入れ、実行日を提示した。すべては計画どおりに進んだ。クンデは実行日の午後一時頃、愛人を連れてくると、再び晩にくると言って、すぐに消えた。午後三時、全員が持ち場に着いた。手術直前にわたしはフェニゲローヴァ医師に事の詳細を話した。彼女は、オーダー看護師と共にクンデとオルデが執務しているゲットー哨所に行くように命じられた時、何が待っているかが大体わかった、と答えた。

手術は順調に終わった。プワシュフから連れてこられたフェニゲローヴァとオーダーはクンデが尋問のためと称してさらに加えた第三者と共にプワシュフに戻っていった。後でわかったことだが、この第三者はクラクフの街中でアーリア人としての身分証を持っていて捕まり、アーモン・ゲートの命令でプワシュフに連行された若い女性だった。この先どんな運命が彼女を待っているか、疑問の余地はなかった。案件の経過に満足したクンデは、尋問に連れ出したこの女性にはまだ何回か取り調べの必要があるので、プワシュフからどこにも移さないようにとゲートに通知した。こうしてわれわれは若い命を救うことができた。彼女は戦争を生き延びたということだ。

わたしの薬局従業員たちは手術が終わるまで屋根裏で待機していた。彼の愛人の行動はお見事だった。一方、クンデは夜になってから愛人を迎えに来た。何と、彼は自転車でやってきた。クンデと共に歩き出した。もう一方のハンドルはさっと起き上がると、自転車のハンドルに捕まり、クンデと共に歩き出した。もう一方のハンドルはクンデが握って自転車を前に進めた。そうやって二人はゲットーの門まで歩き、待たせてあったタクシーに乗り込んだ。別れ際、クンデはわたしに言った。「あなたの尽力を忘れません」と。タクシーのドアが閉まると、わたしの心にのしかかっていた重い石がようやく落ちた。従業員が屋根裏から降りてきて、わたしたちは大掃除を始めた。手術を行った二人の女性、レギナ・フェニゲローヴァ医師とオーダー看護師については、これからもクンデの指示下に置かれるとアーモン・ゲートに報告された。

ユダヤ人警官の中にただ一人だけ、自分たちの運命に負の予感を抱いている者がいた。ユダヤ警察秘書のズュサーだった。彼は執拗に繰り返し言った。「彼らは俺たちを最後には消すだろう」と。当局が、ユダヤ人警官にゲットー外に住むことを禁じた時、彼はその予感にますますこだわりを示した。ズュサー一家はゲシュタポから手渡されたアルゼンチン人としての身分証明書を持っていて、それはクラクフ市街に住まいを借りることを許可する内容だった。しかし、一家が住まいを見つけた時、当局はゲットーを離れることを許可しながらも、その決定を引き延ばし、友好的な物言いながら、ゲットーに拘置所がある間は他のユダヤ警察隊の隊員たちと一緒にゲットーで暮らすべきであるとそそのかした。

一方、医師のアーマーはプワシュフに移るのを遅らせたくて、ゲットーが存在していた末期にユダヤ警察メンバーになった。彼は妻、娘と共にハンガリー人としての身分証明書を持っていて、ゲットーの外で彼がこの証明書を受け取る時、わたしはその場に立ちあっていた。ところが、後になってこの証明書は「ユダヤ支援評議会」メンバーによって偽造されたものであることがわかった。この「非合法」書類を作ったのは通称「ヴワディスワフ」と呼ばれ、ポドグジェ地区小学校の校長をしていたヴワディスワフ・ヴィフマンと画家でありグラフィックデザイナーだったエトヴァルト・クビチェクで、写真を届けたのはズジスワフ・カスペレクだった。ワルシャワのユダヤ支援評議会メンバーだったフェルディナント・アルチンスキは常に彼らとコンタクトを取り、頻繁にクラクフを訪れていた。

実はクンデの愛人の中絶手術成功にはアーマー医師の尽力が大きかった。そのこともあり、わたしはクンデの機嫌のよい時にアーマーの身分証の件を切り出し、彼のハンガリー人としての身分証がきちんとした証明書になりうるかを尋ねた。

「その書類はどこにあるのかね?」

「わたしが預かっています」わたしは答え、身分証を手渡した。クンデはしばらくそれをじっと見つめると、ポケットにしまい、明日持ってくると言った。

翌日、クンデはやってきた。彼はわたしにアーマーの身分証を返しながら声を潜めて言った。「すぐにも姿を消すべきだと、アーマーに言いなさい」

数日後、アーマー医師は薬局でクンデに会うと近づいて、何かをささやいた。クンデは「すぐにも姿を消すべき」と繰り返し、薬局を後にした。しかし、アーマー一家はなかなかゲットーを去る決心ができず、一日、一日と先延ばしにし、結局、ユダヤ人警官と拘置所にいた囚人たちが最終的にゲットーを離れる日を迎えてしまった。アーマーは妻と娘とともにプワシュフ収容所で射殺された。

ある日、ゲットーで大きな出来事があった。アメリカへの出国の書類所持者として登録されている二人のユダヤ人警官がクンデによってユダヤ警察署に呼び出された。二人のユダヤ人警官はその書類の使用が可能であること、検疫が終わったら、まずは北ドイツの港への出発を許可すると知らされた。二人の喜びは大きかった。何年も地獄を経験した後で再び自由を獲得できることが信じられなかったし、ユダヤ人の腕章を外し、大事な品物を持参し、国を出ることが信じられなかった。翌日、二人は「ヘルツルフ」と呼ばれている高齢者施設に来るようにと言われた。その施設から検疫所に向かい、その後で出発する段取りだった。この二人のユダヤ人警官とは技師のリンゲル、そしてケルナーだった。リンゲルには妻が、ケルナーには妻と子がいた。二人の家族は幸運を喜び、ほかの者たちにうらやましがられた。彼らはその日、たっぷりとアルコールを口にした。その頃の薬局はすでに何か月も薬剤を売る仕事がなくなり、代わりにウォッカ、ソーセージ、お菓子を売るようになっていた。さらにアメリカの薬局をモデルに、ここで食べたり、九十五パーセントのアルコールに始まって、様々な味のリキュールを飲んだりすることができた。毎日、飲みに来る者もいたし、中には日に何度も来る者までいた。その日、ゲットー中がほろ酔い気分だった。次の日、人々は善良で実直だったリンゲルおよびケルナー一家と涙の別れをした。二家族は家財を積んだ辻馬車で出発して行った。ところが、その時から彼らの消息は途絶えた。一度だけ、リンゲル筆跡の葉書がハノーバーから届いた。その後、リンゲルが突然死んだとの未確認情報が流れ、彼らの運命は闇に包まれた。一方、ケルナーについての噂は一切なかった。

ある日、ゲットーでまた別の騒動が起こった。親衛隊兵長リチェクの助手をしているユダヤ人警官ヴァイツはドイツ出身のユダヤ人で、あらゆる問題においてリチェクの助言者となり、お気に入りとなっていた。ヴァイツには自殺妄想に取りつかれた統合失調症の妻がいた。彼女は幾度となくルミナールを服用して死を図ったが、そのたびに命を救われていた。彼女は毎日、薬局に現れて睡眠薬を購入し、自殺によって最期を迎えなければならないと言った。

「ゲットーに本当の生活はない。わたしは毎日、毎日死んでいる。死が一回限りというのは嘘だ。周りで起きていることすべてが残酷で、こんな状況の中で生きていくことはできない」。ヴァイツの妻は繰り返した。

ヴァイツはたった一度だけ、ゲートお気に入りのユダヤ人警官ヒロヴィチとリマノフスキェゴ通りの家具倉庫が入った集合住宅前で口論したことがある。口論の際、ヴァイツの無礼な物言いに侮辱されたと感じたヒロヴィチはヴァイツにびんたを食らわせ、さらにゲートにヴァイツの不平を告げると脅迫した。ゲートの妙技は広く知られているので、この脅しは恐ろしかった。実はヴァイツ自身も精神衰弱者で、恐怖に苛《さいな》まれた彼は夜中に自死した。それを知ったリチェクは怒り狂い、ヒロヴィチを銃殺すると脅した。リチェクは自らヴァイツの遺体を運び出し、彼のその行動にゲットー中が驚いたものだった。

そのヴァイツがリチェクの前でわたしを告発したことがある。わたしがユダヤ人の品物を隠し持ち、薬局でウォッカを販売し、ゲットーで雇われているユダヤ人とヴィスワ対岸のポーランド人の間の文通を仲介していると訴えたのだ。リチェクはその訴えをクンデに告げた。しかし、クンデはそれを断固としてはねつけた。クンデはそのことをわたしに話し、薬局だけではなく、従業員たちの住まいの捜索にもなりかねないと警告してくれた。

「訴えがわたしの所にきて、あなたは幸運でした。そうでなかったら、大変なことになっていたのですよ」。クンデはそう言った。

わたしはクンデに感謝のしるしとして、一瓶のウォッカと一箱の葉巻を渡した。それがこの問題の解決を約束してくれた。クンデがわたしの命を救ってくれたのはこの時が最初ではない。

ゲットーでの日々の労働の流れが親衛隊のお偉方、ハーゼやマイヤーによって時に途切れることがあった。特にハーゼがゲットーの通りに現れると、緊張状態が生まれた。ゲートがやってきた時は言うまでもなく、パニック状態になり、集合住宅も作業所も静まり返り、通りから人影が消えた。

わたしと薬局従業員のゲットー滞在には制約が強まり、二週間ごとに通行証を延長しなければならなくなった。その処理はクンデが行った。ゲットーを囲んでいた有刺鉄線が外される直前のある日、わたしは親衛隊少佐マイヤーと親衛隊少尉バルプの訪問を受けた。彼らは、わたしがゲットーに留まっていることに驚きを隠さず、次のように尋ねた。

「アーリア人が？　ポーランド人が？　ここで何をしている？　薬局？　何のためだ？　誰のため

だ?」

彼らは店内をざっと見回し、いくつかの薬棚を開けると、明日までに店を閉めろと命じた。ユダヤ人は金銭を持つことを禁じられているのに、いったい誰に売っているのかとも言った。傍らにいたリチェクが、「ユダヤ社会互助会」は薬を持っていないので、この店主が収容所に薬を送っていると言って、わたしを擁護してくれた。しかしながら、彼らは納得せずにそのまま店を出て行った。わたしは不安になった。「大きな不運に襲われることになるかもしれない。ゲットーが存在していた全期間を持ちこたえ、あらゆる移送行動を持ちこたえた。それが最後の最後に投げ出すことになるとは。不運以上の悲劇だ」。そんな思いがわたしの胸をよぎった。

それから三十分が経った頃、クンデがやってきた。わたしは親衛隊少佐と少尉がここに来たこと、彼らに閉店を命じられたことを話した。クンデは、書類を見せたか、彼らはそれを読んだのか、と聞いた。わたしは、もちろんそうした、と答えた。クンデは無言で出ていった。

一時間後、クンデは戻ってきてタイプライターの前に座り、わたしと従業員の新しい通行証を発行した。有効期間はこれまでのように二週間ではなく、一か月になっていた。こうしてクンデは、望めばなんでも可能になることをわたしにわからせようとした。そしてどんな論拠を使ったかを次のように話してくれた。

「ユダヤ警察署には拘置所があり、そこには大勢の外国人が拘置されている。その中には病人もいて、薬局は欠かせない存在である。そのほかに、プワシュフ収容所に入っている者たちの処方箋にのっとって、必要な薬を『ユダヤ社会互助会』会長のヴァイヒャートにも届けてもいる」

クンデの助手オルデもわたしの薬局にしばしば立ち寄った。クンデとオルデの仲は良かったが、オルデが現れると、それまでの政治的話題は他のテーマに反れるのが常だった。オルデは四十三歳前後で、他の多くのドイツ人のように大声でわめくようにしゃべることはなく、いつも小声で穏やかだった。彼はハンブルクの出身で、妻帯者であり、二人の子どもの父親だった。そして彼はいつも政治的な話題を避けた。

時に薬局には前述したブスコ司令官も現れた。ブスコは、他の誰をも嫌い、彼らは信用できず、嘘つきだと言った。

日々はこうして過ぎていった。集合住宅は一つ、また一つ、空になっていった。無人化したゲットーは命を限られた存在のように奇妙に見えた。リチェクとツークスバーガーは狂ったように一日中、怒鳴りまくり、労働者を殴った。疲れ切ったユダ人は肩に重い家具類を背負って倉庫から倉庫へと運び、他のゲットーから運び込まれた荷物を下ろし、定められた住宅の中に保管した。住宅は倉庫と化した。文房具類を入れた倉庫、革製品や白布類、織物類の倉庫などがあった。労働者はゲットーにできた共同キッチンで食事をとった。すでに収容所に移送された人々のかつての家に残された食料品は持ち出され、奪われた。

ゲットーには毎日、ポーランド人が御者を務める荷馬車が乗り入れ、家具を域外に運び出した。それらの家具はリマノフスキェゴ通りの集合住宅、あるいはヴィェリツカ通りのかつての小学校の建物に保管された。直接、ドイツ人の家に運ばれることもあった。クラクフの街中に隠れていて逮捕されたユダヤ人から没収した家具は再びゲットーに運ばれ、そこで売買された。この取引の際、リチェクはその場に居合わせないことが多かったが、それでも取引の詳細を把握していた。それぞれが手に入れた値段も知っていたし、自分のポケットにはいくら入るのかも知っていた。

ゲットー撤収作業の終了日が近づくにつれ、「清掃隊」と呼ばれた労働者の逃亡が頻繁に起こるようになった。単独で、あるいは数人単位で逃亡した。ユダヤ人警官の中にはその逃亡を手助けする者がいて、外国人としての書類を受け取ると、見かけの上でゲシュタポ職員になりすまし、逃亡者はそのチャンスを利用して外国へと脱出した。シュライファーは妻と子どもを連れて逃げ、ナイガーも家族を連れて脱出した。しばらくしてからテュアクも逃げた。テュアクの逃亡は重大な結果を招き、関係しなかったユダヤ人警官までがドイツ当局の報復を恐れて戦々恐々とした。シュピラは激怒し、そのせいで胆石症の発作を招いたほどだった。翌日、このことはクンデに知らされた。ところが、クンデはその情報を受け入れず、そんなことはなかったことにせよ、との指示を出した。クンデとはまったく不思議な人物だった。

当時、ゲットーで二組の結婚式があった。式を執り行ったのは、清掃隊の仕事でゲットーにやってきたラビで、特別奉仕隊の許可を得ていた。一組はユダヤ警察リーダーのシュピラの娘と某ユダヤ人警官との結婚式、もう一組は親衛隊倉庫管理者のデマーとプワシュフ収容所にいた若い女性との結婚式だった。この若い女性は結婚後、夫のデマーと共にゲットーに住んだ。式にはハーゼ、クンデ、リチェクも出席し、栄誉を添えた。ところが数週間後、若いデマー夫妻は他の倉庫管理者と共にプワシュフに移送され、銃殺された。しばらくの後、ゲットーの大部分のユダヤ人警官も同じ運命に遭い、プワシュフで銃殺された。一部のユダヤ人警官だけは家族と街中に住むことができるとか、外国に出国できるとか言われ、数週間、騙され続けた。

家具が取り払われた住宅は廃墟そのものだった。広場や小路、広い中庭には使い物にならない家具類や古い鉄製品が時には二階の高さまで積み上げられた。和合広場にはあちこちへたらい回しにされたおびただしい数の戸棚、テーブル、サイドボードなどが放置され、風雨に打たれて荒廃の一途をたどっていた。ある時、まだ多くの家具が残されたままの集合住宅を二時間以内に空にするようにとの命令が出された。普通ではそれは不可能だった。ところが、リチェクの個人的な指示下で実行された。自分の熱心さを誇示したいリチェクは階上から家具を投げ落とすようにと命じた。テーブル、戸棚、ベッドが道路に投げ落とされ、大きな音を立てて砕けた。愚かな命令を実行するために、信じられないやり方で家具は破壊された。また、集合住宅の清掃作業中に清掃者は高価な品物を見つけることもあった。それらの多くは箱に入れられ、トラックで運び出された。

ゲットー撤収に伴ってユダヤ人がプワシュフ収容所に移送された直後の最初の数週間、ドイツ兵はゲットーで時折、ユダヤ人が作った隠れ場所に出くわした。それは情報屋から知らされることもあったし、偶然に発見することもあった。そうするとドイツ兵とシュピラ指揮下のユダヤ人警官は斧《おの》やつるはし、鉄棒で武装した労働者を伴ってすぐに隠れ場所に向かった。それらは屋根裏や地下室、あるいは大きなパン焼き炉の中に精巧に作られた場所で、食料や水が備蓄されており、不運や裏切りがないかぎり、丸一か月は持ちこたえることができた。隠れていた生存者はまずはユダヤ警察の拘置所に連行され、そこからプワシュフに移された。多くの場合、プワシュフが彼らの最期の場所となった。

さらに建物の清掃中、あちこちで毒殺や銃殺の犠牲者、あるいは衰弱や病気で亡くなった者たちの遺体が見つかった。地下室に保管された石炭の山の下で何週間も、何か月も放置された死体もあった。おびただしい数の蠅《はえ》が崩れ果てた死体の存在を示してくれることもあった。わたしは比類がないほどに崩れ果てた遺体を目にした。何週間、いや何か月も前から羽毛布団の下で横になっていた女性の遺体も目にした。移送行動の日に自分のベッドの上で死んだに違いない。遺体は原形がわからなくなるほどにウジ虫によって食べつくされていた。ベッドの上の小さな女の子も目にした。両親はその子を収容所に伴うことを禁じられ、仕方なく毒を盛ったのだろう。ある地下室では高齢男性の突き出た手を目にした。体は石炭の山の下に隠れていた。

ゲットーで死んだ者たちの遺体、そして殺された者たちの遺体を運んだのは、ゲットーでは名の知られた墓地管理人のピンコーザ・ラドナーだった。彼は通称、ピーニェ・コーザと呼ばれていて、妻と子どもと共にアーリア側にあるミョドヴァ通りわきの墓地の管理用建物に住むことを許されていた。ゲットー撤収の後、彼は家族と共に殺された。

このような悲劇の中で際立ったのは、ことわざに登場するような主を失った飼い犬の忠実さだった。野放しにされた犬たちは何日も餌を求めて走り回り、何とか空腹を満たして家に戻ると、主人のベッドの下で横になった。医師をしていた知人の愛犬（ドーベルマン）の場合は、毎日、同じ時刻にあるユダヤ人警官の住まいの前にやってきた。そして何時間も空腹のままドアの前に座り続けたものの、誰かに捕獲されることはなかった。餌をもらうと狂ったようにかつての自宅に戻り、ベッドの下に潜り込んだ。誰も近寄せなかったし、飢えると、再びユダヤ人警官の家がある通りへと走った。このユダヤ人警官はついに捕獲に成功し、家の中に入れて、たっぷりと餌を与えた。ところが二日後、この犬はすきを見てかつての家に逃げ帰った。

夜になるといつも薬局前に最初は一匹の犬が、やがてその犬が仲間を連れて夕食にやってきた。中に入るように促しても入らなかったので、店の前で水と餌を与えた。しばらくすると、犬たちは敷居を超えてようやく中で食べるようになった。ところが食べ終えると、かつての自宅へ向かって一目散に駆け出した。たった一匹、フランス生まれのブルドッグだけがわたしたちにすぐになついて、薬局で生活するようになった。

まだ家具が入ったままの住宅の数は日に日に少なくなっていった。人間も家具もなくなって裸になった建物群の区画はゲットー域から外され、有刺鉄線によって閉鎖されている領域は次第に狭まっていった。倉庫は限界以上に詰め込まれた物品ではちきれそうになっていた。ゲットーの住まいから、総督府クラクフ地区のあらゆるユダヤ人集落から運び込まれた書籍類は、さしあたりユゼフィンスカ通りの建物に集められ、その後、ヴィエリツカ通りわきのかつての小学校に運ばれた。貴重なドイツの本はドイツ人によって略奪され、ポーランドとユダヤの本はくず紙用に捨て値で売り払われた。その中にはポーランド人詩聖の見事な装丁の詩集や素晴らしい純文学集、専門書、そして宗教的、あるいは世俗的内容のヘブライ語の全集があった。集合住宅の中庭には祈禱書《きとうしょ》が散らばり、雨で破れ、ユダヤ教会堂から集められた大量の革カバー付きの本が濡れていた。

わたしたちは少なくとも古いモーゼ五書、その他の十数冊を救い出すことに成功した。ユダヤ史に通じていたアーマー医師がより分けた最も古くて、最も貴重なトーラー〔ユダヤ教の律法書〕については注意の行き届いた所に隠し、状況に応じてその都度、屋根裏や地下室に移していたのだが、わたしは最終的に薬局の入り口を入ってすぐの部屋に理想的な隠し場所を作った。設計と工事をしてくれたのはゲットーの指物師だった。

アーマーは言ったものだ。「トーラーを救う者は人を救う」と。縦に並べ置いたトーラーは女性が身に着けるベルベット生地の刺繍《ししゅう》入りワンピースに覆われ、戦争が終わるのをわたしたちの薬局で待っていた。

ドイツ軍が撤退した後にモーゼ書、トーラー等をドウォガ通りのクラクフ県立ユダヤ歴史委員会に返し、小ぶりの数冊はプレゼントとして知人のユダヤ人に配った。ユダヤ歴史委員会に書物を引き渡した数日後、わたしはゲットーでのわたしたちのすべての行動に対する感謝の言葉を受け取った。ところが、トーラーについての言及はまったくなかった。さらに、最近、シェロカ通りの古いユダヤ教会堂の中に開館したユダヤ博物館の展示品の中にも前述のトーラーは見つからなかった。

さて、ゲットー撤収直後、クラクフの街中でポーランド人としての身分証を所持していて捕まったユダヤ人が毎週のように連行されてきた。逮捕者はまずはゲットーの医師、アーマーの検査を受けた。アーマー医師は逮捕者が割礼を受けているかいないかを報告することになっていた。逮捕者は多くの場合、数年、あるいは十数年前に急性結締組織炎にかかって手術を受けている、とアーマー医師は供述し、紋切り型の説明を繰り返して傷跡は宗教上の割礼かもしれないし、あるいは炎症のために手術した結果かもしれず、検査だけでそれを判断することはできないと述べた。

ゲットーの清掃行動が最終段階に入った数日間、ゲットーでは非日常的な光景が見られた。リチェクとツークスベルガー、そしてクンデの誕生日が続いたのだ。彼らは、いろいろなプレゼントをふんだんに贈り合い、ほとんど酩酊状態で、自宅での宴会を準備するために、早々にゲットーを後にした。その間だけは労働者たちに激しい殴打を浴びせたり嫌がらせをすることはなかった。

集合住宅の清掃行動の際、リチェクが労働者たちを残忍なやり方で殴り、そのうちの一人を射殺したことがあった。ユダヤ警察署の中庭に労働者が集められ、そのうちの一人が呼び出された。その労働者は清掃中に見つけた品物を当局に提出せずに自ら失敬したのだ。この男に対する刑はその場で執行された。

そのほかにもユダヤ警察署では頻繁に鞭打ち刑が行われた。過失の内容に関係なく裸体に二十五回の殴打が繰り返された。もう若くはない女性たちに対する鞭打ち刑の際には、ハーゼ自らが参加した。ドイツ人が不要とした物品は毎日、有刺鉄線の前に集まってくるポーランド人に直接売りに出された。

一九四三年八月、クラクフ・ゲットーの有刺鉄線はユダヤ警察署の建物と、その近隣の集合住宅を囲むだけとなった。一九四三年三月十三日以降、かつてのゲットーに残っているユダヤ人作業所はユゼフィンスカ通り二番地aわきの建物のみで、そこにはJUSとドイツ語の略称に名を変えた、かつてのユダヤ社会互助会の薬品倉庫兼分配所が入っていた。ユダヤ社会互助会の会長で法律学出身のヴァイヒャートは並外れて有能で、聡明かつ素晴らしい組織者だった。戦前、彼はユダヤ文化界を背負って立つ優れた人物の一人で、特に演劇分野で活躍し、ワルシャワ実験劇場の創始者であり指導者だった。彼は演劇学の論文も執筆している。戦争中はワルシャワでユダヤ社会互助会の会長となり、会の活動が全総督府に拡大すると、七人から成る幹部会の会長となり、妻、娘、息子を伴ってクラクフに転居、クラクフ・ゲットーに住み着いた。国際赤十字から委任を受けた者として彼のもとにはユダヤ人用の支援物資が届けられた。

一九四三年三月以降、ヴァイヒャートは当局の同意を得てユダヤ社会互助会の建物をユゼフィンスカ通りに移し、ヒルフシュタイン、ティシュ、ビーバーシュタイン、ヤシチュルカ、ラインクレムとともにプワシュフ収容所および全ポーランドの収容所に薬品や食料品を手際よく発送した。ヴァイヒャートはただ一人、プワシュフ収容所とクラクフ市内およびクラクフ近郊の他の収容所に入ることを許されていたので、全四人に対する支援を行った。またポーランド人から送られた支援金や手紙も命がけでユダヤ人に届けた。ヴァイヒャートの仲立ちで、わたしたちの薬局を経由して手紙やお金が収容所に届けられることもあり、多くの命を救うことにつながった。

当時、プワシュフではユダヤ社会互助会用のバラックが建設されているとの噂もあった。そのような中でヴァイヒャートは「ユダヤ支援評議会」と密接なつながり持って活動し、いろいろな収容所にいるユダヤ人に支援の手を差し伸べ、その支援は広範囲に及んでいた。

一方、プワシュフ収容所の所長のアーモン・ゲートはヴァイヒャートに敵意を抱いており、彼の赤十字や民間団体との密な関係にも我慢できずにいた。一九四四年七月、ドイツ軍がパニック状態になって東部戦線から逃げ出した時、親衛隊当局はユダヤ社会互助会の閉鎖を決めた。事前に察知したヴァイヒャート一家は自宅での就寝を避け、それが功を奏した。数日後の朝、親衛隊員の車がユダヤ社会互助会の建物前に停まった。ヴァイヒャートを逮捕するためだった。命を狙われていることを知っていた彼と家族はその建物には不在だったことで死を免れた。

地下組織であるユダヤ支援評議会によってヴァイヒャートと家族は匿われ、命を救われた。「ジェゴタ」という暗号名のユダヤ支援評議会の組織本部は一九四二年、ワルシャワに誕生した。クラクフ支部の創設は一九四三年で、創設者はタデウシュ・セヴェリン（活動名、ソハ）である。クラクフ支部のメンバーは様々な政党代表者から成っていた。委員長はスタニスワフ・ドブロヴォルスキ（活動名、スタニェフスキ）。書記はヴワディスワフ・ヴイチク（ジェゴタ）。この二人はポーランド社会党員。会計係は民主党員のアンナ・ドブロヴォルスカ（活動名、ミハルスカ）。さらにメンバーとして農民党員のイエジ・マトゥスが活動していた。ユダヤ人代表者としてマリア・ホッホベルク－マリアンスカがいた。彼らの他にも密接な関係を持って協力した多くの人々がいた。その中にはヴイチクの母親、姉、妻もいる。

クラクフのユダヤ支援評議会のリーダー、スタニスワフ・ドブロヴォルスキはヴァイヒャート一家をまずはクラクフでは名の知られている姉のミクラシェフスカの所に匿い、しばらくの後、ズィブリキエヴィチ通りの親友、ヴァンダ・ドヴェルニツカの所に移した。ヴァイヒャート一家はここで占領時代を生き延び、解放の日を迎えた。一家とドヴェルニツカの絆は強いものとなった。ヴァイヒャートの妻フランチシュカは魅力的な女性で、娘と息子とともに夫の仕事を手伝い、様々な薬のセットを作ってあらゆるユダヤ人収容所に送った。多くの者がこの薬によって命を救われた。

ところが、ポーランドがナチス・ドイツの占領から解放された後、ヴァイヒャートは被告席に立たされた。ユダヤ人地下組織の指示に反して自らの活動を継続したことが理由だった。この問題に対するヴァイヒャートの意見は組織の見解とは正反対だった。彼は、法廷で地下組織代表者に対して、収容所の人々に手を差し伸べた事実を証明しようとした。しかし組織は彼の意見を認めようとはせず、彼を抹殺しようとさえした。法廷審議の過程で、ヴァイヒャートがポーランド人およびユダヤ人組織の支援で外国に出るか、あるいは修道院に身を隠すことができたにもかかわらず、彼がそうしなかったことが明らかになった。一方、ヴァイヒャートは、自身の支援が多くの人の健康を支え、命を救ったことを法廷で明言した。戦後数年を経てから、ヴァイヒャート夫妻はポーランドを離れ、イスラエルに永住した。イスラエルではかつての教え子や親友に温かく迎えられた。

ヴァイヒャートは人生の最後まで文化的仕事と文学に精力的に取り組み、三巻の回想録とユダヤ社会互助会に捧げる大著を出版した。一九六七年にテルアビブで亡くなったが、四巻目の回想録は彼の生誕八十年を祝して発行された。

話を戻そう。一九四三年十二月十四日から十五日にかけてクラクフ・ゲットーの最終撤収が行われた。十九時四十五分、ユダヤ警察署建物前に武装した親衛隊員とアーモン・ゲートを乗せたトラックが乗り入れ、大急ぎですべてのユダヤ人警官と家族、そしてユダヤ警察署に拘留されていた四人たちがトラックに詰め込まれた。荷物を持参することは許されなかった。彼らはプワシュフ収容所に運ばれ、そこで射殺された。ハンガリー人としての身分証を持つカツォーヴァ一家とケスラー一家は例外的に殺害を免れた。しかし、数か月後、妻と娘はプワシュフから絶滅収容所に送られ、そこで死んだ。ケスラーと息子は戦争を生き延び、自由を得た。クンデは約束を守ってくれたのだ。

最後まで残っていた住民がゲットーから連れ出される前の数時間、わたしはユダヤ警察のクンデの執務室にいた。ケスラー一家解放の仲介をするためだった。クンデは早朝から仕事をしていたが、時々ウォッカに手を伸ばしてはひっきりなしに時計に目を向け、神経を高ぶらせていて、わたしは妙な印象を受けた。彼は用事を確認すると、できるだけ早くわたしをユダヤ警察の建物から出そうとして、自ら門の所まで送ってくると、アーマーに門を開けるようにと命じた。

わたしはそこでアーマーと別れた。まさか数時間後に彼が射殺されるとは思ってもみなかった。不運だったとしか言いようがない。彼はプワシュフに行かないための手立てをすべて実行していた。ゲットー撤収が始まると、彼はユダヤ警察の医師としてゲットーに残った。そして幸運にも偶然の一致が重なって、前述したように、自身と家族のハンガリー人としての身分証を手に入れた。しかしそれを利用するチャンスは結局訪れなかった。

翌日、殺された者たちの住まいが片付けられ、彼らの私物が運び出された。わたしは薬局に立ち寄ったクンデにユダヤ人警官たちがどうなったかを尋ねた。クンデは一語一語を強調しながら答えた。

「全員、アメリカに、出国した。あなたの従業員たちにもこのことを伝えなさい」

わたしは諦めることなく、さらに尋ねた。

「アーマーも彼らと一緒に出国したのですか？」

「そうだ」

「私物は持って出ましたか？」。わたしはさらに問いただした。

わたしはこの目で彼らの私物の詰まったトランクが運び出されるのを見ていた。クンデの返事はこうだった。

「彼らは私物を持参して出国した」

ユダヤ人警官たちの運命に疑問を挟む余地はなかった。数日後、彼らがプワシュフ収容所で銃殺され、遺体が燃やされたとの噂が広まった。同じ運命はゲシュタポの下で働いていた者たちにも降りかかった。

ユダヤ警察の完全撤収から数日の間にユダヤ人の家財が収められていたすべての簡易倉庫がそれごとゲットーからプワシュフ収容所に移され、有刺鉄線は全部外された。破壊された集合住宅の修理が始まって、クラクフ市内のオフィツェルスキ団地のポーランド人たちが入居した。数週間後にはゲットーを囲んでいた壁の破壊が始まった。こうして多くの恐ろしい悲劇を味わったゲットーの痕跡が取り除かれていった（ただ、二か所にだけはまだ壁の一部が残っている）。

新しい時代が始まった。ゲットーは消え、戦争は終わった。ゲットーや収容所を生き延びた人々はほとんどが全世界に散らばり、その後、長い年月が過ぎ去った。しかし、共に悲劇に耐え、つかの間の喜びを味わった人々とわたしたちの友情は消えてはいない。

わたしと、そしてわたしの従業員たちと共にクラクフ・ゲットーの誕生から閉鎖までの歴史の目撃者となった「鷲」薬局について、詩人のイグナツィ・ニコロヴィチ〔一八六六―一九五一年〕は次のような詩を書いた。イグナツィ・ニコロヴィチとはジャーナリストにして舞台劇作家であり、人気のある合唱曲『火事の煙と共に』〔一八四六年のクラクフ蜂起に敗れた後に生まれた曲〕を作曲したユゼフ・ニコロヴィチの息子である。

クラクフ・ゲットーの「鷲」薬局

あなたは言う、
かつてゲットーにあった、あの「鷲」薬局は
世界に二つとない稀有な薬局だったと。

少し変な言い方ですね、
だって、薬屋なんてみんな同じ、
違いなんてありゃしない
どの店にも同じ薬が並んでいるでしょう。

いや、そうではないのです、
他の薬局はもっぱら細菌と戦いましたよね
ところが、「鷲」薬局が戦った相手、
それは親衛隊員だったのです。

細菌よりもずっと野蛮だった敵、
だから、密かに、慎重に、策略をめぐらして、

戦わなければなりませんでした
日々、命を賭けて……

野蛮なギャングの犠牲になった人たちは
この薬局で救われました。
忘れてはいけません、稀有なこの薬局を
栄誉に値する「鷲」薬局を。

第三版あとがき

チェスワフ・ブジョザ*

戦間期のクラクフはポーランド国内ではワルシャワ、ウッチ、ヴィルノ、ルヴフと並んでユダヤ人の多い都市だった。しかも彼らはこの街で圧倒的に強い影響力をもつ少数民族だった。そしてこの時期にクラクフのユダヤ人口は急激に増え、一九一〇年にはおよそ三万八千人だったのが、一九二一年にはおよそ四万五千人となり、一九三八年には六万四千人余りにまで増加した。しかしこの時期、ポーランド人の住民数に対するユダヤ人の割合は、一九一〇年の二十三パーセントから一九三八年に二十五・八パーセントと、三パーセント足らず増えただけだった。戦争勃発直前の一九三八年後半から一九三九年前半にかけて、ユダヤ人の数はさらに数千人増えた。それはドイツ、オーストリア、チェコといったヒトラー政権に占領された国から、あるいはルーマニアのように反ユダヤ主義が優勢を占めつつあった国からユダヤ人難民が流入したためだった。一九三九年十一月、ドイツ当局の命令で実施された人口調査によると、クラクフだけで六万八千人余りのユダヤ人がいた。

ユダヤ人はクラクフ市内の全域に住んでいたが、特に数地域に集中していた。一九三一年、ポドグジェ地区では全人口の三十三パーセント、ストラドム地区では五十八パーセント、カジミェシュ地区では七四パーセントがユダヤ人住民だった。戦間期にはクラクフの他の地区へもユダヤ人が流入し、一九二一年から三一年にかけて、ノヴィ・シフィヤト、ルドヴィヌフ、プウフシェ・ズヴィェジニェツキエ、ノヴァ・ヴィェシ、クロヴォヂュジャ、グジェグシュキ、プワシュフの各地区では二倍から四倍に増えている。

ユダヤ人住民の特徴はその特殊な社会構造にあった。他の都市同様にクラクフでは企業主、大小の工業および商業施設所有者、そして小規模な手工業施設及びサービス業施設所有者が決定的に重要な地位を占めていた。そしてユダヤ人はこの街の全経済生活に甚大な影響を与えていた。戦争勃発直前、「製造業」に属する大きな事業所の六十パーセント以上、商業施設の約六十パーセント、手工業施設の五十パーセントがユダヤ人の所有だった。いくつかの生産部門はサービス部門同様にユダヤ人が支配していたし、自由業と言われる弁護士、医師の多くはユダヤ人だった。

ユダヤ人社会は経済面だけではなく政治の面でも様々なグループにに分かれていた。第二共和国時代〔第一次世界大戦が終わり、ポーランドが独立をとりもどした時代〕の末期、クラクフのユダヤ人の間ではホルキスト〔二十世紀初頭に結成されたユダヤ人自治党〕を除いて、すべての重要政党はそれぞれに支持者を有していた。中でもユダヤ人地区で最も強い勢力を持っていたのはシオニスト陣営で、この陣営は保守的正統派（彼らはアグダス・イスラエルという政治グループに結集し、ユダヤ民族の生き残りのためには宗教と伝統の価値に重点を置くことが必要であると強調した）および労働者グループ、とりわけユダヤ人労働者総同盟「ブント」とその影響力を競い合っていた。ユダヤ人の政治活動はポーランド人社会同様に全戦間期を通じて競争関係にあり、時には妥協なき戦いに姿を変えることもあった。ところが、有事の事態を迎えた時にはすべての政党が一つの隊列を組み、危機下にある民族と国家の利益を守るために一致団結した。そのような共闘の姿勢を明確に観察できるのは戦争勃発の直前のことで、一九二〇年の政治情勢下でも見られたように、ポーランド人とユダヤ人は政治的に共に行動を始めた。当時、ユダヤ人指導者たちはそれぞれの党派の政治的方向性とは関係なく、ポーランド人政権、ポーランド人社会と連帯する必要性を強調した。そして一九三九年八月二十九日、イグナツィ・シュヴァルツバルト指導下の全ユダヤ住民委員会は、身分的、職業的、個人的利益を祖国の勝利という上位の目的に従わせる、という宣言をクラクフのユダヤ人の名前で出し、共闘体制を作り上げるつもりでいた。

ところが、ドイツ軍によってクラクフが占領されるとユダヤ人の状況は一変した。ユダヤ人の身には、絶滅に先立って様々な種類の嫌がらせや弾圧が占領初期から降りかかった。ドイツ当局は何よりもユダヤ人を他の市民から切り離そうとした。一九三九年九月八日にはユダヤ人のあらゆる事業所と商業施設、サービス施設に遠くからも識別できるようにダビデの星の印をつけるようにとの命令を出した。その二か月後の十一月十八日にはクラクフ在住の十二歳以上のすべてのユダヤ人に、ダビデの星を身に着けるようにとの指令が出され、さらに腕章だけではなく、ユダヤ人の住民登録票には中世の「黄色い布切れ」〔一二一五年、教皇インノセント三世は第四ラテン公会議において、ユダヤ人をキリスト教徒から隔離するために、ユダヤ人に目印として黄色い布切れを付けさせる決定をした〕の伝統に基づいて黄色い帯の模様がつけられた。「ユダヤ人とは？」という問題は個々人の信念が決めることではなく、過去あるいは現在においてユダヤ教を信奉している者、または家族の一人がモーゼの宗旨を信じている者とされた。従って、ユダヤ教を信じるポーランド人も、十九世紀から二十世紀にかけてユダヤ教からキリスト教の一派である多数派のプロテスタントに改宗した者たちまでもユダヤ人に含められたのである。

ユダヤ人は占領下で暮らすあらゆる人々に課せられた制約だけではなく、ユダヤ教信者にねらいを定めた多くの指令、命令、禁制にしばられた。ユダヤ人は土曜日とユダヤの祝日にも働くように、ユダヤ教会堂や祈りの家を閉鎖するように、儀式的屠畜《とちく》をやめるようにと命じられた。ドイツで発令されたニュルンベルク法に基づき、弁護士などのいくつかの職業に就くこと、法廷に出ること、教師が公立学校で教えること、医師がユダヤ人以外の患者の診察をすることが禁じられた。さらにユダヤ人は規則によってまずは移動の自由を妨げられ、やがて全面的に禁止された。鉄道の利用を禁じられ、続いてバスの利用も禁じられた。街中では辻馬車を利用することもできなかったし、公民館など、ユダヤ人の入場を禁止する場所が現れ、旧市街を取り囲む緑地帯やアドルフ・ヒトラー広場と名を変えた中央広場にさえ足を踏み入れることができなくなった。そして、ユダヤ人が何よりも真っ先に制限されたのは経済活動で、戦争初期に性急に実施されたユダヤ人退去工作の際、まずは所有者が去った工場や手工業施設、サービス業や販売施設が、続いて他のすべての施設がユダヤ人以外の代理人の管理下に置かれた。それまでの所有者は代理人に雇われる形となり、少なくとも占領初期までは従業員としてわずかな給料を受け取ることができた。ユダヤ人の預金口座は封鎖され、私的財産として所有できたのは二千ズロチ〔六万円ほど〕までだった。金や銀の引き渡しはすべてにおいて禁じられた。さらに個々の指令によってユダヤ人の年金受給の権利は消滅した。これらの指令執行に当たってクラクフのユダヤ人は家宅捜査を受け、その際には略奪が横行した。これらのナチス・ドイツの政策によってユダヤ人の極貧化が進んだ。ユダヤ人はそれまでの快適な住まいから追い出され、それらの住まいは急増した行政機関やドイツ人の住居に充てられた。さらに占領軍に協力する者たちやフォルクスドイチェたちもまたこのチャンスを利用した。

様々な嫌がらせとは別にナチス・ドイツ当局はヒトラーの指令に従って、総督府首都のクラクフをアーリア人の街にしようと、ユダヤ人排除に乗り出した。しかし、それは何よりも経済的理由から、すぐに実現できたわけではなかった。最初にユダヤ人の数を七十五パーセント減らして一万五千人にすることを決め、「自発的」退去を勧めた。一九四〇年五月十八日には、八月十五日以降にクラクフに残ることができるユダヤ人は特別な許可証としての身分証明書であるアウスヴァイスを持っている者だけである、との指令が出された。それまでに退去する者は新しい移住先を自由に選ぶことができるし、家財を持参できるとそそのかした。さらに予定期日を過ぎてからは強制移住が待っているとし、そうなれば二十五キログラムまでの荷物と二千ズロチまでの現金しか持参できないと予告した。ところがその工作はユダヤ人がドイツ人役人に様々なわいろを渡したこともあって、当局が予想した効果をもたらさなかった。それゆえに期限は一九四〇年冬まで数回延長され、それでも最終的に予想の二倍のユダヤ人住民が残ったので、一九四〇年十二月二日にクラクフ市の全域で強制移送が始まった。

ユダヤ人は住まいから引っ張り出されたり、通りで捕らえられたりしてモギルスカ通りの一時的な特別収容所に連行され、そこから主にルブリン地方やワルシャワ方面に送られた。この強制移送によって数千人のユダヤ人がクラクフから消えた。残ったユダヤ人には街中の除雪などの強制労働が課せられ、労働義務を履行したというサインのない者は即座に移送されると脅された。一九四一年の初め、さらに身分証明書の変更が実施された。それまでのアウスヴァイスに代わって住民にケンカルテと呼ばれる黄色の証明書が発行された。さらに同年二月二十七日の指令によって、それまでユダヤ人に出されていたあらゆる在住許可証が取り消され、クラクフに住むことを許されたのは、新しい身分証であるケンカルテを持っている者、そして三月十五日まで入手可能な公務上の証明書を手に入れた者だけだった。ケンカルテはこの日までに一万二千枚が発行された。前回同様、指令の発表後ただちに「不法滞在者」に対する人狩りが始まった。捕らえられた者はまずは一時的収容所に連行され、そこから強制的に他の地に移送された。「自発的」、あるいは強制的な移送の結果、不完全なデータではあるが、一九四一年の三月末までにおよそ四万一千人のユダヤ人がクラクフの街から姿を消した。そして、市内に住むユダヤ人の強制移送の最終段階は「ユダヤ人居住区」、つまり「ユダヤ人ゲットー」をつくることにつながった。アウスヴァイスからケンカルテへの身分証の交代もまた最終的なものではなかった。やがて、ケンカルテが有効であるためには「親衛隊および警察」の長の特別なスタンプが押されていなければならなくなったし、その後、「ブラウシャイン」という名前の青色の証明書が特別に折り込まれていなければならなくなり、最終的にはユーデンパス（ユダヤ人パスポート）にとって代わった。クラクフの街中に誰がまだ残っていることができるのか、次には誰がゲットーに残っていられるのか、誰が真っ先に街から追い出されるのか、誰が絶滅収容所へ送られるのか、それらは親衛隊役人の専断によるもので、どんな名前に変わろうと身分証明書がその専断からユダヤ人を守ってくれることはなかった。

　クラクフ・ゲットーは総督府クラクフ地区長官、オットー・ヴェヒターの指令によって生まれた。その指令はハンス・フランク〔ポーランド総督〕が一九四〇年十月一日に出した指令、「居住地および滞在地の自由選択に対する制限」に基づいていた。指令は総督府で唯一の合法定期刊行物だった『ユダヤ新聞』に掲載された。ゲットーはポドグジェ地区に設置され、ポーランド人、ユダヤ人双方の移転期限日は一九四一年三月二十日とされた。その翌日からユダヤ人は特別な通行証がないかぎり、ゲットーの外に出ることができなくなった。一九四一年十月十五日からは、許可なしにゲットーを離れたユダヤ人には死刑が待っていた。ユダヤ人を匿《かくま》ったり、手を貸したりした者に対しても同じ刑が科せられることになった。命令は厳しさを増し、外部から切り離されたゲットー住民の食料問題は「自助努力」とされた。

　完全な住民リストが残っていないので正確なゲットー住民数の確定はできていない。ドイツ当局がユダヤ人に一万二千枚の身分証を発行したことはわかっている。それを所有することで彼らはユダヤ人居住区〔ゲットー〕に住むことを認められた。そしてクラクフのユダヤ人の中にはゲットーには入らずに、クラクフ近郊に住む決断をした人たちが一部にいたこともわかっている。それはまだ可能なことだった。しかし、彼らがどれほどいたのか、正確な数はわかっていない。その一方で、ゲットーに閉じ込められるまで身分証を持っていなかった者たちが数千人もいたこともわかっている。

　概算データによれば、一九四二年三月末、ゲットーにはおよそ一万五千人の住民がいた（一万一千人弱というデータもある）。同年秋、住民数は増加したが、それは一九四一年五月二十八日の決定に基づいて近郊のいくつかの村がクラクフ市に合併された結果である。彼らのゲットーへの移転は一九四一年八月十九日の指令で決められたものの、実行はかなり緩慢なものだった。同年秋には二千人から三千人がゲットーに入り、およそ一万八千人ほどの住民数になった。住環境としても、また衛生面でも決して良いとは言えなかった所に新たにユダヤ人が入居し、戦争勃発前の五倍の数の住民がひしめき合って生活することになった。許容限度を超えたゲットーの過密状態はナチス・ドイツ当局が総督府においてとったユダヤ人絶滅手段の一環だった。確かにクラクフでは伝染病の蔓延《まんえん》を予防できたが、ゲットーの死亡率は戦前のカジミェシュやストラドムの十数倍だった。

当然のことながら、ゲットーには、それまでは「アーリア」側にあったすべてのユダヤ人用の公的機関が入らなければならなかった。たとえば、ユダヤ郡役場（ここにユダヤ人評議会が入った）、ユダヤ病院（一九四一年十二月四日から存在した）、ユダヤ人孤児の施設、そしていくつかのドイツ機関およびドイツ官庁の支所である。一九四一年五月二日にはゲットー住民の要求でゲットー内に郵便局がオープンしたが、しばらくしてから閉鎖された。「感染症の拡大を防止するため」というのが閉鎖理由だった。ゲットーの外にあるすべてのユダヤ人の商店と手工業施設の閉鎖を命じる指令（一九四一年八月二十五日）、続いてユダヤ人職人を「ゲマインシャフト」と呼ばれる共同組合の施設に住まわせるという指令（一九四二年六月九日）は、非アーリア人をゲットーに集中させることにつながっていた。

ゲットーの設置によって、非常に困難な生存環境ではあっても、これまでの嫌がらせがなくなり、戦争が終わるまで生き延びることができるとの期待を持ったユダヤ人も一部にはいた。ところがそんな期待は幻想に過ぎないことがすぐにわかった。ユダヤ人をゲットーに集中させることで、ナチス・ドイツは彼らを統御しやすくなったし、これまでにない規模で弾圧することができたのだから。一九四二年四月三十日の段階ですでに病人と高齢者の介護施設では選別が行われ、多くの者はベウジェツ絶滅収容所へ送られ、ある者たちはその場で殺された。一か月後の五月三十日から六月八日にかけては、総督府で最初の大規模なゲットーの「過密清算」が実施され、ゲットーから「生産性のない者」がベウジェツ絶滅収容所に移送された。この際、ゲットーにおいて、さらにプワシュフの鉄道駅に向かう途中でおよそ数百人が殺され（その中には「速く歩くこと」ができなかった有名なクラクフの詩人、モルデハイ・ゲビルティヒもいた）、絶滅収容所には数千人がたどり着いた。このクラクフ・ゲットーでの強制移送行動は他のゲットー、とりわけワルシャワ・ゲットーでの大量殺戮《さつりく》を予告するものだった。

強制移送終了後の六月二十日、形式的にはクラクフ市守備隊長が命令を出したことになっているが、実際は時のドイツの権力者（フランク総督）が指示を出して新しい「ユダヤ人居住区」の境界を定め、ゲットー面積をかなり縮小した。これによって切り離された通りの住民とそこにあったユダヤ人評議会をはじめとするユダヤ機関は五日間のうちに残された区域に移るようにと命じられた。この命令の後で唯一ゲットーに残ったアーリア人施設は「鷲」薬局だけとなり、薬局は次第にゲットーと外部をつなぐ仲介者の役を果たすようになった。さらに十月二十三日には次のゲットー縮小令が出され、移動時間は二十四時間以内とされた。ところがこの命令はすぐに撤回され、ユダヤ人はほっと一息ついた。しかし、命令を出すのが早すぎただけで、とりわけ残酷な移送行動が五日後の十月二十八日に待っていた。ユダヤ人歴史家の概算によれば、この時の行動で、およそ四千五百人が絶滅収容所に移送され、およそ六百人がその場で殺された。孤児の施設にいた子どもたちも、そして病院にいた慢性病や不治の病の患者も殺された。翌日も翌月も人狩りは続き、行動の終了後にゲットーは縮小された。住民の一部は段階的にプワシュフに設けられた収容所に移された。同時にそれまでのゲットー滞在許可証だった身分証とそれに付加された青色証明書が無効となり、新しくユーデンパスが導入された。ユーデンパス所持を証明したのはコートに縫い付けられた布切れで、布切れには「親衛隊および警察」司令官のサイン、そしてどのカテゴリーの労働に従事しているかを示す印がつけられた。Wは軍隊の仕事、Rは軍事施設での仕事、Zは民間機関での仕事を示していた。

ゲットー域の縮小によって生じた過密状態は一九四二年十一月十四日の指令が追い打ちとなってさらに強まった。その指令は総督府のユダヤ人に対し、指定都市、とりわけクラクフ市のユダヤ人居住区に移転すれば仕事と生活の安定を保障するとうたった。これによってそれまでクラクフ近郊に住んでいたユダヤ人、そしてアーリア人としての証明書を入手して隠れ住んでいたユダヤ人がゲットーに大勢流入した。さらにゲットーの生活環境は十二月六日に実施されたゲットーのA（労働をしている者たちが住む域）とB（非労働者が住む域）への分割後、さらに悪化した。A域とB域の境界には有刺鉄線が張られ、双方の行き来は最初のうちは特別通行証があれば可能だった。ドイツ当局は、過密問題が最終的に解決した印象をもたらすことに骨を折り、B域に児童施設（キンダーハイム）を開設したことで正常化を示そうとした。施設には孤児、そして親が労働に出ている子どもたちが大勢入れられた。

ゲットーの分割は実際にはゲットー撤収の始まりを意味していた。一九四三年三月十三日、十四日、ゲットー撤収行動が実施された。それはゲットー設置の二年後のことだった。一日目、ゲットーAが空にされ、住民はプワシュフ収容所に移送された。収容所へ移動できるのはユーデンパスを所持している者に限られ、その中には子どもがB域に追いやられて、離れ離れになる家族もいた。翌日、B域に残った者たちの選別が行われ、数千人の中からわずか七十五人の男たちだけがプワシュフ収容所行きとなった。残りのおよそ二千人はオシフィエンチムに連行され、そのうち囚人として登録されたのは五百十人だけで、残りの者たちは直接、ガス室へと追いやられた。前回の移送行動の時と同様に、多くの者たちはその場で殺された。概算によると、この二日間に二千人が死亡、その中には病院に入院していた患者と児童施設の子どもたちが含まれていた。撤収行動後の数日間はあちらこちらに隠れていた者たちが捕らえられた。彼らは拘置所に集められ、その後、ユダヤ墓地で銃殺された。

ゲットーは廃止されたものの、その後数か月間は特別清掃隊がやってきてユダヤ人が残していった物品の目録作りと仕分け作業が行われた。さらにしばらくの間、ゲットーにはドイツ人密告者とユダヤ警官が住んでいたが、一九四三年十二月十四日から十五日にかけての夜中、ユダヤ警官たちはプワシュフ収容所へ連行され、厄介な目撃者として家族ともども銃殺された。

クラクフ・ゲットーの場合、ワルシャワやウッチのゲットーとは異なり、これまでのところ詳細な調査研究は行われていない。クラクフ・ゲットーの誕生と機能に関しては確かに多くの出版物の中で触れられてはいるが、詳細に記述されているとは言い難い。それはクラクフのユダヤ人がワルシャワのユダヤ人と違ってこの期間について言及する文献をそれほど多くは残していないことに起因している。

タデウシュ・パンキェヴィチの回想録は占領時代のクラクフのユダヤ人の運命を記した三つの刊行物の一つで、(他の二つは、アレクサンダー・ビーバーシュタイン『クラクフのユダヤ人壊滅』クラクフ、二〇〇一年、第二版〔未邦訳〕、およびヘンリク・ツヴィ・ツィメルマン『わたしは生き延びた、記憶した、証言する』クラクフ、一九九七年〔未邦訳〕)、その中でも最初に刊行された本である。著者は偶然の一致にも恵まれ、ゲットーの出来事の注意深い観察者になることができた。おそらく、安全の観点から著者はその場で記録を残したわけではないが、ゲットー住民の中に入って活動していたドイツ人密告者の名前などは処方箋の端に書き留め、記憶に残そうと努めていた。そしてタデウシュ・パンキェヴィチはできるだけ早く自らの回想を記す努力をし、一九四七年に第一版を発行している。そのお陰で最も重要な出来事、何よりもゲットー内の雰囲気、ゲットーに閉じ込められた人々の様子、集団としての、そして個人の悲劇を再現することができた。これらの点からもタデウシュ・パンキェヴィチの回想記はクラクフのユダヤ人の歴史、とりわけユダヤ社会の悲劇的な結末を記した最も重要な記録文書の一つになっている。

＊一九四七年生まれ。ポーランド現代史。ポーランド国立ヤギェウォ大学教授。

訳者あとがき

著者のタデウシュ・パンキェヴィチは一九〇八年に西部ガリツィアのサムボルで生まれました。ガリツィアとは東欧と旧ソ連領にまたがる歴史的地域名で、住民の大半はウクライナ人でしたが、少数派のポーランド人が多くの土地を所有していました。第一次大戦後、この地域はポーランド領となり、第二次大戦後にはソ連領に、ソ連崩壊後はウクライナ領となって今に至っています。

薬局を経営する父、母、そして兄と姉が一人ずつのタデウシュ一家は一九〇九年にクラクフのポドグジェ地区に移り、父親は翌年に当時の和合広場、今の英雄広場十八番地に新たに「鷲」薬局を開店したと思われます。年の離れた兄は第一次世界大戦が始まると義勇兵として軍に入り、その後、捕虜となってロシア奥地に連行され、そこで亡くなっています。姉は音楽の道へと進み、音楽教師になりました。

戦前のポドグジェ地区はポーランド人とユダヤ人がそれぞれの宗教と伝統を大事にし、助け合って暮らす寛容な街でした。そんな街のギムナジウムに入学したタデウシュはユダヤ人教師を慕い、ユダヤ人の友人たちと付き合いながら成長し、その後、国立ヤギェウォ大学薬学部に進学、薬学修士となって父親の薬局を継ぎました。

一九三九年九月、ナチス・ドイツがポーランドに侵攻し、約一か月後にはドイツに隣接するポーランド北部と西部はドイツ本国に吸収され、それ以外はクラクフを首都とするポーランド総督府に編成されました。一九四一年、総督府のクラクフ地区長官はポドグジェ地区にユダヤ人居住区（ゲットー）を設置する指令を出し、クラクフに住むユダヤ人はゲットーで生活するように、それまでこの地区に住んでいたポーランド人は他の地区に移るようにと命じました。

ところが、ポーランド人のタデウシュ・パンキェヴィチはこの命令に従わず、ゲットー内で営業を続ける決心をしました。薬局がなくなればゲットーは伝染病の温床になるとしたためた書類を提出、当局は条件付きでこの言い分を受け入れました。その条件とは、タデウシュ自身が非ユダヤ系の人間であることを証明し、雇用する従業員も全て非ユダヤ系であること、薬局でのユダヤ人との会話は薬学的なものに限ることでした。店は夜間営業もしたので、タデウシュは一人で当直に当たり、薬局で寝起きしました。

薬局には三人の従業員がいました。タデウシュの姉の願いを受けて最初に店を手伝うようになったのはイレナ・ドロジヂコフスカでした。その後、ゲットー設置にともなって仕事量が増えたことから、イレナは知人のアウレリア・ダネクｰチョルトヴァとヘレナ・クリヴァニュクを誘い、三人はクラクフの街中から日々、通行証を手にゲットーに通ってきて仕事に当たりました。やがて薬局は時とともにゲットー住民の集合場所、議論の場所、助言を求める場所、つまり、ユダヤ人にとっては薬を受け取るだけではなく、心のよりどころとなってゆきました。

ゲットー設置はナチス・ドイツがユダヤ人絶滅計画を実行するための布石でした。壁や有刺鉄線で閉じられた区域は日々、親衛隊員やゲシュタポのメンバーによる住民への残虐行為、殺害行為の舞台となったのです。住民数が過密になると当局は移送行動と称して、主に労働能力のない住民や高齢者をトラックや貨物列車で絶滅収容所へ移送し、殺害しました。タデウシュ・パンキェヴィチは自分の店の前で繰り広げられたそのような悲劇の目撃者、証言者となりました。

この作品は一人のポーランド人薬局店主がクラクフのユダヤ人ゲットーで目にし、感じたことを戦後すぐに書き記した回想録です。翻訳に当たって底本としたのは、一九九五年発行の第三版です。一九四七年に発行された初版は検閲のために一部が削除され、一九八二年発行の第二版からは完全版となり、写真が入れられました。著者が亡くなって二年後に発行された第三版には新しい写真が加えられています。邦訳版にはその中から四枚の写真を入れました。そのうちの二枚はヤギェウォ大学医学部薬学博物館から使用許可を得て、画像データを送っていただきました。館長のアグニェシュカ・ジェピェワ博士に心よりお礼を申し上げます。

クラクフの古書店で原著を見つけ、入手してから三十年近くが経とうとしています。今、ようやく邦訳版発行に漕ぎつけることができました。その間、そして今も地球上では戦争が絶えません。人類はなぜ過去の歴史に学ぼうとしないのでしょうか。人間の無力さにむなしさすら覚える時、わたしはタデウシュ・パンキェヴィチという人がいたことを思い出します。すると勇気と希望が湧いてくるのです。

この作品を日本での出版へと導いてくださった大月書店の森幸子さん、編集を担当して訳文を丁寧に見て下さった小尾章子さん、疑問に答え、応援してくれたポーランドの親友たち、ドイツ語の日本語表記をチェックして下さった甲南大学の田野大輔先生に心からの謝意を伝えます。

二〇二四年十月　大阪府高槻市にて　　田村和子

主要人名

＊訳者作成

第1章

オットー・ヴェヒター　Otto Wächter　ナチス高官。総督府クラクフ地区長官　11

「鷲」薬局従業員

イレナ・ドロジヂコフスカ　Irena Droździkowska　14, 34

ヘレナ・クリヴァニュク　Helena Krywaniuk　14

アウレリア・ダネク－チョルトヴァ　Aurelia Danek-Czortowa　14

アルトゥール・ローゼンツヴァイク　Artur Rosenzweig　1941年から1942年6月4日までユダヤ人評議会の委員長を務めた　17

ズィムヘ・シュピラ　Symche Spira　クラクフ・ゲットーのユダヤ警察リーダー　20, 49

ライスキ　Rajski　クラクフ・ゲットーの税務署署長　21

ラツァール・パンツァー　Lazar Panzer　タルムード研究者　21

シャイン・クリングベルク　Schein Klingberg　ユダヤ教儀式の専門家　21

ヴィトルド・ホミチ　Witold Chomicz　グロツカ通りに住んでいた画家　21

カロル・ヴォイティワ　Karol Wojtyła　後の教皇ヨハネ・パウロ二世　22

マリラ・シェンケルーヴナ　Maryla Schenkerówna　ゲットー住民　24

アレクサンデル・コツヴァ　Aleksander Kocwa　ヤギェウォ大学教授　25

ロスナー兄弟　Rosner　ユダヤ人のバイオリニスト兄弟　25, 27, 49

シェペスィ　K. Schepessy　ウィーン出身のドイツ人、労働局の局長　25, 30

ヴィルヘルム・クンデ　Wilhelm Kunde　親衛隊特務曹長、ゲシュタポのユダヤ警察部門管理者　26, 51

グスタフ・ベックマン　Gustaw Beckman　ゲシュタポのメンバー　28–29

フェリクス・ジューバ　Feliks Dziuba　「スペクトルム」社の社長、ポーランド社会党の活動家　30–31

マーセル・グリューナー　Marcel Grüner　ゲシュタポに手を貸したユダヤ人密告者　30, 39–40

フィリプ・ショア　Filip Schor　ゲットー住民、薬局の常連客　33, 40, 44–45

イズラエラー　M. Izraeler　ゲットー住民、元ダイヤモンド研磨師　34–35
グトマノーヴァ　Gutmanowa　ゲットー住民、M・イズラエラーの姉　35
ギゼラ・フェンドラー　Gizela Fendler　ゲットー住民、夫はクラクフの街で歯科医をしていた　35–37
ヘルマン　Herman　ゲットー住民、戦前は薬品監査官をしていた　37
ナタン・オーバーレンダー　Natan Oberlender　ゲットー住民、かつては弁護士だった　37
ヴァクス　E. Wachs　ゲットー住民、かつてランプ工場を経営していた　37–38
ローマン・グラスナー　Roman Glasner　ゲットー住民、かつては医師だった　38
スタニスワーヴァ・スキミノーヴァ　Stanisława Skiminowa　ローマン・グラスナーの娘　38, 46
レオン・シュタインベルク　Leon Steinberg　ゲットー住民、薬局の常連客、医師　41
ヴワディスワフ・シュテンツェル　Władysław Sztencel　ゲットー住民、薬局の常連客　41
フロイド　Freud　ゲットー住民、薬局の常連客　41
ヴィルヘルム・アーマー　Wilhelm Armer　ゲットーの医師、薬局の常連客　41
ラパポート　Rappaport　ゲットー住民、薬局の常連客、法学と哲学の専門家　42–43
タデウシュ・ヴァジェフスキ　Tadeusz Ważewski　クラクフ大学の数学教授　43
アブラハム・ノイマン　Abraham Neuman　ゲットー住民、薬局の常連客、画家　43–45
モルデハイ・ゲビルティヒ　Mordechai Gebirtig　ユダヤの民衆詩人　45
アブラハム・ミロフスキ　Abraham Mirowski　ゲットー住民、薬局の常連客、元眼科医　46
アレクサンダー・フェルスター　Aleksander Förster　ドイツ系ユダヤ人、自由にゲットーに出入りできた謎の人物　38, 46–49
ハインリヒ・ヘルマン　Heinrich Herman　ゲシュタポのメンバー　48
ホルスト・ピラルツィヒ　Horst Pilarzik　親衛隊メンバー　49
ドーラ・シュメルツラー　Dora Schmerzler　ドイツ系ユダヤ人　50

アルトゥール・ビーバーシュタイン Artur Biberstein ゲットー住民 50–51
ヴィクトル・リチェク Wiktor Ritschek 親衛隊兵長 51
ミハウ・ヴァイヒャート Michał Weichert ユダヤ社会互助会会長 51
ロムアルド・ラックス Romuald Lachs 薬局の常連客、泌尿器科医師 51
ヴィクトル・ケプラー Wiktor Kepler 薬局の常連客、内科医師 52
ヤン・ラックス Jan Lachs 薬局常連客、婦人科医 52
サロモン・シュピッツァー Salomon Spitzer ギムナジウムでユダヤ教義を教えていた教師 52
アレクサンダー・ビーバーシュタイン Aleksander Biberstein ゲットーの感染症病院院長 53

第２章 ……………………………………………………………………
クラクフ・ゲットーに時々立ち寄ったポーランド人
ルドヴィク・ジュロフスキ Ludwik Żurowski 医師 54
ミェチスワフ・コセク Mieczysław Kossek 弁護士 55
アントニ・ヴロンスキ Antoni Wroński 教師 56–57
ユゼフ・ヴロンスキ Józef Wroński 地下ギムナジウムを組織 57
「鷲」薬局の従業員
イレナ・ドロジヂコフスカ Irena Droździkowska 57, 59
ヘレナ・クリヴァニュク Helena Krywaniuk 57, 59
アウレリア・ダネク–チョルトヴァ Aurelia Danek-Czortowa 57, 59
ミハウ・ヴァイヒャート Michał Weichert ユダヤ社会互助会会長 58, 74
エトムント・ローゼンハウフ Edmund Rosenhauch 眼科医 59–60
ズィムヘ・シュピラ Symche Spira ユダヤ警察リーダー 61, 63, 74, 84–85, 88
シモン・シュピッツ Szymon Szpic ユダヤ人の密告者 63, 66–68
カティア・ブラウ Katia Blau ゲットーの医師 63–64
カルロス・ブラウ Carlos Blau カティア・ブラウの弟 64
ヒルシュ・パリサー Hirsch Pariser 戦前、農産物商会を経営 64, 66
テオドア・ハイネマイヤー Theodor Heinemayer 親衛隊中尉、ゲシュタポの政治局長 68–70
ゼリンガー夫妻 Selingerowie ゲシュタポの手先として活動したユダヤ人夫婦 68–70

オズヴァルト・ブスコ　Oswald Bousko　防護警察の副隊長　69
ヴィルヘルム・クンデ　Wilhelm Kunde　親衛隊特務曹長、ドイツ保安警察のユダヤ人問題部局長　74, 88–89
イレナ・ハルパーン　Irena Halpern　ゲットーを生き延びた女性　80
アレクサンダー・ビーバーシュタイン　Aleksander Biberstein　ゲットーの感染症病院院長　83
アルトゥール・ローゼンツヴァイク　Artur Rosenzweig　ユダヤ人評議会委員長（在位1941年－1942年6月4日）　84–86
ダヴィド・グッター　Dawid Gutter　ユダヤ人評議会委員長（在位1942年6月4日－1943年3月）　84–85

第3章……………………………………………………………
オズヴァルト・ブスコ　Oswald Bousko　親衛隊少尉、防護警察副隊長（陸軍中尉）　90–93
ユリアン・アレクサンドロヴィチ　Julian Aleksandrowicz　ゲットーの医師　97, 104–105
バフナー　Bachner　ゲットーの歯科医　99–100
ユダヤ人評議会メンバー
　シュトライマー　Streimer　106–107
　レオン・ザルペーター　Leon Salpeter　107–108
　サロモノヴィチ　Salomonowicz　108
ズィムヘ・シュピラ　Symche Spira　ユダヤ警察リーダー　94, 110–111, 113, 117, 124, 129
ドイツ保安警察のユダヤ問題部局のメンバー
　ベッヒャー　Becher　親衛隊中尉　113
　ジーベルト　Siebert　親衛隊曹長　113
　ブラント　Brand　親衛隊少尉　113
　ヴィルヘルム・クンデ　Wilhelm Kunde　親衛隊特務曹長　95, 107, 111, 113
　オルデ　Olde　クンデのアシスタント　113
　ハインリヒ・ヘルマン　Heinrich Hermann　親衛隊中尉　113
ゲシュタポのユダヤ問題部局メンバー
　テオドア・ハイネマイヤー　Theodor Heinemayer　親衛隊中尉　113

ケルナー　Körner　保安警察部局長　113
パウル・マロトゥケ　Paul Mallotke　113
「親衛隊および警察」のユダヤ問題部局メンバー
ユリアン・シェルナー　Julian Scherner　親衛隊上級大佐　113
ヴィリー・ハーゼ　Willi Haase　親衛隊少佐　113, 116, 118–119, 121–122, 125
ホルスト・ピラルツィヒ　Horst Pilarzik　親衛隊伍長　113, 129
ヴィクトル・リチェク　Wiktor Ritschek　親衛隊兵長　113
ツークスベルガー　Zugsberger　親衛隊兵長　113
フィリプ・ショア　Filip Schor　ゲットー住民、薬局の常連客　106, 122, 131
エルヴィナ・オーダー－パンツァー　Erwina Order-Panzer　ゲットーの産婦人科病院看護師　131–133
クラクフ・ゲットーで活動したユダヤ戦闘団（ŻOB）メンバー
S・ドレンガー　S. Dränger　133
シメク・M・ボロフスキ　Szymek M. Borowski　133
ユスティナ・ボロフスカ　Justyna Borowska　133
A・リーベスキント　A. Liebeskind　133, 135
ドレク・アベ　Dolek Abe　133
ヤン・ロパ　Jan Ropa　133
アブラハム・ライボヴィチ　Abraham Leibowicz　133, 135
ゴルダ・ミラー　Golda Mirer　133
ライザ・クリングベルク　Rajza Klingberg　133
ハン－バルザモヴィヒ　Han-Balsamowich　133
ダヴィド・ヘルツ　Dawid Herz　133
ローマン・ブロンベルガー　Roman Bromberger　133
モーニェク・アイゼンシュタイン　Moniek Eisenstein　133
イチェク・ツッカーマン　Icchek Zuckerman　134
バウミンガー　Bauminger　134
ヤクブ・ハルプライヒ　Halbreich　134
ヴァルシャフスカ　Warszawska　134
イデク・リベラ　Idek Libera　「イスクラ」活動家　134
サイ・ドライブラット　Szai Dreiblatt　ゲットー住民、地下活動協力者　135

第４章……………………………………………………………

アーモン・ゲート　Amon Göth　プワシュフ収容所の所長　141
ファイラー　Feiler　ユダヤ警察メンバー　142–144
バルプ　Balb　親衛隊メンバー　144
ロッタースマン　Rottersman　ユダヤ警察メンバー　145
オスカー・ファイル　Oskar Feil　ゲットー住民　145–147
ヘンリク・ゴルトシュミット　Henryk Goldschmidt　ゲットー在住のグラフィック・アーチスト　147
オズヴァルト・ブスコ　Oswald Bousko　ドイツ警察署長　154
ヴィリー・ハーゼ　Willi Haase　親衛隊少佐　154–157
ヴィルヘルム・クンデ　Wilhelm Kunde　ドイツ保安警察ユダヤ人問題部局長　155–159

第５章……………………………………………………………

アーモン・ゲート　Amon Göth　プワシュフ強制収容所所長（親衛隊大尉）165, 171, 179, 181–182, 184
ケルナー　Körner　ドイツ保安警察の部局長　165–166
アルベルト・フーヤル　Albert Hujar　親衛隊曹長　171, 177–179, 184
フロマー　Frommer　ゲシュタポ隊員　171, 184
ユリアン・アレクサンドロヴィチ　Julian Aleksandrowicz　ゲットーの医師　174
ベルゲローヴァ　Bergerowa　ゲットーの医師　178–179
カティア・ブラウ　Katia Blau　ゲットーの医師　178–179
ユリウシュ・マドリッチ　Juliusz Madritsch　ドイツ人用既製服縫製工場の経営者　162, 190
オスカー・シンドラー　Oskar Schindler　琺瑯容器工場の経営者　191

第６章……………………………………………………………

ヴィクトル・リチェク　Wiktor Ritschek　親衛隊兵長　197, 199–202, 217–222, 225–226
アーモン・ゲート　Amon Göth　プワシュフ収容所所長　197, 199, 202–203, 211, 213–214, 217–218, 227, 229
ダヴィド・グッター　Dawid Gutter　ユダヤ人評議会委員長（在位1942年6

月－1943年3月）　202–203, 209
サムエル・シュトライマー　Samuel Streimer　ユダヤ人評議会メンバー　202–203
ヴィルヘルム・クンデ Wilhelm Kunde　親衛隊特務曹長　199, 203–216, 218–221, 225, 229–230
ヴィリー・ハーゼ　Willi Haase　親衛隊少佐　199, 203, 208, 218, 221, 226
ズィムヘ・シュピラ　Symche Spira　ユダヤ警察リーダー　202, 209–211, 221–222
ホルスト・ピラルツィヒ　Horst Pilarzik　親衛隊メンバー　209–210
マクスィミリアン・ケスラー　Maksymilian Kesler　クラクフの通商銀行会頭だった改宗ユダヤ人　210–212, 229
レギナ・フェニゲローヴァ　Regina Fenigerowa　ユダヤ人の産婦人科医　213–214
エルヴィナ・オーダー－パンツァー　Erwina Order-Panzer　ユダヤ人の看護師　213–214
ヴィルヘルム・アーマー　Wilhelm Armer　医師、ユダヤ警察メンバー　204, 213, 215–216, 224–225, 230
リンゲル　Ringel　ユダヤ警察メンバー　216–217
ケルナー　Kerner　ユダヤ警察メンバー　216–217
ヴァイツ　Weitz　ユダヤ警察メンバー　217–218
マクス・マイヤー　Maks Mayer　親衛隊少佐　201, 218
バルプ　Balb　親衛隊少尉　197, 201, 218
ミハウ・ヴァイヒャート　Michał Weichert　ユダヤ社会互助会会長　219, 226–229
クラクフのユダヤ支援評議会メンバー
　タデウシュ・セヴェリン　Tadeusz Seweryn　創設者　228
　スタニスワフ・ドブロヴォルスキ　Stanisław Dobrowolski　委員長　228
　ヴワデヴィスワフ・ヴイチク　Władysław Wójcik　書記　228
　アンナ・ドブロヴォルスカ　Anna Dobrowolska　会計係　228
　イエジ・マトゥス　Jerzy Matus　農民党出身　228
　マリア・ホッホベルク－マリアンスカ　Maria Hochberg-Mariańska　ユダヤ人代表　228

著者　タデウシュ・パンキェヴィチ（Tadeusz Pankiewicz）
1908年サンボル（1919－1939年ポーランド領、1939－1945年ソ連領、戦後はウクライナ領）の薬剤師一家に生まれる。1907年に父がクラクフのポドグジェ地区に「鷲」薬局を開店。ヤギェウォ大学薬学部を卒業し薬学修士を取得後、1933年父から引き継いで薬局店主となる。1941年3月のクラクフゲットー設置から撤収までの2年半、ゲットー域にあった「鷲」薬局に残り、ゲットー外から通う3人の女性薬剤師とともにユダヤ人を支援する。親衛隊、憲兵、ゲシュタポの犯罪の目撃者として戦後、西ドイツの法廷で証言した。1993年死去。

訳者　田村和子（たむら・かずこ）
ポーランド児童文学翻訳家。1944年、札幌市生まれ。1979–1980年、家族とポーランドのクラクフ市に滞在。1993–1994年、クラクフのヤギェウォ大学に語学留学。東京外国語大学研究生を経てクラクフの教育大学で児童文学を学ぶ。著書に、『ワルシャワの日本人形』、『ワルシャワの春――わたしが出会ったポーランドの女たち』、『生きのびる――クラクフとユダヤ人』、主な訳書に、M・ムシェロヴィチ『金曜日うまれの子』、『強制収容所のバイオリニスト』など。

装幀　宮川和夫
装画　カワツナツコ
DTP　編集工房一生社

クラクフ・ゲットーの薬局

2024年11月22日　第1刷発行

定価はカバーに
表示してあります

著　者　タデウシュ・パンキェヴィチ
訳　者　田　村　和　子
発行者　中　川　進

〒113-0033　東京都文京区本郷2-27-16

発行所　株式会社　大　月　書　店

印刷　三晃印刷
製本　ブロケード

電話（代表）03-3813-4651　FAX 03-3813-4656　振替00130-7-16387
https://www.otsukishoten.co.jp/

ISBN978-4-272-51018-4　C0022　Printed in Japan